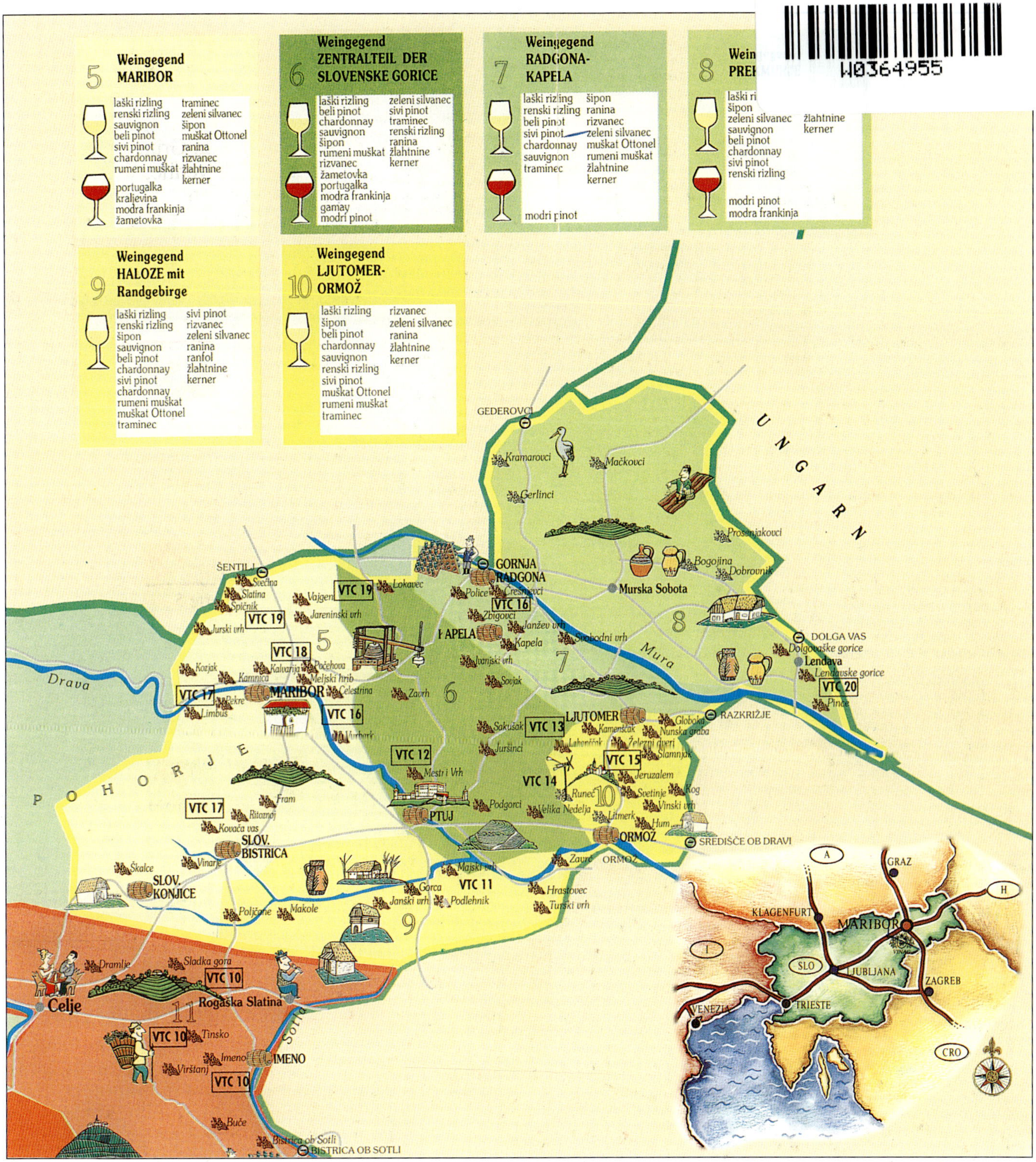

DIE WEINBAUGEBIETE NORDOSTSLOWENIENS (PODRAVJE)

IMPRESSUM

Alle Artikel im Buch stammen von der Autorin, mit Ausnahme der gesondert angeführten Verfasser. Die Autorin bedankt sich herzlich bei Frau Dr. Eleonore Ertl und Frau Slata Rumpf-Herg für die Übersetzung einiger Artikel aus dem Slowenischen in die deutsche Sprache. Besonderer Dank gilt Herrn Samo Perovic, der mich auf den meisten Fahrten begleitete und ein ausgezeichneter Wegfinder und Übersetzer war.

Weiters danke ich für ihre Unterstützung: Herrn Dr. Franz Breznik, Frau Prof. Melitta Cimermann, Herrn Univ.Prof.Dr. Jože Colnarič, Herrn Direktor Dipl.Ing. Robert Eder, Herrn Mag. Raymund Gradt, Frau Vera und Herrn Milan Hlebec, Herrn Konrad Janžekovič, Herrn Franc Leber, Herrn Minister Prof.Dr. Jože Osterc, Frau Dipl.Ing. Doroteja Ozimič, Herrn Dipl.Ing. Fedor Pirkmajer, Herrn Inspektor Ludvik Sok, Herrn Dipl.Ing. Janez Valdhuber, Herrn Branko Vodušek, Herrn Dr. Franz Resnik.

Herzlichen Dank auch allen Buschenschenkern und Weinbauern, die mich so freundlich aufgenommen haben.

Das Gedicht von Alois Hergouth „Sie sagen Sladka Gora“ wurde dem Buch „Sladka Gora - Der süße Berg“ , erschienen 1965 im Leykam Verlag, Graz, entnommen.

Die Auswahl der beschriebenen Weinbauern stellt keine Bewertung dar, sondern ist nur eine beispielhafte Aufzählung, stellvertretend für viele weitere beste Weinbaubetriebe, die aus Platzgründen nicht alle erwähnt werden konnten, weil das Hauptanliegen des Buches die Darstellung der sogenannten „Buschenschenken“ ist.

Erläuterung der Abkürzungen in der Rubrik „Zimmer“

1x1 bedeutet: 1 Einbettzimmer, 2x1 bedeutet 2 Einbettzimmer usw.
1x2 bedeutet: 1 Zweibettzimmer
1x3 bedeutet: 1 Dreibettzimmer
1xM bedeutet: 1 Mehrbettzimmer

NN bedeutet: Nur Nächtigung
NF bedeutet: Nächtigung und Frühstück
HP bedeutet: Halbpension
VP bedeutet: Vollpension

A bedeutet: Nur Kaltwasser im Zimmer
B bedeutet: Kalt- und Warmwasser im Zimmer
C bedeutet: Bad im Zimmer
D bedeutet: Dusche im Zimmer
E bedeutet: Bad außerhalb des Zimmers
F bedeutet: Dusche außerhalb des Zimmers
G bedeutet: Balkon
H bedeutet: WC im Zimmer
I bedeutet: WC außerhalb des Zimmers
J bedeutet: Bad und Dusche im Zimmer

Bildquellenverzeichnis

Alle Abbildungen, unter denen ein Punkt angebracht ist, sind von Rudolf Grewin und Wolfgang Scheuer.
Alle Abbildungen der Betriebe stammen großteils von der Autorin, teilweise wurden Wegskizzen oder Fotos von den Betrieben zur Verfügung gestellt.
Digitale Bearbeitung: Mag. Josef Gspurning
Die Übersichtskarten der Betriebe stammen von Mag. Kasimir Szarawara.
Repros: Kolbl Graz

Eigentümer, Herausgeber und Verleger: UNIKUM VERLAG, Dipl.-Ing. Heidelore Strallhofer-Hödl, A8010 Graz, Schubertstraße 24, Telefon und Fax 0316/33-71-12
 ISBN 3-901284-05-2

HEIDELORE STRALLHOFER-HÖDL

WEINRITTER
UND
GIBANZEN

WEINBAU, MENSCHEN, BUSCHENSCHENKEN
IN
NORDOST-SLOWENIEN

UNIKUM VERLAG

INHALTSVERZEICHNIS

EINBEGLEITUNG

Dieses Buch soll Türen öffnen. Einen Besuch bei Freunden und das leichtere Auffinden ermöglichen und ihre Spezialitäten und Besonderheiten anführen. Ein Reiseführer, ein Wegbegleiter durch Nordost-Slowenien, über die Buschenschenken, den Weinbau und die Menschen, die hier leben und mit Wein zu tun haben. Eben diese Buschenschenken, die ich als Kulturinsel sehe, als Punkt der Kommunikation und Geselligkeit, weil Begegnungen möglich sind. Dort, wo man das Typische der jeweiligen Region kennenlernt. Dieses Buch umfaßt das Podravje-Gebiet (Drau-Wein-Gebiet), ist im Grenzbereich ähnlich wie bei uns, ob in Ciringa (Zieregg) oder Špičnik (Speisenegg) oder Slatina (Sulztal) oder Svečina (Witschein) oder Kresnica (Graßnitzberg) oder sei es die Bergwelt des Pohorje (Bachern), die Landschaft der Windischen Bühel (Slovenske gorice) - jede dieser Gegenden hat ihren unverwechselbaren Zauber.

Im Prekmurje-Gebiet, in der Welt der Störche, spürt man schon den Einfluß des pannonischen, der ungarischen Nachbarn, oder im Gebiet der Haloze (Kollos) mit seinen Hügeln und Terrassen kommt man sich exotisch, fast wie von Reisterrassen umgeben vor. Oder erst das Wogen und Schwingen der Weinberge der Jeruzalem gibt dieser Region ihre Eigenart.

Als Fortsetzung der drei anderen Buschenschankbücher über Süd-, Ost- und die Weststeiermark und Graz gedacht, kommt nun das angrenzende Nachbarland Slowenien an die Reihe. Hier vorerst nur der nordöstliche Teil, das Podravje-Gebiet, mit dem Weinbaugebiet von Maribor, dem Zentralteil der Slovenske gorice, Radgona-Kapela, Prekmurje, Haloze und Ljutomer-Ormož. Teilweise gibt es auch hier schon Weinstraßen oder sie sind in Planung, genannt Vinska Cesta: VTC 11 Haloze, VTC 12 Ptuj, VTC 13 Zentralteil Slovenske gorice, VTC 14 Ormož, VTC 15 Jeruzalem, VTC 16 Kapela, VTC 17 Pohorje, VTC 18 Maribor, VTC 19 Pesnica und VTC 20 Lendava.

Immer wieder merke ich, daß dort, wo der Wein wächst sicher auch die schönsten Landschaften sind und das trifft auch hier zu. Vielleicht, weil der Boden und das Klima eine Üppigkeit an Vegetation zuläßt, so daß die Natur, die Flora und die Fauna sich entfalten können. Die Schönheit und die Vielfalt dieser Landschaft ist beeindruckend.

Viele werden fragen, warum im Titel die Weinritter vorkommen. Die Legende erzählt, daß die Kreuzritter auf ihrer Fahrt ins Heilige Land in diesem schönen Gebiet des öfteren länger als vorgesehen verblieben sind und dem Weine, der damals schon von besonderer Qualität war, heftig zugesprochen haben. Ob sie damals schon die legendäre „Gibanica“ dazugegessen haben, konnte bis heute nicht geklärt werden.

Besonderheiten gibt es hier im sogenannten Bauerntourismus, bei dem warmes Essen angeboten wird, meist die klassische Küche mit Schweinebraten, Rindsbraten, Schnitzel und einer Rindssuppe oder anderen Suppe mit hausgemachten Nudeln, dies ist meist alles auf Vorbestellung, das besondere daran ist, daß alles vom eigenen Bauernhof kommt. Das anläßlich einer Hausschlachtung veranstaltete Schlachtfest ist einer der größten Festtage und die Schlachtplatte eine wahre Gaumenfreude. Sie wird „Koline“ genannt. Zum Fleisch werden Blut-, Brat- und Breinwürste serviert, und dazu Sterz, meist ein Heidensterz (Ajdovi žganci). Eine ganz spezielle Beilage ist die „eingebrannte Rübe“ (Butja repa). Sie werden hier auch viele andere Köstlichkeiten finden. In Prekmurje werden runde, geflochtene Kuchen aus Weizenmehl gebacken („Vrtanki“), besonders köstlich ist der Bograč, eine Art Gulasch, zubereitet aus Schweinefleisch, Rindfleisch und Wild, mit Wein aufgegossen und gut mit Paprika gewürzt. Die bekannteste Mehlspeise ist die aus meist mehreren Schichten bestehende Gibanica, ein Hefe- oder Blätterteig, den Sie in den verschiedensten Varianten und mit den verschiedensten Füllungen angeboten bekommen.

Drei Typen von Weinbaubetrieben werden in diesem Buch beschrieben: Vinotoč (Buschenschenken), Kmečki Turizem (Urlaub am Bauernhof) hier nur jene mit eigenem Weinbau - und einige Weingüter. Von diesen gibt es unzählige, daher seien aus jedem Gebiet nur eine Auswahl herausgegriffen. Die Ortsnamen und Bezeichnungen habe ich meistens deshalb in slowenischer Sprache belassen, da Sie auf einer Fahrt durch das Land die Beschilderungen auch in dieser Sprache lesen. So sind Sie eingeladen, die abwechslungsreichen Gebiete im Nordosten Sloweniens zu durchstreifen, sich die Orte mit den strohgedeckten Häusern anzusehen, auf denen Störche nisten, mit den „Windklappern“ davor, die vielen Heilbäder nicht zu vergessen und damit ein bißchen Kultur und Landschaft unserer Nachbarn kennenzulernen.

So möchte ich den Wein als einen Botschafter zur Völkerverständigung sprechen lassen.

Heidelore Strallhofer-Hödl
im September 1995

DIE WEINBAUGEBIETE NORDOST-SLOWENIENS

Aufgrund der ökologischen Gegebenheiten des unterschiedlichen Klimas und der Bodenverhältnisse, die das Wachstum und die Entwicklung der Weinrebe begünstigen, ist das slowenische Weinland in drei Weinbauregionen unterteilt: Primorska (Küstenland), Posavje (um den Fluß Save) und Podravje (um den Fluß Drau). Durch die verschiedenen Rebsorten und Herstellungsbedingungen, durch das Klima und die Bodenverhältnisse unterscheiden sich die drei Weinbauregionen voneinander. Die Weinbauregion Primorska besteht aus zahlreichen sonnigen Tälern und Hügeln, auf die das naheliegende Meer seinen Einfluß auf den Wein geltend macht. Hier gibt es vollmundige Weißweine und ausgezeichnete Rotweine. In der Weinbauregion Posavje gedeihen leichte, spritzige Rose- und Rotweine, aber auch viele Weißweinsorten. Podravje ist die dritte Weinbauregion, in der viele Weißweinsorten wachsen. Slowenien hat mit Mitteleuropa, dem Pannonischen Becken und dem Mittelmeergebiet drei Zonen. Deshalb auch die drei verschiedenen Weinbaugebiete.

PODRAVJE - Das Drava (=Drau)-Weinbaugebiet teilt sich in:

Das Weinbaugebiet Maribor
Das Weinbaugebiet Srednje Slovenske gorice
Das Weinbaugebiet Radgona-Kapela
Das Weinbaugebiet Prekmurje
Das Weinbaugebiet Haloze mit umgebenden Gebirgshängen
Das Weinbaugebiet Ljutomer-Ormož

Das Weinbaugebiet Podravje ist der Rebfläche nach zwar die größte slowenische Weinbauregion, der Weinernte nach liegt es jedoch hinter der Weinbauregion Primorska an zweiter Stelle. Es umfaßt den nordöstlichen Teil Sloweniens, von den Weingärten des Pohorje und Kozjak über Slovenske gorice und Haloze bis zu Prekmurske gorice bei Lendava und Goričko. Die gebietstypischen Sorten sind Welschriesling, Šipon, Pinot blanc und Pinot gris, Chardonnay, Rheinriesling, Sauvignon, Grüner Sylvaner, Traminer und Muskateller.

Das Weinbaugebiet Maribor

Im Norden, zwischen der österreichischen Grenze und dem Fluß Drava, sind die bekannten Weinbaugebiete des Kozjak, die Weinhänge um Maribor am rechten Drauufer unter Pohorje, die Weinberge bei Limbuš, Pekre (Meranovo), weiter nach Fram und Kovača vas über Škalce und Slovenske Konjice und die Weingärten im Raum von Slovenska Bistrica. Aus dem großen und alten Weinkeller der Stadt Maribor stammt der „Mariborčan". Er besteht aus den fünf wichtigsten Sorten der Weingegend Kozjak und Gornje Slovenske gorice. Der Wein mit dem Namen "Svečinčan" kommt von den Weinbauern entlang der österreichischen Grenze.

Das Weinbaugebiet Srednje (Zentralteil) Slovenske gorice

Es umfaßt die Gebiete Lenart und Ptuj. An Weißweinen werden Welschriesling, Chardonnay, Weiß- und Grauburgunder, Sauvignon, Šipon, Gelber Muskateller, Kerner, Traminer, Grüner Sylvaner, Müller Thurgau angebaut, an Rotweinen meist der Blaufränkische.

Das Weinbaugebiet Radgona-Kapela

Dieses Weinbaugebiet ist zwischen Gornja Radgona und Kapela gelegen, mit ähnlichen Weiß und Rotweinsorten wie im vorher beschriebenen Weinbaugebiet. Janževec heißt hier die Mischung diverser Weißweinsorten aus der Gegend von Gornja Radgona. Bekannt ist auch der Srebrna Radgonska Penina (silberner Schaumwein).

Das Weinbaugebiet von Prekmurje

Zwischen Lendava und Goričko gelegen, im Land der Störche gedeihen im pannonischen Klima fast alle erlesenen Weißweinsorten und von den Rotweinen im besonderen der Blaufränkische und der Blaue Burgunder.

Das Weinbaugebiet Haloze (Kollos)

Rechts vom Drauufer, südlich von Ptuj, liegt die malerische, weinreiche Landschaft Haloze mit vielen kleinen Hügeln und steilen Hängen. Ein schon in römischen Zeiten berühmtes Weinbaugebiet, mit Rebflächen in Hrastovec, Turški Vrh, Gorenjski und Veliki Vrh bei Zavrč, Majski Vrh, Gorca und Janški Vrh bei Podlehnik. Hier gedeihen wunderbare Weine, alle Weißweinsorten, eher weniger Rotweine. Im Weinkeller von Ptuj lagert übrigens der älteste slowenische Wein aus dem Jahre 1917 .

Das Weinbaugebiet Ljutomer-Ormož

In den beiden Weinbauzentren Ljutomer und Ormož und in den Weinorten Jeruzalem, Železne dveri, Slamnjak, Svetinje, Vinski Vrh, Kog und vielen anderen gedeihen sämtliche in Nordost- Slowenien gängigen Weißweinsorten. Manche Bauern haben aber auch Rotweinreben gesetzt, Spätlesen, Auslesen und Eisweine sind hier üblich. Nicht zu vergessen ist natürlich, wie in Maribor, der große staatliche Weinkeller der Vinag in Jeruzalem- Ormož.

DIE NORDOSTSLOWENISCHEN WEISS- UND ROTWEINE

WEISSWEINE

Beli pinot	Weißer Burgunder
Chardonnay	Chardonnay
Kerner	Kerner
Laški rizling	Welschriesling
Muškat Otonel	Muskat Ottonel
Ranina	Ranina
Rebula	Rebula
Renski rizling	Rheinriesling
Rizvanec	Müller Thurgau
Rumeni muškat	Gelber Muskateller
Sauvignon	Muskatsylvaner, Sauvignon blanc
Sivi pinot	Grauer Burgunder, Ruländer
Šipon	Mosler, Furmint
Traminec	Traminer
Zeleni silvanec	Grüner Sylvaner

ROTWEINE

Frankinja	Blaufränkisch
Gamay	Gamay
Kraljevina	Kraljevina
Modra frankinja	Blaufränkisch
Modri pinot	Blauer Burgunder
Portugalka	Portugieser
Zametovka	Zametovka

DIE SLOWENISCHE WEINSCHUTZMARKE (WEINGÜTESIEGEL)

Das slowenische Weingütesiegel ist ein kollektives Warenzeichen und dient als Schutzzeichen örtlicher Herkunftsbezeichnung und Weinqualität. Es wird von einer Fachkommission der Geschäftsgemeinschaft für Weinbau und Weinwirtschaft Sloweniens verliehen. Alle Mitglieder dieser Geschäftsgemeinschaft, die das Gütesiegel erhalten haben, können nur in Flaschen abgefüllte Weine damit versehen, falls diese Weine die gesetzlichen Anforderungen des international anerkannten Reglements erfüllen. Das Gütesiegel besteht aus einem runden Medaillon mit dem Bacchusbildnis mitten in miteinander verflochtenen Weinreben. Weinen, die von der Weinkost-Kommission geprüft werden und zwischen 16,1 und 18 Punkte erhalten, wird das silberne Gütesiegel verliehen. Erhält der Wein mehr als 18 Punkte, so ist er mit goldenem Gütesiegel ausgezeichnet. Das Weingütesiegel dient jedoch nicht nur als Schutzzeichen örtlicher Herkunftsbezeichnungen und Weinqualität, sondern ist auch zur Verkaufsförderung einwandfrei hergestellter und gepflegter Weine geschaffen worden. Gleichzeitig ist das auch ein Zeichen des Vertrauens mit dem die zur Geschäftsgemeinschaft gehörenden Weinbauern für die Herkunft und Qualität ihrer derart bezeichneten Weine garantieren. Der Sauvignon Jahrgang 1968 aus Zavrč wurde als erster Wein mit dem Weingütesiegel, einem altrömischen Reliefbildnis aus dem dortigen Museum, im Weinkeller von Ptuj in Flaschen abgefüllt.

Dipl.Ing.Agr. Janez Valdhuber

MARBURG UND SEINE WEINE

„Das südliche Gebiet gegen Ehrenhausen, Bachern. Ich konnte nicht vom Fenster weggehen, es umfing mich ein besonderes Gefühl, vor meinen Augen stand ein lebendiges Bild, ein schöner Tag, die untergehende Sonne, Frieden. Gott schütze dieses göttliche Land, dachte ich mir. In deinen Händen ist der Friede und das Glück dieser lieben Landschaft. Du hast sie mit Schönheit ausgezeichnet und in ihr gute Leute angesiedelt."

Dies ist ein Abschnitt aus dem Tagebuch vom Erzherzog Johann vom 30. November 1811 als er durch die Orte in der

Die Sonne geht unter in Jeruzalem

Umgebung von Maribor reiste. Daraus kann man entnehmen, daß Maribor mit seiner Umgebung zu jenen glücklichen Orten gehört, die der Lauf der Geschichte in das Herz der Weingärten und der Reben gestellt hat. Von welcher Richtung immer der Reisende in die Stadt an der Drau kommt, geht sein Blick von selbst zu den steilen Hängen, die mit reich tragenden Reben bepflanzt sind, die bis zu den ersten Gassen der Stadt reichen.

Die Alpen, der Bachern und der Kozjak vereinigen sich auf diesem Gebiet zu den weintragenden Windischen Büheln, die weiter bis Ptuj und Ormož führen. Hier trifft sich der Einfluß des feuchten subalpinen und des heißen pannonischen Klimas und schafft die Bedingungen für die Erzeugung der besten Weißweine.

Die Stadt selbst ist durchsetzt von kleineren Kellern, im Zentrum befindet sich einer der größten klassischen Weinkeller in Mitteleuropa. Den Keller, der 20.000 Quadratmeter umfaßt, verwaltet das Unternehmen Vinag und pflegt hier Weine aus der näheren Umgebung. Alle Gänge, die sich selbstverständlich unter der Erde befinden, machen zusammen 3 Kilometer aus. Auf noch eine Sache sind wir in Maribor sehr stolz:

Am Lent, dem Stadtteil an der Drau, wächst und trägt immer noch eine Rebe, die rund 400 Jahre alt ist. Die Lese von dieser alten Rebe ist für die Stadt ein besonderer Feiertag. Die Trauben der Sorte „Blauer Kelner" geben einen Rotwein, der schlußendlich in besonderen Flaschen abgefüllt wird. Diese gelangen in die Hände von Ehrengästen und Freunden der Stadt Maribor. Die allernächsten Weinbaulagen von Maribor sind die Hügel Kalvarija und Piramida. Die letztere sieht man am besten aus Richtung Laibach kommend. Mit ihrer Kapelle auf dem Gipfel wurde sie zum Symbol der Stadt Maribor. Sozusagen in der Vorstadt befinden sich die wohlbekannten Weinbauörtlichkeiten Malečnik und Kamnica, die schon vor 900 Jahren erwähnt wurden. Hier sind die besten Gelben Muskateller zuhause. An der Drau, nahe dem benachbarten Österreich gibt es noch einige Orte mit ausgezeichneten Lagen, so die Weinberge in St. Urban, in Svečina, Jarenina und St. Jakob. Sie erzeugen Weine, die in ganz Slowenien gesucht sind. Gehen wir noch an das rechte Ufer der Drau. Hier erstrecken sich die Weinberge auf den Abhängen des Bachern. Die besten Weine werden in Pekre, Limbuš, Hoče und Morje erzeugt. Der Boden unterscheidet sich hier von den übrigen am linken Flußufer, was diesen Weinen einen besonderen Charakter gibt. Die bedeutendste Lage befindet sich ober Pickern in Meranovo.

„Meranovo" - der Grund mit Weinbergen und das Haus aus 1830, dessen Besitzer Erzherzog Johann war

Der alte Weinstock in Maribor nach der Lese

Die Geschichte dieses Anwesens ist eng mit dem Mann verbunden, der in vielfacher Hinsicht der Geschichte des Weinbaus in unseren Gegenden seinen Stempel aufgedrückt hat. Dies war Erzherzog Johann, das 13. Kind von Erzherzog Peter Leopold und seiner Frau Maria Luise. Er wurde 1782 im Palazzo Pitti in Florenz, im Herzen der Toskana, geboren. Schon von Kindesbeinen an waren seine Interessen be-sonders mit Geschichte, Naturgeschichte, Landwirtschaft und Kunst verbunden. Seine militärischen Verpflichtungen führten ihn in das Gebiet des heutigen Sloweniens, wo er zum ersten Mal die Leute dieser Gegend kennenlernte. In seinem Tagebuch beschreibt er die Volksbräuche, die Trachten und die Eindrücke von seinen Reisen.

1819 wurde die Landwirtschaftsgesellschaft auf seine Anregung hin gegründet und im gleichen Jahr wurde eine Filiale in Maribor errichtet. Mit diesem Ereignis steht die Entscheidung zum Ankauf des Gutes ober Pickern in Zusammenhang.1822 kaufte er dieses Gut und begann mit den Neuerungen. Der Weinbau in dieser Gegend war zur jener Zeit sehr rückständig. Erzherzog Johann kannte den hochentwickelten Weinbau an Rhein und Mosel sehr gut und überlegte, wie Reben von Mosel und Rhein hier unter dem Bacherngebirge gedeihen würden.1823 wurden die ersten Reben gesetzt: Ruländer, Rheinriesling, Traminer und Blauburgunder. Die Reben wurden in Reihen gesetzt und nach Sorten getrennt.

Als die erste Weinlese 1826 einen sehr guten Wein erbrachte, entschloß sich der Erzherzog öfter hier zu wohnen, daher ließ er sich das Haus bauen, das hier heute noch steht. Aufgrund der ausgezeichneten Ergebnisse begründete er 1832 auch die Weinbauschule und so wurde dieses Gut zum Zentrum der Entwicklung des Weinbaues in der Steiermark. Auf dem Gut besuchten ihn viele prominente Leute jener Zeit. So besuchte ihn auch sein Bruder Kaiser Franz I. als er aus Ljubljana nach Wien zurückkehrte. Noch heute befindet sich oberhalb der Türe eine Marmorplatte, die der Erzherzog zur Erinnerung an dieses Ereignis einmauern ließ. Sein Sohn, Franz Graf Meran, verkaufte 1863 einen Großteil dieses Gutes.

In der Zeit nach dem Zweiten Weltkrieg wurde auch die Sorte Sauvignon gepflanzt. Bald zeigte sich, daß auf dieser Lage eine ausgezeichnete Qualität wächst. So wurde der Sauvignon „Meranovo" zum Begriff eines ausgezeichneten Weines. Seit dem Jahre 1994 verwaltet die landwirtschaftliche Hochschule Maribor dieses Gut. Auf dem Gut Meranovo wurde ein technologisches Zentrum für Weinbau und Weinwirtschaft gegründet und Studenten absolvieren hier ihre Praktika.

Der Wein aus diesen Weingärten reift im alten Keller im Haus des Erzherzog Johann, der diesen Orten den Stempel seiner Kreativität und seiner Liebe zu Natur und Menschen aufgedrückt hat.

Dipl.Ing.Agr. Janez Valdhuber

DIE WEINWIRTSCHAFTLICHEN AUSBILDUNGSSTÄTTEN

Das slowenische Parlament hat im Jahr 1993 ein für die Landwirtschaft wesentliches Dokument verabschiedet unter dem Titel „Strategie für die Entwicklung der slowenischen Landwirtschaft". Dieses Dokument weist darauf hin, daß das Niveau der Bauern und Fachkräfte auf dem Gebiet der Landwirtschaft nicht zufriedenstellend ist. Gleichzeitig macht dieses Dokument auch darauf aufmerksam, daß bei uns die Bedingungen für die Landwirtschaft nicht günstig sind, wenn man sie mit vielen anderen Staaten vergleicht. Um auf diesem Gebiet eine bessere Situation herbeizuführen, ist es eine grundlegende Aufgabe unserer Gesellschaft das Wissen zu erweitern. Eine der bedeutendsten Institutionen, die Wissen aus den landwirtschaftlichen Wissenschaften vermittelt, ist jedenfalls die Höhere Landwirtschaftsschule in Maribor.

Die Geschichte des landwirtschaftlichen Schulwesens geht bis ins Jahr 1832 zurück, als Erzherzog Johann auf seinem Besitz oberhalb Pekre eine Weinbauschule geschaffen hat. Im Jahre 1866 beschloß der Landtag in Graz, daß in Maribor eine Landes - Obst- und -weinbauschule errichtet werden soll. Diese Schule wurde im März 1872 eröffnet und ihr erster Direktor wurde Hermann Goethe. Unter slowenische Verwaltung kam diese Schule im Jahre 1919, und an ihrer Stelle wurde dann im Jahre 1922 die mittlere Landwirtschaftsschule gegründet.

Die Agronomieschule, die Vorgängerin der heutigen

Landwirtschaftshochschule, wurde am 24. Juni 1960 begründet. Mit Gesetz vom 11. Juni 1992 ging die Höhere Agronomieschule zu einem Hochschulprogramm auf dem Gebiet des Obst- und Weinbaus über. Auf diese Weise wurde die Landwirtschaftshochschule in Maribor, die im Rahmen der Universität Maribor tätig ist, begründet. Vom Jahre 1994 an gibt es an dieser Schule folgende Programme:

1. ein Hochschulprogramm für Obst- und Weinbau und eines für Landwirtschaft und Gartenbau
2. vier höhere Schulprogramme: Obst- und Weinbau, Landwirtschaft, Viehzucht und landwirtschaftliche Technik.

Neben der Ausbildungstätigkeit hat die Schule auch eine umfangreiche Forschungstätigkeit entwickelt. Die Professoren und Vortragenden unserer Schule sind in eine internationale Zusammenarbeit einbezogen. Um ihre grundlegenden Aufgaben durchführen zu können, war es der Schule möglich, ein landwirtschaftliches Anwesen zu erwerben, das es bisher nicht gehabt hatte. Das Gut befindet sich am Pohorski dvor und in Meranovo. Dort hat die Schule fünf technologische Zentren organisiert: für Obst- und Weinbau, Landwirtschaft mit Gartenbau, Viehzucht, Landwirtschaftstechnik und Forstwesen mit einem botanischen Garten.

Eine Neuerung im Hochschulprogramm ist der praktische Unterricht auf dem Gut der Landwirtschaftshochschule. Die Studenten absolvieren dieses Programm im Sommersemester des 3. Studienjahres. So können sie ihr theoretisches Wissen besser festigen, das sie sich im vorhergehenden Studium erworben haben. In den 25 Jahren der Tätigkeit unserer Anstalt haben an unserer Schule 1584 Studenten ihr Diplom erhalten, die zur Entwicklung unserer Landwirtschaft einen wesentlichen Beitrag leisten.

Branko Vodušek

DIE WEINRITTER

Nur wenige internationale Ereignisse auf slowenischem Boden erregten so große Aufmerksamkeit und fanden so lebhaften Beifall wie die Gründung des Consulats des Burgenländisch-Pannonischen Ritterordens für den Staat Slowenien. Zur Zeit der Verselbständigung Sloweniens vom jugoslawischen Staat hat die Öffentlichkeit den Akt des Ritterconsulats Sloweniens als Ausdruck der Zuneigung der Weinliebhaber und Weinkenner Burgenlands und ganz Österreichs zur jungen slowenischen Staatlichkeit entgegengenommen. Das war eine Tat, welche Slowenien in diesem Zeitabschnitt auf dem Wege zu seiner vollständigen Selbständigkeit sehr genützt hat. Die Delegation, bestehend aus acht Senatsmitgliedern aus Eisenstadt, geführt von Herrn Consul A. Tambor und Herrn Legat A. Unger, wurde in Ormož von den Abgeordneten des Vorbereitungsausschusses aus Ptuj, dem Bürgermeister von Ormož, Herrn Jože Besvir und von der Leitung des Landwirtschaftskombinats „Jeruzalem Ormož“ empfangen. Im Hotel „Ormož“ wurde ein echtes Rittermahl mit der Vorstellung der Auslese bester Weine aus dieser weinreichen Gegend vorbereitet. Die Delegation hat sehr schnell Kontakte mit den anwesenden Vertretern hergestellt und den Entschluß gefaßt, alle Weinbauern und Weinhauer aus diesem Gebiet in die aktive, kulturelle Mission einzuschließen.

Zur Inthronisation des Consulats der Burgenländisch-Pannonischen Weinritterschaft versammelten sich die Vertreter des Weinbaues im Hof des Minoritenklosters am 27. September aus allen drei slowenischen Weinbaugebieten: aus dem Drau-, Save- und Küstenlandgebiet. In gelöster Stimmung haben sich diesem bedeutsamen Geschehen noch die Vertreter der lokalen Obrigkeit von Ptuj, mit Herrn Bürgermeister Vojteh Rajher an der Spitze, angeschlossen. Die Bedeutung des Ereignisses im altertümlichen Ptuj hat auch der Präsident der Stadtregierung, Herr Stanko Brumen durch seine Anwesenheit beehrt, es waren aber auch die Vertreter der Republik Slowenien, der Weinbranche sowie zahlreiche Vertreter der Presse, des Rundfunks und Fernsehens anwesend.

Nach dem vorbereiteten Szenarium wurde die Feier mit der Messe eingeleitet, die in slowenischer und deutscher Sprache der Minorit Msgr. Mirko Pihler und der burgenländische Pfarrer, Weinritter Prof. Mikowits, gelesen haben. Die Messe war die feierliche Ouvertüre zur Inthronisation des Consulats im Kloster, wo dieses auch seinen Sitz hat. Die Burgenländisch-Pannonischen Weinritter mit dem Consul Herrn Tambor an der Spitze haben der Messe in ihren feierlichen Gewändern beigewohnt. In Ansprachen zur Ehre Gottes und zur Ehre des Weines haben sie die Entscheidung begrüßt, daß das Consulat gerade nach Ptuj einzieht, das soeben auch die 750-jährige Weintradition feierte.

Nach gründlicher Auswahl und konsequenter Befolgung aller Kontraktbestimmungen hat im feierlich eingerichteten Refektorium des Minoritenklosters die festliche Inthronisation begonnen. Nebst aller Eingeladenen hat an der Feierlichkeit auch die Generalkonsulin der Republik Österreich für Slowenien teilgenommen. Die Feierlichkeit, ganz im Zeichen der Achtung für den Wein und für die Mission des Consulats der Burgenländisch-Pannonischen Ritterschaft für Slowenien, hat symbolisch auch die ersten Träger der bedeutendsten Consularfunktionen promoviert: Fedor Pirkmajer und Jože Colnarič als die Proconsule Sloweniens, Jani Gönc als Consularkämmerer, Prior Mirko Pihler als Consularvikar, Zvonimir Simčič als Großweinmeister und den Consularnotar in der Person von Boris Beloglavec. Unter dem Ritterschwert haben alle die Bereitschaft, den edlen Zielen des Ritterordens zu folgen, zum Ausdruck gebracht. Für Slowenien und seinen Weinbau, seine Weinbereitung und seine Weinkultur endete der bedeutende Tag und die reich vorbereitete Tafel des Rittermahles im neuen Privathotel „Mitra" in Ptuj. Das Consulat wird alles daransetzen, für die Befolgung der Parole „In honorem dei et in honorem vini", zu sorgen.

Festliche Weinverkostung der Weinritter während der Internationalen Weinmesse in Ljubljana 1995

DER KLAPOTEC

Zum Landschaftsbild der Untersteiermark gehört der Klapotec dazu wie die Weinberge, Edelkastanien und Säulenpappeln. Der Name kommt aus dem Slowenischen und heißt soviel wie Klapper- oder Windrad. Im Unterschied zum südsteirischen Klapotetz, der meist acht Flügel hat, hat der slowenische meist sechs. Ich habe aber auch schon acht Flügel gesehen. Das große hölzerne Windrad soll aus den Weingärten die freßlustigen Vögel vertreiben. Die lärmende Vogelscheuche wird aus astreinem Fichtenholz hergestellt, die Klöppel sind Schallbretter aus Buchen- oder Zwetschkenholz - meist angefärbt. Kriecherl-, Zwetschken- oder Kirschenholz, also ein Steinobstbaum sollte es sein, aus dem das Schlagbrett hergestellt wird. Als Windfahne dient ein „Woazstroh-" oder Reisigbuschen. Meistens wird der Klapotec am 25. Juli (Jakobitag) aufgestellt, fallweise auch am 24. August und bleibt dann bis zum 11. November

(Martinitag), wenn die Traubenlese beendet ist, aufgestellt. Das Aufstellen ist ein Fest für das ganze Dorf. Die Dorfleute fertigen die Einzelteile in den Wintermonaten. Während des Aufstellens wird schon kräftig mit Wein und Musik gefeiert und wenn das Windrad klappert, wird in den Höfen getanzt, gespielt und weitergefeiert.

Am 11.11. werden die Windmühlen stillgelegt, abgesperrt oder abtransportiert, und über die Wintermonate etwaige Schäden auszubessern. Das klingende Wahrzeichen des Weinlandes begibt sich zur Winterruhe.

Doroteja Ozimič

AUS DEM TAGEBUCH EINER WEINBAUBERATERIN

Der Monat Mai ist für mich einer der schönsten im Jahr. Die Natur kleidet sich in wunderschöne Schattierungen von Grün und es scheint mir, als wirkte all dies günstig auf mich, denn zu dieser Zeit finde ich am meisten Kraft für meine Arbeit, Das frühe Aufstehen am Morgen und die 25 km lange Fahrt nach Maribor machen mir überhaupt keine Mühe. Im Gegensatz dazu fühle ich mich bei der winterlichen Fahrt in voller Dunkelheit schläfrig und bin vor allem überzeugt, daß dieses frühe Aufstehen ganz verkehrt ist, wo viele Leute noch schlafen.

Vor mir liegt ein anstrengender Tag.

Ich möchte eine Fachexkursion für Weinbauberater aus ganz Slowenien in das Burgenland organisieren. Seit 1990, als wir uns neu formiert haben (wir sind in Slowenien 300 Landwirtschaftsberater aller Richtungen) konnte ich schon zwei Weinbau-Fachexkursionen organisieren, und zwar in die Toskana und nach Südtirol sowie nach Wien und in die Wachau. Beide waren ein Erfolg, so daß mich die Kollegen immer wieder bitten, eine weitere Fahrt zu organisieren.

Uns Weinbauberatern gibt die Teilnahme an einer solchen Fahrt nicht nur die Möglichkeit zur näheren Bekanntschaft mit dem Weinbau im Nachbarland, sondern bietet uns auch Gelegenheit zum Erfahrungsaustausch untereinander. Wir kommen nämlich aus ganz Slowenien, das auf drei Weinbauregionen mit ziemlich unterschiedlicher Weinbautradition aufgeteilt ist, Neben der tagtäglichen Arbeit bleibt uns viel zu wenig Zeit für Treffen und Erfahrungsaustausch.

Bilder links: Klapotecaufstellen bei Holer in St. Kungota

Das Programm der Fahrt ist ausgearbeitet, Ich muß nur noch einen Begleittext verfassen und beides an die Weinbauberater schicken. Ich habe im Burgenland Kontakt mit einem Fachkollegen aus der Landwirtschaftskammer aufgenommen, der Spezialist für den Weinbau in dieser Weinbauregion ist und der für mich ein zweitägiges Fachprogramm vorbereitet hat. Er war sehr hilfsbereit und freundlich, obwohl er mich noch nicht kennt. Ich hoffe, diese Gastfreundschaft erwidern zu können, wenn sich die Weinbaufachleute dieser Region zu einem Besuch unseres Weinlandes entschließen.

Ich kann die Einladung für die Exkursion nicht fertigstellen, weil ein Besucher zur mir ins Büro kommt. Ein jüngerer Weinbauer, den ich von einem Besuch vor einem halben Jahr her kenne, als ich mir die zur Erneuerung bestimmten Weinanbauflächen ansah, zieht einen Bund Rebenpröpflinge aus einem Säckchen. Ich erfahre, daß die Pröpflinge nach dem Setzen angetrieben hätten, bald darauf jedoch einige Reben in ihrem Wachstum stehengeblieben und dann eingetrocknet seien. Er ist ganz in Sorge. Wie sollte er es denn auch nicht sein: für die Erneuerung eines Weingartens braucht man nicht wenig Geld, und es geht fast zur Gänze zu Lasten des Weinbauern selbst. Der Anteil des Staates dabei ist sehr bescheiden. Ich fürchte, daß wir auf diese Weise nie zu den geplanten 25000 ha an Weingärten kommen werden, obwohl uns in Slowenien rund 55000 ha eindeutige Wein-Anbauflächen zur Verfügung stehen. Sie werden leider ungenützt bleiben.

Wir suchen gemeinsam nach den Ursachen dieser Situation in seinem Weingarten. Es interessiert mich, wie er die Pröpflinge gelagert, wo er sie gekauft, wie er das Setzmaterial unmittelbar vor dem Setzen behandelt hat, ferner wie er den Boden vorbereitet und nicht zuletzt, wie er die Pröpflinge gesetzt hat. Man kann so viele Fehler machen und kaum jemand ist bereit, sie zuzugeben.

Wir müssen das Gespräch im Büro beenden, denn an der Türe erwartet mich schon eine Landwirtschaftsberaterin, mit der ich mich schon vor einer Wochr für den heutigen Tag zu einer Besichtigung am Terrain verabredet hatte, und darum vereinbaren wir mit dem Weinbauern eine Besichtigung seiner problematischen Neuanlage zum frühesten freien Termin.

Šober, Heiligen Kreuz

Die Bereichs-Weinbauberaterin, die das Gebiet rund um Maribor betreut, ist eine der vielen Berater, mit denen ich mich immer wieder treffe. Bis vor kurzem habe ich als Weinbauspezialistin auf dem gesamten Gebiet Nordost-Sloweniens (Štajerska und Prekmurje) gearbeitet, das heißt also in der ganzen Drau-Weinregion, die augenblicklich rund 10000 ha an Weingärten umfaßt. Nun hat ein Kollege von der Viehzucht- und Veterinäranstalt in Murska Sobota den östlichen Teil der Region an der ungarischen Grenze übernommen. Für mich eine unermeßliche Erleichterung. Wenn ich nach Lendava fahren mußte, hatte mein Arbeitstag manchesmal erst spätabends ein Ende.

Der heutige Außendienst wird jedenfalls nicht so lange dauern, denn ich muß noch rechtzeitig zur Weinbewertung ins Institut zurückkehren. Wir wollen uns fruchttragende Weingärten auf ihren Gesundheitszustand ansehen und uns mit der Problematik eines rechtzeitigen Düngens mit Stickstoffdüngern beschäftigen. Übertriebenes Spritzen ist mancherorts noch üblich, trotz den ständigen Warnungen unseres phytopathologischen Dienstes und den laufenden Mitteilungen in den Zeitungen und im Radio. Ebenso das Düngen mit Stickstoff, das gewöhnlich zu rasch erfolgt, in manchen Fällen auch zu häufig oder zu spät, was wieder eine Menge Unannehmlichkeiten verursacht: üppiges Wachstum, Krankheiten, schlechten Reifegrad sowohl des Holzes als auch der Trauben, usw.

Die zahlreichen Vorträge, die wir in den Wintermonaten veranstalten, haben schon vielen Weinerzeugern klargemacht, wir wichtig ein kluges Wirtschaften ist.

Mit der Beraterin gehe ich durch einige Weingärten in Svečina und Jurij und wir verwickeln uns da und dort in Gespräche mit den Weinbauern, die eben die Jätarbeit in ihren Weingärten durchführen. In diesem Gebiet haben wir sehr erfolgreiche Erzeuger, die ihre eigenen Weine auch weitgehend selbst abfüllen und mit ihnen zur absoluten Spitze der slowenischen Weinqualitäten gehören: Elšnik, Leber, Jamnik, Gaube, Kren, Valdhuber, Jamšek, Gornik, Mukenauer, Hlupič, Dreisiebener, Vračko, usw.

Auch Alenka Leber finden wir im Weingarten bei der Arbeit. Ein Gespräch mit ihr, die ich noch aus den Studentenjahren kenne, ist mir immer eine große Freude. Wie die meisten jungen Erben von diesen Weinbauernhöfen hat auch Alenka die Höhere Agronomieschule in Maribor absolviert und ist daher Landwirtschaftsingenieur. Soweit ich mich erinnere, waren ihre Studentenjahre auch nicht so ganz gewöhnlich. Sie waren gekennzeichnet durch aktive Arbeit für die Landjugend und den Kampf um die Anerkennung des Bauernberufes und eine Besserstellung des Bauernstandes. Alenka ist auch jetzt nicht müßig, nachdem sie eine Familie gegründet und mit ihrem Mann die Wirtschaft übernommen hat. Den soliden Besitz mit Weinbau und Viehzucht vervollkommnen die beiden so sehr sie können. Zu einem mustergültigen Weingarten kommt die neueste Kellereinrichtung und selbstverständlich Wein höchster Qualität. Trotzdem ist es so, als ob all das für Alenka noch nicht genug wäre. Noch immer nimmt sie aktiv am Leben der Dorfgemeinschaft teil und nicht selten ist es gerade ihr Engagement, das zur Verwirklichung von etwas Neuem beiträgt. Ständig verfolgt sie die Neuerungen auf allen Gebieten der Arbeit und darum ist ein Gespräch mit ihr niemals langweilig.

Den heutigen Plausch mit ihr beende ich nur ungern, aber leider fehlt mir die Zeit, wenn ich bis Mittag zurück im Institut sein soll. Um 12 Uhr beginnt dort die Weinbewertungskommission, deren Mitglied ich bin, mit ihrer Arbeit. Weil ich heute in der Nähe von Maribor im Außendienst war, kann ich ohne Schwierigkeiten daran teilnehmen. Wenn ich aber in den Büheln von Ljutomer-Ormož oder in den Haloze bin, geht das nicht. Der Außendienst an so entfernten Orten dauert manchal sogar den ganzen Tag.

Die Weinbewertung durch die Kommission erfolgt am Institut regelmäßig jeden Donnerstag und dies schon seit beinahe drei Jahrzehnten, seit der Schaffung der Schutzmarke für die slowenischen Weine. Die sechs- bis zehnköpfige Kommission aus den Reihen der anerkannten slowenischen Degustatoren bewertet Weine aus öffentlicher und privater Erzeugung. In letzter Zeit kommt immer mehr aus letzterer, und was am wesentlichsten ist, ihre Qualität wird immer besser. Dies verdanken wir auf jeden Fall auch unseren Fachdiensten.

Heute verkosten wir 68 verschiedene Weinproben, vom Tafelwein bis zum Prädikatswein. Wir bewerten Weine für den offenen Verkauf und für Flaschenabfüllung. Manchmal bekommen wir zur Verkostung und Bewertung auch Weine, von denen die Inspektoren aus privaten Gaststätten Proben mitnehmen und deren Qualität bereits fraglich ist. Das Verkosten ist eine anstrengende Arbeit, besondere für eine Frau, die körperlich nicht so stark ist wie die Männer. Wir haben aber trotzdem eine recht große Zahl erfolgreicher Önologinnen bei uns, die das Schicksal der Weine aus den großen Kellereien schmieden.

Die Weinbewertung ist beendet und ich habe zumindest noch eine Aufgabe vor mir. Der Zustand der Weingärten, die ich heute gesehen habe, macht mir Sorgen und daher beschließe ich, für das Radio noch eine Anleitung über das Düngen mit Stickstoff zu verfassen. Ich stelle eine Seite mit dem Wesentlichsten, was die Weinbauern hören müssen, zusammen, tippe es und schicke es per Fax an Radio Maribor.

So, der Arbeitstag neigt sich seinem Ende zu. Morgen werde ich die Einladungen für die Fachexkursion versenden, ich muß einige interessante Fachartikel aus Südtirol übersetzen, um sie für ein Fachkolleg mit den Weinbauberatern zu verwenden, und es warten auch einige Kommissionsprotokolle auf mich. Die Arbeit geht nie aus.

Ich bin zufrieden. Ich habe das Gefühl, daß ich heute erfolgreich war. Ohne Sorge kann ich den Nachmittag meiner kleinen Tochter widmen.

Bernd Schmidt

WEIN OHNE GRENZEN

1)
Eigentlich wollte den vorliegenden Artikel meine Katze schreiben: Lila, eine reizende Kartäusin. Indes, ich kenne Lilas etwas ausschweifenden Stil nur zu gut; und so übernehme doch lieber ich es, über „Wein ohne Grenzen" zu sinnieren. Ich werde ihr den Artikel allerdings, wenn er fertig ist, vorlegen und somit ihr Einverständnis einholen. Ihr Verständnis, das weiß ich, ist mir gewiß. Nicht wahr, Lila? - Sie schnurrt.

Vor mir steht ein Glas. Glut der Sonne eingefangen darin. Eingefangen auch die Hügellandschaft Sloweniens. Und auch die der Südsteiermark. Ja, auch von Napa Valley ist etwas spürbar, von kalifornischer Sommerhitze, die - aber Halt! Sogar Alicante spüre ich; und auch Albufeira mit Rose' und Rotem, der vorzüglich zu Fisch paßt . . . Nein, ich irre mich nicht: Da schwingt fern eine Rhône-Impression mit. Und der Garda-See meldet sich sachte: Gabriele D`Annunzio in persona! Wein in so vielen Schattierungen.

Ja, Napa Valley, nördlich von San Francisco, da ist Weintrinken Labsal ganz besonderer Art - in schnellebiger Umgebung, in ungewohnt hastiger Form des Seins. Weine herrschen vor, die ursprünglich aus good old Europe stammten, ihren Altvorderen indes keineswegs an Gehalt nachstehen. Gut sind sie, diese ganz besonderen Kreszenzen drüben, die in kalifornischer Sonne reifen. Als Wein ohne Grenzen. Oh, ja, bricht auch die Welt in sich zusammen - wir genießen. Zum Tanz auf dem Vulkan gehört ein feuriger

Der Autor bei der Recherche vor dem Haus des Künstlers Belec

Wein, stimmt's? Es stimmt. Lila, meine Kartäuserkatze, nickt.

Solange im Glas noch -

Erdbeben - man denke an San Francisco und diesbezügliche Erfahrungen der unvergleichlichen Stadt auf den 42 Hügeln (oder sind es 43 ? Wer zählt schon nach!?) - also, Erdbeben

beschleunigen vermutlich zusätzlich die Weinreife. Und die Sonne erst! Kaliforniens Sonne!

Andererseits: Sonne Sloweniens: Du hast es ebenfalls in dir! Und du, Garda-See? Das olivengeschwängerte Ambiente, das einen mitunter, verehrte Lese(r)schaft, geradezu erschaudern macht. Und die Sortenvielfalt: Die feinen, lieblichen, dann die irgendwie scheuen; seelenvoll, leise, trocken freilich, oh, ja! Doch immer in Maßen fruchtig. Und: Der Monte Baldo sieht alles, weiß viel . . . !

2)
Dort, in Slowenien, wo sich - zwischen Weingärten geduckt - Wäldchen wie junge Hunde, taumelig noch, gegenseitig anhecheln. (Verzeih mir, Lila!) Im Spiel sind sie begriffen, ganz versunken. Kurz nur wird das Spiel unterbrochen. Und einer läßt, erstaunt selbst darüber, daß er's tut, eine kleine Blähung fahren. Das mag dem Wein Charakter geben. Und Charakter, mein Herr, meine Dame, Charakter begegnet uns hier auf Schritt und Tritt.

Wein ist international, nicht weil er etwa Diplomat wäre. Er ist es vielleicht, obwohl --- Das Einschränkende wird aufgehoben, es verblaßt zusehens: Die Grenzen werden transparent. Bis sie eigentlich keine mehr sind. Und ein Gespenst unserer Kultur hört auf umherzugeistern. Entgeistert schauen wir Unendlichkeit. Umrißhaft entwirft sich, die Grenzen von Gestern überschreitend, ein Sein, das köstlicher kaum vorstellbar ist.

Wein oder Nicht-Wein ist hier keine „Hamlet"-Frage mehr. Napa Valley und Slowenien, Rhône und Garda-See, Alicante, Albufeira: Nachbarschaft. Freundschaft sogar. Freude. Lust.
Prost !

3)
Ein Sprung hinüber. Nach Kalifornien. Schon um 1800 hatten Spanier in Südkalifornien süßen Missionswein gekeltert. Ab der Mitte des 19. Jahrhunderts kamen dann Deutsche, Franzosen, Italiener . . . Vielfalt war von Beginn an gegeben: Chateau Inglenook, Buena Vista, Schrams, die Brüder Beringer, Krug. Apropos: Dieser Krug ging nicht solange zum Brunnen, bis er brach! Charles Krug gilt vielmehr als einer der wirklich beispielgebenden Pioniere von Napa County. Dabei hatte sich der mit 33 Jahren emigrierte spätere Weinindustrielle zunächst, anno 1852 war es, als Herausgeber der ersten deutschsprachigen Zeitung in San Francisco profiliert. Doch dann machte Krug in Metall. Und schließlich wandte er sich dem Weinbau zu - zunächst im traditionsreichen Sonoma County, nahe San Francisco. 1858 erwarb Charles Krug Land, lernte sein Handwerk in kurzer Zeit und von der Pike auf, um schließlich 1860 Grund in Napa Valley zu kaufen. Rasch wuchs sein Besitz, und er wurde bald schon zum renommiertesten „Wein-macher" von ganz Napa County. 1880 kam die Reblaus - und das neuerliche Aus. Nochmals ging es an den Aufbau, und 1892 starb der Weinpionier Charles Krug als angesehener Patriarch.

Die Krugsche Winery ging später an die Familie Mondavi, der sie bis heute gehört. Peter Mondavi brachte es im Jahr 1980 sogar zum vielbeachteten Joint-Venture mit dem französischen Weingewaltigen Baron Philippe de Rothschild: Der "Napamedoc" war geboren . . . Doch Cabernet Sauvignon, Pinot Noir, Chardonnay oder Zinfandel säumen heute die Wein-Geschichte dieser blühenden Gegend um San Francisco, wo Kühe auf den Wiesen lagern und Straßen von Winery zu Winery führen, daß man glauben könnte, in der altgewohnten Süd- oder Weststeiermark zu sein. Wäre das alles hier nicht viel größer, wie eben alles in den Vereinigten Staaten viel größer ist . . . Freilich, die großen Mengen sind wichtig, wird kalifornischer Wein heute doch weltweit gern getrunken. (Wenn sie solches hört, schnurrt meine Kartäuserkatze Lila besonders laut!)

Der kalifornische Wein hat die Reblaus überstanden und die Prohibition. Es rankt sich manche Story um die sonnendurchfluteten Rebstöcke in San Franciscos Norden. Dort, wo zwar nicht wie in unseren Breiten das Überschaubare regiert, wo Farmen anstelle der Weinberge und Riesenanlagen an die der Weinkeller getreten sind. Es ist überwältigend in seinen Ausmaßen, dieses Napa Valley! Und auch Sonoma, Weinbaugebiet früher Zeiten, kennt manche Abenteuerlichkeiten. Und manche Grenzenlosigkeit wird offenbar. Etwa, daß neben den „alt"-eingesessenen Namen wie Dresel, Gundlach, Bundschuh und Snyder auch einmal ein Japaner als Weinpionier der 70er Jahre des 19. Jahrhunderts aufscheint: der in Schottland entsprechend ausgebildete - Kanaya Nagasawa. Auch der kalifornische „Sparkling Wine", ohne viel Federlesens als „Champaigne" bezeichnet, ist der Erwähnung wert. Und stellvertretend für viele andere, die ihr Glück in der neuen Welt machten, sollen der frankophile André Tschelistcheff und der „Meister des Zinfandel", der Kroato-Amerikaner Mike Grgich, erwähnt werden.

Erzählenswert, weil kurios, ist freilich noch der Skandal von

1979. Da trugen nämlich bei einer verdeckten Verkostung - angeboten waren kalifornische Weine und ihre französischen, quasi adeligen Vorfahren - die Kreszenzen der Einwanderer unangefochten den Sieg davon. Es war die letzte verdeckte Weinverkostung in Kalifornien, wie man denken kann!

4)
Retour nach Europa, exakter noch: nach Slowenien. Zu den Hügeln und Weiten, zu Grün und Sonnengold, zu einer Gegend, von der man am besten beim köstlichen Glas Wein, bei Selchfieisch und diversen „Schmankerln" schwärmt. Denn ins Schwärmen gerät man wie von selbst, angesichts einer unaufdringlichen, umso natürlicheren Schönheit, die sich unmittelbar in den Produkten, die Boden und Berg, Stall und Ofen bieten und bescheren, in so einmaliger Weise verkörperlicht.

„Eine Kanne Wein zu ihrer Zeit
Ist mehr wert als die Ewigkeit . . ."

Das wußte schon Li-Tai-Pe, der weise Chinese. Und auch andere Denker und Dichter wußten und wissen um die Kraft, die aus der Rebe kommt. So heißt es bei Rudolf Baumbach über den neuen Wein:

„Geraten ist der Wein; da lacht
Der Hausknecht, der Magister,
Der Wächter, der die Nacht durchwacht,
Der Kutscher, der Minister . . ."

Plutarch ruft dem Zecher zu:

„Der Wein ist unter den Getränken das nützlichste, unter den Arzneien die schmackhafteste, unter den Nahrungsmitteln das angenehmste."

Auch Pestalozzi, der Denker und Pädagoge, fand die passenden Worte zum Lob des Rebensaftes:

„Es braucht viel Weisheit, aber wenig Wein, um die Menschen zufriedenzustellen."

Fast schon emphatisch klingt es bei Novalis, den Wein betreffend:

„Auf grünen Bergen wird geboren
Der Gott, der uns den Himmel bringt."

Na, und Altmeister Johann Wolfgang von Goethe, dem Wein bekanntlich sehr zugetan, läßt im Götz formulieren:

„ Der Wein erfreut des Menschen Herz."

Also, Gedanken über Gedanken ohne Grenzen über den Wein, der diese ebenfalls nicht kennt.

5)
Es gab sie, früher, die Grenze. Vom Steirischen ins Slowenische. Klar. Das weiß vermutlich auch meine Lila. Denn Kartäuserkatzen sind kluge, verständige Tiere. Es gab die Grenze, doch wohnte ihr schon früh eine spezifische „Lockerheit" inne. Dort, wo etwa die Staatsgrenze zugleich ein Weg ist, auf der einen Wegseite also Österreich, auf der anderen - damals noch - Jugoslawien, verliert das Wort Grenze seine Strenge.

Auch den kleinen Grenzverkehr kannte man - und man nutzte ihn gehörig!

Grenze, die weniger mit Balken zu tun hat; besonders nicht mit dem vor der eigenen Stirn. Grenze, die weniger zu tun hat mit Zoll und Formalität, mit Paß und Einreiseschwierigkeit also. Eine andere Grenze. Und andere als andere Grenzen duldet Wein ohnedies nicht. Oder? (Lila schnurrt wieder einmal, streckt sich, schließt die Augen. Ob sie an slowenische Mäuse denkt? Wohl kaum . . .)

Es ist ein seltenes, ein rares Land, dieses Slowenien. Vielfältig in seinen landschaftlichen Erscheinungsformen, hat es doch kaum Abweisendes an sich. Im Gegenteil, auch die Gastfreundschaft scheint grenzenlos (sic!) zu sein. Und was die Geographie verspricht, halten Küche und Keller. Und die Geographie verspricht viel . . . Slowenien - von den Alpengipfeln bis zu den Anhöhen von Dolensko und Bela Krajina, von der Adria-Küste und dem malerisch-schroffen Karst über die lieblichen Hügel von Slovenske gorice und Haloze hinab zur Pannonischen Tiefebene: Wenn das nicht malerisch, grenzenlos malerisch ist, wo gibt es das dann, was dieses Attribut überhaupt verdiente? Wo?

Natürlich, wir erinnern uns an die so vollkommenen Bilder in der Steiermark, an die Toscana; an den Garda-See, an Albufeira und Alicante; an Napa schließlich mit Formen, die zu Farmen werden, und an die Rhône . . . Ja, aber - ist Schönheit nicht überall zu finden? Und doch überall anders eben in ihrer Grenzenlosigkeit? !

Daß die Kelten schon geschickt Weinbau in Slowenien betrieben und Meister im Keltern (!) waren, daß die Römer auch hier ihr Gespür für Weinverbesserung in spürbare Qualitätssteigerung umsetzten, das können wir in Slowenien aus stolzer Weinbauern-Erzählung filtern. Denn auch der ansässige Mensch mag ihn, den guten Tropfen. Und trinkt ihn mit Stolz. Mit grenzenlosem Kennerstolz eben. Und teilt dennoch (oder gerade deshalb) gern mit dem Freund, der - Grenzenlosigkeit ! - kein Fremder bleibt . . .

„Entscheidend für die Qualität des Weines", so lese ich in einer schönen und informativen Broschüre über „Slowenische Weingärten und Weine" mit Interesse, „sind Wetter- und klimatische Verhältnisse der Weingegend, die Bodenbeschaffenheit, Lage der Weinberge, Sorten der Weinrebe", und jetzt kommt's: „wie auch die Arbeit des Winzers und seine Sorge für die Weinrebe, den Most und den Wein."

Wahre Worte, keineswegs übertreibend, im Gegenteil - sogar voll Bescheidenheit; wenn auch Stolz auf Erreichtes mitspielt. Und mitspielen soll. Durchaus. Nimmt man das Weinbaugebiet Ljutomersko-Ormoške gorice mit den Zentren Ljutomer und Ormož als Beispiel, erhält das Gesagte überzeugende Bestätigung. Jeruzalem etwa und seine Spitzenweine besonders weißer Rebsorten: Hier, in der faszinierend weichen Hügellandschaft, haben sie Heimatrecht: der Šipon, Welsch- und Rheinriesling, der Weiß- und Grauburgunder, Chardonnay, Sauvignon, Traminer und der Muskat Ottonel. Doch hatten wir manchen dieser Namen nicht schon erwähnt? Im Zusammenhang mit Napa County zum Beispiel . . ? Wein ohne Grenzen, hier wie dort. Und Grenzenlosigkeit im Wein. In uns, um uns. Gefangen ist er, wenn überhaupt, im Glas.

Lila, meine kleine Kartäusin, schläft. Ruhig geht ihr Atem. Jetzt wecke ich sie nicht auf, daß sie meine Ausführungen gegebenenfalls korrigiere. Nein, jetzt mache ich noch eine Flasche slowenischen Weines auf. Und genieße ihn, den Wein ohne Grenzen.

„WEINBAUREGION BEIDERSEITS DER MUR“

Nicht nur der Wein verbindet Völker, Nationen und Nachbarn, sondern auch die Kunst. Eine bemerkenswerte Initiative in dieser Richtung starteten der Bezirkshauptmann von Radkersburg, Dr. Konrad Kranich, und Janez Erjavec, Direktor der Pomurje Messe, mit der Internationalen Künstlerwoche 1995 „Weinbauregion beiderseits der Mur“. Sie engagierten Malerinnen und Maler, dies- und jenseits der Mur, um die gutnachbarschaftlichen Beziehungen noch zu vertiefen.

In einer internationalen Künstlerwoche wurden Bilder zu diesem Thema gemalt. Die Weinberge und der Fluß sind zwei Symbole, die die Menschen an beiden Ufern verbinden. Die Malerinnen und Maler aus beiden Ländern beschäftigten sich intensiv mit den beiden Weinbauregionen und fertigten ihre Bilder ausschließlich in freier Natur an. Die ersten malenden Tage wurden im Gebiet um Klöch, Rosenberg und Straden verbracht. Dann übersiedelte der Künstlertroß nach Slowenien.

Die Finanzierung dieser einzigartigen Künstlertreffs erfolgte mit Hilfe der Klöcher Basaltwerke, der Firma PAKU, Farben Fessler, Leibnitz, der Firma Radenska, der SKB Bank Ljubljana, des Pomurski Sejem und der Firma Za varovalnica, Triglav.

Der Geschäftsführer der Klöcher Basaltwerke, Sepp Gölles, sieht in der bildenden Kunst eine Chance für ein menschliches Aneinanderrücken: „Die Kunst hat die beiden Länder schon lange Zeit vor der politischen Annäherung verbunden“.

Die künstlerischen Koordinatoren dieser Malerwoche waren Bezirksschulinspektor Luis Bresnik und Adolf Pen aus Murska Sobota. Für Bresnik galt das Hauptziel, das Schöne zu finden und zu Papier zu bringen, woran sich auch die Teilnehmer hielten.

Abbildungen von ausgesuchten Werken zu diesem Thema sehen Sie auf der rechten Seite. Es wäre nur zu wünschen, daß diese Veranstaltung keine Eintagsfliege bleibt.

Rechts oben außen: **Ana CAJNKO**, Ljubljana (1946), absolvierte an der Pädagogischen Akademie in Ljubljana bei Prof Dragica Čadež und ist Mitglied der Slowenischen Vereinigung bildender Künstler. Sie lebt und arbeitet in Ljubljana.

Rechts oben Mitte: **Suzana KIRALY-MOSS**, Lendava (1930), wurde in Chicago/USA geboren. Sie studierte an Kunstakademien in New York, Zagreb und Wien, wo sie auch ihr Magisterium machte. Sie ist Mitglied der Slowenischen Vereinigung bildender Künstler.

Rechts oben innen: **Willibald KARL**, Graz (1916), Schüler von Prof. W. Gösser und Prof. E. Jungl. Kurse bei den Prof. R. Szyszkowitz, Leo Fellinger, Kurt Weber. Seit 1957 Mitglied der Vereinigung bildender Künstler Steiermark.

Mitte außen: **Vlado SAGADIN**, Murska Sobota (1930), Professor der Kunstgeschichte, beschäftigt sich seit bald schon 50 Jahren mit der Malerei. 20 eigene und 100 gemeinsame Ausstellungen.

Mittlere Reihe Mitte: **Franz TROPPER**, Deutsch Goritz (1934), Autodidakt, Fortbildung bei Prof. Leo Scheu in Graz. Malerei: Aquarell und Öl. Beeinflußt vom Realismus und Surrealismus.

Mitte innen: **Alois BRESNIK**, Bad Radkersburg (1934), Besuch der Bundes-Lehrerbildungsanstalt in Graz, Lehramtsprüfung für Kunsterziehung. 25 Jahre Kunsterzieher am Bundes-Oberstufenrealgymnasium in Bad Radkersburg.

Unten rechts außen: **Adolf PEN**, Murska Sobota (1944), absolvierte an der Fakultät für Naturwissenschaft und Technologie in Ljubljana. Seine künstlerische Welt ist nach wie vor in der Landschaft zu finden.

Unten Mitte: **Christa NICKL-WLODKOWSKI**, Graz (1946), Seminare im In- und Ausland bei namhaften Künstlern wie Prof Rogler und Prof. Edda Mally.

Unten links innen: **Luwdig REINPRECHT**, St. Peter am Ottersbach (1955), 1974-1984 Hochschule für angewandte Kunst in Wien, Meisterklasse Prof. Tasquil. Reinprecht beeindruckt durch die Sicherheit der Komposition und der Farbgebung.

Dieter Dorner

DER NEUE BERG MIT NEUEM WEIN

Die Zeilen die sie gerade lesen, habe ich oben am „Novi Vrh" geschrieben, am „Neuberg" in den Windischen Büheln, unweit vom Grenzübergang Mureck - Trate. Dort steht die windschiefe strohgedeckte Winzerkeusche, die ich von meiner Mutter geerbt habe.

Bis 1919 war dies ein Teil der Steiermark. Dann, mit dem Friedensvertrag von St. Germain, gíng die Untersteiermark verloren. Nach dem 2. Weltkrieg ist ein Besuch des Familienbesitzes überhaupt nicht mehr möglich gewesen. Die Brücken in Mureck und Radkersburg hatten die zurückweichenden Truppen gesprengt.

Ich erinnere mich gerne an Spaziergänge entlang der Mur, wo mir der Vater das Weingartenhaus der Großmutter zeigte, unereichbar fern. Ganz klein, ein heller Punkt im grünen Hügel. Wie sehr hab ich damals gewünscht, „dort oben" zu sein. Vielleicht hat diese Sehnsucht meine Beziehung zu diesem Ort in besonderer Weise geprägt: 1953 haben dann die Landwirte hüben und drüben ihre Besitzungen zurückbekommen. Auch meine Großmutter ihren Weingarten. Es dauerte noch zwei Jahre bis ich zum ersten Mal den steilen Hügel dort hinauf durfte. Und immer wíeder zog es mich dorthin. Woche für Woche, Jahr für Jahr. Manch gutes berufliches Angebot habe ich abgelehnt, weil ein Wochenende ohne „Neuberg" nicht denkbar war!

Die vom Großvater gesetzten altersschwachen Stöcke haben wir schließlich gerodet und durch eine moderne Drahtrahmenhochkultur ersetzt. Ich durfte mit Recht behaupten, der einzige ORF- Angestellte mit nachweisbarer „Hochkultur" zu sein. Und außerdem: nachdem alles, was die chemische Industrie den Weinbauern empfiehlt, ausprobiert war, entschieden wir uns für den damals in der Steiermark gänzlich unbekannten Bioweinbau. Belächelt, manchmal auch angefeindet, waren wir die Ersten in der Steiermark, die die Reben wieder nach „Väterart" behandelten. Heute sind wir in der Südsteiermark schon ein Gruppe von Bioweinbauern und die berühmte Weinbauschule Silberberg bewirtschaftet ebenfalls ein Bio-Weingut. Auch unter den slowenischen Winzern hat sich diese Form der Rebenpflege und Kellerwirtschaft herumgesprochen. Das Interesse daran ist groß.

Das Haus am „Neuberg" ist uns so sehr Heimat geworden, daß wir letztendlich in die Südsteiermark übersiedelten. Jetzt ist der „Novi Vrh" der „Neuberg" noch näher und wenn die Arbeit im Weinberg es zulässt, bringen uns Ausflüge auch in andere, liebliche Weingegenden: nach Kapela bei Gornja Radgona, auf die steilen Rebhügel bei Lendava, in die großzügigen Weinanlagen von Jeruzalem, in die Haloze südlich von Ptuj oder auf die Vinska Cesta bei Marïbor .

Da wird dann geschaut, verkostet, besprochen und so manch köstlicher Tropfen mitgenommen. Denn jeder Wein ist geprägt vom Charakter des Bodens, der Landschaft. Ein Riesling aus Ljutomer schmeckt anders, als einer aus Haloze. Es ist díes ein Reisen und Kennelernen, an dem alle Sinne, der ganze Mensch beteiligt ist. So freut es mich, daß jezt ein Führer durch die schönsten Weingegenden und die dort angesiedelten Buschenschenken erscheint.

Und Sie werden mir Recht geben: von Besuch zu Besuch wird sich Ihnen ein Land voll kleiner und großer Wunder erschließen. Dies allerdings nur dann, wenn Sie sich dafür ausreichend Zeit nehmen.

Dobrodošli - Willkommen!

DER DICHTER VOM „SÜSSEN BERG"

Die Eltern aus Slowenien, Sohn des Maurers Franz Hergouth aus Radizell, aus der Umgebung Marburgs, und der Bauerntochter Anna Dobnik aus Svet Mihel bei Sladka Gora, am 31. Mai 1925 geboren, das letzte von 10 Kindern. Seit über 30 Jahren besitzt er einen Weinhügel und hat selbst Wein gekeltert. Ich begegne ihm nach vielen Jahren wieder in seiner Wohnung im Hinterhof in der Moserhofgasse, in seiner Dichterklause. Viel hat sich geändert, er trinkt Fruchtsaft, weil der Wein nicht mehr schmeckt, nur seine Zigaretten liebt er noch. Seine Wände sind voll von Bildern der Malerfreunde und ich beginne zu fragen, nach seinem Leben, seinen Wurzeln, nach seinem Werdegang.

Alois Hergouth neben dem Wirtschaftsgebäude rechts oben; beim Frühstück, darunter: das Frühstücksgeschirr wird gewaschen, darunter: das Haus wird sauber gefegt, darunter: ein Rundgang ums Haus ist nun an der Tagesordnung

Hier in der Moserhofgasse aufgewachsen, Schulzeit, Kriegszeit, Studium der Volkskunde und Universitätsassistent bei Prof. Koren, seinem Erkenner, Förderer und Freund.

1953 bezog er die Dachwohnung in der Moserhofgasse, in der Nähe des Elternhauses der Mutter, die aus Sladka Gora stammte. Sein Vetter Jurij hatte ihm 1961 in der Nähe von Sladka Gora ein Häuschen hinterlassen, das in vielen seiner Texte erwähnt wird. Das Erbteil jenseits der Grenze, das er in seinem Inneren möglichst beließ, wo viele Feste mit den Künstlerfreunden gefeiert wurden, und in dem er Ideen und Inspiration holte für weitere Texte, die er allerdings in Graz niederschrieb - von den Gedichten „Neon und Psyche" angefangen, bis zum „Schwarzen Tribut", „Sladka Gora/Der süße Berg", „Stationen im Wind", „Flucht zu Odysseus", „Umkreisung der Nacht" oder „Der Mond im Apfelgarten" um nur einiges zu erwähnen. Einige Texte, so zum Beispiel die „Umkreisung der Nacht" (Obkrožanje noči) und „Mesecmedjablanami" wurden ins Slowenische übersetzt.

Neugierig bin ich auf sein Sladka Gora und freue mich, ein Wochenende dort verbringen zu dürfen. Ich sitze auf der Bank vor dem Haus und blicke in diese weite, in diese wunderbare Hügelwelt. Ich sehe hinunter auf die imposante Kirche von Sladka Gora und ein Jugendtraum wird wahr. Als ich in den 60ern in Graz den Gedichtband „Sladka Gora" von Alois Hergouth in den Händen hielt, las ich Gedicht um Gedicht, nahm das Buch immer wieder in die Hand und versank immer mehr in eine mir fremde Welt. Ich vermeinte die Schwere und Süße des Sommers zu spüren, bis mir eines Tages nun wirklich das Glück zuteil wurde, beim Haus von Alois Hergouth mit Blick auf Sladka Gora zu sitzen und im Haus und in der Umgebung seine von ihm beschriebenen Stimmungen zu erleben. Dieses immer sich ändernde Licht, das Rauschen der Blätter, das Bellen der Hunde, eine Motorsäge am einige Kilometer entfernten Bauernhof, das Rauschen des Quellwassers, das Zwitschern der Vögel, für mich eine heile Welt. In diesem Haus lebte früher der Mesner von Sladka Gora, später kam es in den Besitz von Hergouth´s Cousin. Im „Mond im Apfelgarten" läßt er seine Erinnerungen, Empfindungen und Träume in Worte fließen. Er schildert Begebenheiten aus seinem Leben, die ihm jenseits der Grenze das Erbe der Mutter erwachsen.

Die Liebe zu diesem Stück Land und zu den Menschen ist ein Zeichen von Versöhnung in einer Welt oder in einer Zeit, in der eine Grenze oft Haß, Unmenschlichkeit und Tod bedeutet. Er liebte dieses „Keuschlerleben" in Sladka Gora, dieses ohne Strom und auf die Urbedürfnisse reduzierte Leben. Seine Slowenischkenntnisse sind ausreichend, sodaß er kann sich mit dem Nachbarn verständigen kann, auch mit dem Pfarrer von Sladka Gora pflegt er besten Kontakt. Früher ist er oft gewandert, mit Prof. Koren nach Lemberg, wo noch die Töpferwerkstätten standen. Sein Weinkeller ist mittlerweile leer, auch die Weinstöcke werden nicht mehr gepflegt. Doch irgendwann wird es auch hier wieder Wein geben.

Im Wohnschlafraum seines Refugiums, das er hoffentlich noch oft besuchen kann - denn der Weg hinab ist etwas beschwerlich - steht der Tisch, umgeben von Büchern, dem Sitzplatz in der Ecke, eingeschmiegt unter dem Fenster. Überall liegen Dinge mit Bezug und Vergangenheit: Steine, Muscheln oder Keramiktöpfe.

Nachdem das Gras gemäht war, der Trog bei der Quelle gesäubert wurde und alles wieder mit dem Besen gekehrt ist, verlassen wir dieses Haus durch den Vorraum, vorbei an der in Slowenien so wichtigen Peč, die Brotbackofen und Wärmequelle zugleich ist.

Sie sagen Sladka Gora

Sie sagen Sladka gora, Süßer Berg. -
Es muß wohl einer, der nach langer Wanderschaft
von diesen Trauben, diesen Nüssen aß,
den lichten Namen dagelassen haben -
vielleicht für SIE, die ihn so mütterlich empfing,
als er um Herberg bat;
vielleicht dem Wind, dem wilden Vogelvolk zulieb,
das oben in der Sonne spielte. -
Es tönt so viel in dieser warmen Weite nach.

Das Süße freilich und das Herbe wohnen nah beisammen.
Das eine Erdreich trägt den Schierling wie den Wein.
Wer hier sein Haus und seinen Garten hat,
muß lang in Sorge und in Demut dienen,
bis ihm ein milder Herbst die Fässer füllt.

Es ist IHR Land - Marienland - sagt einer von den Alten.
Als SIE IHM folgte, ging SIE hier vorbei -
hinüber zu den Hügeln, zu den Wolken -
nach Süden - mitten in das Licht.

Wie Kinder knien dort die vielen weißen Kirchen.
Sie beten innig, daß SIE wiederkehrt.

Alois Hergouth

DER WEIN- „BANKER“ VON JERUZALEM - Jože Kupljen

Er hat Charisma, Ausdauer und Fleiß. Nach vielen Jahren im Ausland, wo er heute noch arbeitet, betreibt er zusätzlich eines der größten privaten Weingüter Sloweniens. Er hat es geschafft. Die Scholle seiner Vorfahren hat ihn nicht losgelassen, obwohl er sich in Deutschland einen Namen in der Gastronomie gemacht hat. Eine Musterkarriere: vom Bauarbeiter zum Tellerwäscher, mit 22 Jahren Teilhaber eines Gastronomiebetriebes. Dann folgte ihm seine Frau aus Slowenien nach Deutschland und die Aufbauarbeit begann.

Jože Kupljen vor einem seiner Weingärten

In seiner geschichtsträchtigen Gaststätte in Mainz steht noch ein Tisch, auf dem Carl Zuckmayer an seinen Romanen gearbeitet hat. Mittlerweile ist Jože Kupljen zu den Wurzeln zurückgekehrt, in den Weingarten, in dem er als Kind gearbeitet hat. Die Schönheit der slowenischen Weinberge, die ihn in der Jugend schon faszinierten, hat ihn zurück-

geholt. Die Mutter war hier zuhause und hatte Ivan Kupljen geheiratet. Jože legte hier Weingärten an und baute dann die Taverna. Heute **das** Restaurant der Gegend, **das** Weingasthaus mit landesüblichen Spezialitäten, Weinen und 12 Komfortzimmern. Dort treffen Sie ihn nicht, wie zuerst vermutet, von all dem Besitz überheblich geworden, nein, er repariert gerade eine Maschine in Arbeitsmontur und steht mit Schnurrbart und braunen Augen, fröhlich und witzig auf der Leiter. Er ist voller Tatendrang. Er organisiert noch ein paar Dinge, zeigt uns auch hier den beeindruckenden Keller und weiter gehts zur Überraschung. Einige Kilometer entfernt liegt er, der Traum, den er sich erfüllt hat: Mon Royal, ein Anwesen, ein Gutshof, ein Schloß mit einem Turm, Terrassen, ein Wirtschaftsgebäude wie in der Toskana, einfach eine Anlage, von der man nur träumen kann. Ein Herr Baumann hatte 1821 das ursprüngliche Gebäude errichten lassen und daran rankt sich eine wechselvolle Geschichte von einem Oberst mit zwei Freundinnen, die es erbten und dem Herrn Stamper, dem Verwalter, der dieses Haus kaufte. Und dieses ehemalige Stampergut kaufte Herr Jože Kupljen, baute es aus zu seinem Mon Royal. Er ist der verantwortliche Weinmacher und Organisator des Ganzen, 48 Jahre alt. Er bezeichnet sich als Önologie-Autodidakt und Gastronom und als zweitgrößter privater Weinabfüller neben dem Weinbauern Čurin.

Mit Čurin pflegt er übrigens die besten Kontakte, die beiden waren auch die ersten, die in Flaschen abfüllten. Begonnen hat er mit 3 ha, dann kamen 7 ha dazu, mittlerweile ist sein Besitz auf 11 ha angewachsen, das sind ca. 45.000 Reben:

20 % Rheinriesling, 20 % Chardonnay,15 % Grauer Burgunder,10 % Welschriesling,10 % Šipon, 4 % Weißburgunder,10 % Sauvignon, 5 % Kerner,1 % Gelber Muskateller und 5 % Blauer Burgunder. Von seinen Weingärten liegen 4 ha in Jeruzalem, 5 ha in Svetinje,1,5 ha in Cerovec und der Rest in Žerovinšcak. Er baut meist trocken aus und sein Ertrag liegt bei 1,5 bis 2 kg pro Stock.

Seit dem Jahr 1983 sind auch seine Spätlesen bekannt. Herr Kupljen ist ein Liebhaber von Schaumweinen und begann daher 1990 mit der Schaumweinproduktion aus 60 % Rheinriesling und 40 % Welschriesling.

1993 gab es das erste Mal den Riesling brut classique nach der Champagnermethode. Nun sind wir schon mitten im Rundgang durch sein Gut. Beim Eingang neben dem Turm ist die Vinothek. Zum Ausprobieren und Kaufen ist eine Etage höher die erlesene Probierstube - auch für Seminare - und seine spezielle Weinakademie mit Zertifikat. Das be-

FIRST NATIONAL WINE BANK OF SLOVENIA
JERUZALEM – SVETINJE

CERTIFIKAT

Nº A 00224

Na prinašavca tega certifikata izdajte
Hand over the deliverer of this paper

1 stk. (bottle) Magn. v (volume)

Beli Pinot sorta (type) 92 letnik (vintage)

Chairmann
Jože Kupljen

Vice-Chairmann
Samo-Ivan Kupljen

sondere ist die „First National Wine Bank“, in der nach dem Kauf der Wein im Bankkeller gelagert wird und innerhalb von 10 Jahren abgeholt werden kann. Natürlich gibt es auch ein Zertifikat dafür. Auch im riesigen Keller gibt es Überraschungen, wie die „Weinkathedrale“ aus dem 17. Jahrhundert mit Kreuzrippengewölbe und - was in einer Kirche unüblich ist - Fässer, die darin lagern. Oder der Archivkeller, in dem 20.000 Flaschen lagern. Er wollte sich seine Weinarchitektur verwirklichen, was ihm auch gelungen ist. In seinem k.u.k.-Büro, mit Möbeln von einem aufgelassenen Bahnhof, plaudert der kompetente Weinfachmann, der auch ein Technologiefreak ist, über seine Weinphilosophie. Die Kellertechnik hat er unter anderem im Kloster Ebersbach in Deutschland gelernt. Bei einer Exkursion von Weinbaudirektoren verblüffte er diese mit seiner besonderen Art der Oxydation. Einer der wichtigsten Dinge beim Wein meint er, sei die „positive Reifung“. Er produziert nur Weine, die er selber trinkt.

Zum Abschluß gibt es noch den „Ultimus“, einen Gelben Muskateller von den 60 Jahre alten Weinstöcken. Bald will sich Jože Kupljen auf sein „Königreich“ - Mon Royal zurückziehen und sich nur mehr dem Wein widmen - sagt er. Wie es scheint ist er dazu noch viel zu aktiv.

Links oben: „Taverna“ - das Weingasthaus
Rechts oben: Die „Weinkathedrale“ im Weingut
Bild unten: Mon Royal - das Weingut

DER EISWEINSPEZIALIST

Der Wein ist nicht so leicht zu machen, wie zu trinken, meint einer der Vorreiter der slowenischen Weinbaues lachend - Stanko Čurin, einer der ersten privaten Weinbauern aus der Gegend von Kog, im Gebiet von Jeruzalem. Seine Wiege stand in Vodranci, wo sein Vater Verwalter auf einem Gut war und so wuchs er von klein auf

zwischen Landwirtschaft und Weinbau auf. In seinen beruflichen Anfängen arbeitete er in der Geflügelfabrik in Ptuj, später bei einer „Kräuterfirma". Dann hat er sich langsam freigespielt und stufenweise selbständig gemacht. Schon in der Zeit, in der die Nachfrage nach Wein noch nicht so groß war, hat er mit seiner Frau zusammen neue Flächen angelegt. Absatzprobleme kennt er keine, er verkauft in ganz Slowenien und viel an die Gastronomie.

Angesiedelt hat er sich auf seinem Weingut in der Nähe von Brunova, wo er mit seiner Frau alles aufgebaut hat. Der Weinkeller ist in Kog. Mittlerweile führt er diesen Familienbetrieb zusammen mit seinem Schwiegersohn Slavko Prapotnik, dem Mann von Tochter Jelka. Auch sein Enkel besucht die Landwirtschaftsschule.

Wie mir so manche Weinbauern aus der Umgebung erzählen, war Herr Stanko Lehrer für die jungen Weinbauern, denen er mit Rat und Tat zur Seite stand. Den bestens geführten Weinkeller betreten wir im weißen Mantel, denn Sauberkeit muß sein. Hier stehen Stahltanks, lagern Holzfässer, aber auch jede Menge Flaschenweine der Sorten Welschriesling, Šipon, Rheinriesling, Sauvignon, Grauburgunder, Weißburgunder, Traminer, Muskat Ottonel, Chardonnay, Gelber Muskateller, Blauer Burgunder und Ranina. Auch jede Menge Archivweine sind hier gelagert.

An der Kellerwand kann man den bezeichnenden Spruch lesen: „Der Wein ist gut für die Frauen, wenn ihn die Männer trinken."

Im Vorkeller liegen die Prädikatsweine und sind die Medaillen aufgereiht, denn er kann auf viele zurückblicken. 1973 war er das erste Mal bei einer Weinmesse und bekam sofort eine Medaille und 1983 schaffte er sogar sieben goldene Medaillen. Herr Čurin gilt als einer der Pioniere beim Flaschenfüllen bzw. bei der Eisweinproduktion. Im Jahre 1985 machte er seinen ersten Eiswein. Seit 1989 hat er mit seinem Schwiegersohn unter Čurin - Prapotnik ebenfalls viele Erfolge zu verzeichnen. Er ist ein Weinbauer, der stolz ist auf seine Tradition und seine Medaillen, ist überall präsent und bei allen Messen und Ausstellungen dabei.

Als äußerst erdverbundener Mensch liebt er die Arbeit im Weingarten. Er legt Wert auf genaue Laubarbeit, gespritzt wird meist nur abends und die Weinlese setzt er meist um den 15. Oktober an. Pro Weinstock ist sein Ertrag 1,5 bis 2kg. Sogar dem Papst schickte er einen Wein und zeigt stolz den Dankesbrief.

Herr Čurin ist angeblich einer der ersten in Slowenien, der Fruchtweine wie Weichsel- und Ribiselwein produziert hat.

Nach einigen Verkostungen im Keller kommt als Dessert die Krönung und Herr Čurin sinniert, daß er wahrscheinlich als Eisweinspezialist deswegen gilt, weil er ein saures Leben hat und den süßen Wein liebt. Einer der höchsten Genüsse ist für ihn ein Glas Trockenbeerenauslese und ein Stück Brot dazu. Das ist für ihn der Weinhimmel.

DER SOMELIER - MILAN HLEBEC

In den Hügeln von Ljutomer und Ormož in Kog lebt ein sympathisches Ehepaar. Er mit Künstlermähne und Designerbrille, sie zierlich und flott, die Locken hochgesteckt. Bei beiden würde man nicht die harte Arbeit der Weinbauern vermuten. Ein Künstler ist er ja auch im Keller - ein Weinkünstler. Doch wie kamen die beiden dazu: Er stammt von hier, arbeitete in der Zuckerfabrik und später zog er ins Ausland, war Tapezierer in Deutschland und träumte vom besseren Leben. Mit guten Deutschkenntnissen versehen zog es ihn nach vielen Jahren zurück zur Heimaterde. Dorthin, wo er aufgewachsen war, wo er schon beim Großvater im Weingarten mithalf, dort setzte er seine ersten Stöcke. Auch sein Vater war im Weinkeller in Ljutomer beschäftigt. Mit Hilfe seiner Frau Vera ist er seit 1970 als Weinbauer tätig und bearbeitet nun bald über 2 ha Weingarten. Sein Lehrmeister war Stanko Čurin, der ihn beeinflußte und der ihm Hilfestellung gab, zu dem er auch heute noch jederzeit um Rat gehen kann. Heute ist es mehr ein Gedankenaustausch.

Herr Milan ist äußerst rührig und kreativ, er besucht Weinbaukurse, hat den Kellermeisterkurs gemacht, einen Somelierkurs und einen Degustationskurs. Daher versucht er bei kommentierten Weinverkostungen, auch in deutsch, den Weininteressierten das Produkt Wein näher zu bringen. Er möchte sich auch mit den Leuten unterhalten, die seinen Wein trinken und wissen, in welche Hände sein Wein kommt. Sein oberstes Gebot ist Qualität und nicht Quantität und in seinem kleinen Weinkeller lagern beste Weine. Auch der Erfahrungsaustausch bei den oft sonntäglich durchgeführten Weinproben ist ihm äußerst wichtig.

DAS CHAMPION-WEINGUT

Zeitig im Frühling, langsam bergauf, zwischen den Reben. Viel Arbeit bis zur Weinlese, von Ängsten, Hoffnungen, Sorge und Freude geprägt. Im Herbst Neubeginn. Dem Wein helfen, in einen edlen Tropfen auszureifen. Dazu braucht man Willen, Gefühl, Kenntnisse und ein bißchen Glück. All das brachte die Familie in diesen „Champion" ein: Vida Valdhuber.

Ganz in der Nähe der österreichischen Grenze, unterhalb der südsteirischen Weinstraße, in der berühmten Weingegend von Svečina steht der Hof der bekannten Weinbaufamilie Valdhuber. Alle Familienmitglieder sind im Weinbau eingesetzt. Die Schlüsselfigur dieses Hauses ist Oma Ema.1913 in Graz geboren, hilft sie heute noch im Weingarten mit. Sie kam als 4jährige als Pflegekind hierher, erbte diesen Hof nach dem Tod der Pflegeeltern und heiratete 1931 Herrn Franc Valdhuber. So kam dieser Besitz zur Familie

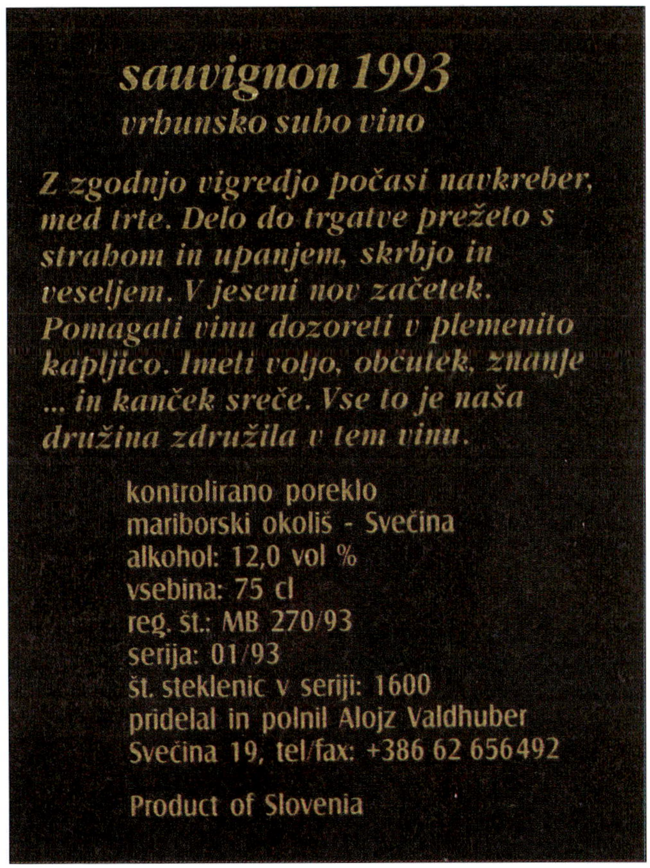

1985 füllte er seine erste Flasche Wein, ein spezielles Tonetikett von seinem Freund, dem Maler und Töpfer Belec entworfen, schmückt manche Flasche Wein. Sein normales Etikett und die Visitenkarte ziert ein Laib Brot, denn sein Name übersetzt ins Deutsche heißt Laib Brot. Er ist mit Leib und Seele Weinbauer und hat für seine Weine schon viele Medaillen bekommen. Seit 1993 betreibt das Ehepaar eine Buschenschank und ist sehr um seine Gäste bemüht. Besonders erwähnenswert ist der gute Kontakt und die gute Zusammenarbeit mit den Nachbarn. Die Weinkultur und die Lebensart, die er pflegt, bringt ihn auch mit interessanten und besonderen Menschen zusammen. Das schätzt er und nimmt sich dafür auch die Zeit. Das wäre nicht möglich, wenn ihn nicht seine Frau Vera, die vormittags in der Gemeinde arbeitet, unterstützen würde.

Valdhuber und Oma ist froh, daß sie hier geblieben ist und nun im Alter die Familie um sich hat - auch daß das Schicksal ihr ein wechselvolles, aber glückliches Leben bescherte. Ihre Deutschkenntnisse haben ihr Sohn Alojz und ihre Enkel übernommen. Sie baute dieses Weingut mit ihrem Mann auf und nun bewirtschaftet es Herr Alojz mit seinen beiden Söhnen Bogomir und Janez. Herr Alojz ist jetzt eher zuständig für das Gasthaus in Maribor, die beiden Söhne Bogomir und Janez sind am Hof für den Weinbau die Ansprechpartner. Bogomir ist ständig zuhause und Dipl.-Ing. Agr. Janez unterrichtet an der Höheren Landwirtschaftlichen Schule in Maribor und im Praxisweingarten in Meranovo. Nebenbei hat er auch noch eine herrliche Stimme und singt im Nonett von Svečina. Der eine macht es mit dem „Kopf", der andere mit Instinkt - vielleicht sind deshalb die Weine so gut und ausgewogen. Die literaturbegeisterte Schwester und die Mutter sind überall eingesetzt und versorgen ab Herbst 1995 auch die neu eröffnete Buschenschank.

Die sauber gepflegten Weingärten sind auf Qualität und nicht auf Quantität ausgerichtet und das schon seit vielen Jahren. Sie haben auch das Glück eines guten Bodens (Lehm- und Sandboden), und eines Klimas, das große Tag- und Nachttemperaturunterschiede bringt, und sie haben beste Süd- und Ostlage. Im Weinkeller, der Visitenkarte jedes Weinbauern, lagern Fässer aus Eichenholz, aber auch Stahltanks für die jungen Weine. Sie bauen vorwiegend trocken aus und waren einer der ersten Betriebe in Slowenien, die in Flaschen abfüllten. Auf ihrem vornehmen Etikett ist das Schloß Svečina zu sehen, in dem früher einmal eine Weinbauschule war. Oftmals bekamen sie internationale Prämierungen für ihre Weine und ein besonderer Wein war auch ihr „Champion 1993", der Sauvignon Jahrgang 1992, den sie wie folgt beschreiben: „Schon beim Beschneiden der Reben im Frühjahr 1992 wurde der Sauvignon vorsichtig belastet, um ein größtmögliches Ausreifen der Trauben zu erzielen. Bereits beim Kosten der ersten Trauben während der Reifezeit im Herbst erwies sich die Entscheidung als richtig und versprach eine außergewöhnliche Qualität. Die Trauben reiften so schnell, daß man sich mit der Lese beeilen mußte; sie fand am 30. September statt, was für hiesige Verhältnisse und die Rebsorte ein sehr früher Zeitpunkt ist. Der Traubensaft wies stolze 22 Grad nach „Klosterneuburg" auf und einen für diesen trockenen Jahrgang beachtlichen Säurewert. Im Keller hörte er zu gären auf und reifte in Eichenfässern. 1800 Flaschen wurden abgefüllt. Bei der Weinverkostung 1995 im Rahmen des Vinoforum in Graz erreichte dieser Sauvignon in der Kategorie trockene Weißweine die beste Beurteilung."

DER KÜNSTLER UND WEINBAUER BELEC -

Vom Self-Mehl-Man zum Künstler und Weinbauer

Mitten im Meer der Weinberge hat er sein Atelier. Auf der Straße von Jeruzalem, Richtung Ljutomer, noch vor dem Schloß Železne Dveri, liegt auf der rechten Seite der Straße der kleine Hof der Familie Belec. Man kann ihn nicht

Der Künstler mit Familie, Bild und Hund

verfehlen, da sich auf beiden Seiten der Weinstraße zwei mächtige Windklappern befinden. Die Einladung ist zu jeder Zeit und bei jedem Wetter gültig. Milan Belec, Autodidakt und Meister des Zeichnens von Landmotiven, verfertigt Zierteller, Krüge und Schalen, Öl- und Aquarellbilder, bemalte Keramik, Tontöpfe und vieles andere mehr. Er arbeitet nach Fotos und Postkarten, er macht Auftragswerke oder läßt seiner eigenen Phantasie freien Lauf. Ein Bud Spencer-Typ, voll Energie strotzend, so tritt der bärtige Herr Belec aus seinem Atelier vor das Haus, dessen origineller Eingang den Künstler vermuten läßt. Wir sitzen heraußen im verspielten Garten mit allerlei Getier rundherum. Sein Deutsch ist gut, aber zur noch besseren Übersetzung holt er seine Tochter. Die führt uns in das etwas tiefer gelegene Atelier. Im ersten Raum steht die Theke zum Weinverkauf und im zweiten Raum ist das Refugium des Künstlers. Es quillt fast über vor fertigen Arbeiten und schon warten aber neue Aufträge.

Den ganzen Tag arbeitet er hier, nur im Winter gönnt er sich eine Pause. Er malt, was die Leute wollen. Nachbarn, Touristen, aber auch die Prominenz aus aller Welt kehrt hier ein. Stolz zeigt er die Fotos von Ministern und Sportlern. Er ist hier geboren - im Nebenhaus, kennt alles und jeden - und bezeichnet sich als Self-Mehl-Man, denn er ist gelernter Zuckerbäcker. Er wollte nicht immer Bäcker sein oder Semmeln austragen, denn in ihm wurde der Wunsch wach, der Kreativität freien Lauf zu lassen und in Malerei und Töpferei umzusetzen. So begann er vor 10 Jahren, machte sich selbständig und ist damit glücklich und erfolgreich. Gerne sitzt er am Berg und blickt in die Landschaft und wird davon inspiriert. Er trinkt auch gerne seinen eigenen Wein. Er füllt in Flaschen, hat einen gemischten Wein - einen sogenannten Mešano. Das Etikett ist natürlich handgefertigt und als Besonderheit ritzt er Name und Wünsche in die Flasche. Schnur und Siegellack halten seine selbstgefertigten Tontafeln an der Flasche fest, ein wahres Unikat. Er stellt die Verbindung von Wein und Kultur her, seine Töpferfeste sind berühmt und dauern einen Tag und eine Nacht und finden meist am 15. Juli, beim Aufstellen des Klapotec, statt. Auch ein Töpfersymposion ist geplant. Zu all dem hat er 100 m vor seinem Atelier und Wohnhaus ein wunderschönes altes Haus übernommen und mit viel Liebe zum Detail ausgebaut und restauriert, mit einem kleinen Weinmuseum, einer Galerie unter dem Dach und einer Töpferwerkstatt, in der man ihm beim Töpfern zusehen kann.

Man kann ihn nur bewundern, den lebensfrohen, liebenswerten Herrn Belec mit seinen glitzernden Augen.

GUSTEK JANEŽIČ - DER MANN DER ALTEN SCHULE

Durch eine Nichte, die in Graz lebt, bin ich glücklicherweise noch auf Gustek Janežič gestoßen, da ich mich ja in erster Linie auf Buschenschenken konzentriere. Es wäre ein Versäumnis gewesen, diesen Herrn der alten Schule im Leben wie im Weinbau nicht kennenzulernen.

Am Vinski Vrh, am Weg nach Miklavž, steht auf einem Hügel das alte Haus. Im Inneren, das Wohnzimmer in Stilmöbeln, holzgetäfelt, kredenzt er uns seinen Wein. Und der 1918 Geborene fängt zu erzählen an. Von den früheren Zeiten - daß viele Weinberge in dieser Gegend im Besitz von Rechtsanwälten, Ärzten und Adeligen und natürlich vielen Österreichern waren. Der Onkel des Vaters seiner Frau kaufte das jetzige Weingut von der Familie Schenkel, ein damals 6 ha großes Weingut. Der Vater der Frau bekam später dieses Gut, Franc Herg, Offizier des Kaisers und nach dem Ersten Weltkrieg Direktor der Heilanstalt von Rogaška Slatina. Herr Gustek heiratet 1946 Frau Inge Herg und baute nach dem Krieg alles hier auf. Er hat Flächen gerodet und viel geleistet. 4 ha Weinberge hat er mit Weißburgunder, Welschriesling, Šipon und Sauvignon bepflanzt. Erst nach dem Zweiten Weltkrieg elektrifizierte er das Haus. Er war drei Jahre Chef der Landwirtschaftsgenossenschaft und in vielen anderen Ämtern tätig. Auch beim Bau und Asphaltieren der Straße war er federführend. Trotz seiner vielen Arbeit nahm er sich immer noch Zeit ins Theater zu gehen, wie er sagt, einem seiner liebsten Hobbies als Ausgleich zur Arbeit. Sogar mit dem Fahrrad fuhr er von hier bis nach Graz ins Theater.

Als Weinbauer bevorzugt er die klassische Methode, er überläßt das Filtrieren und Flaschieren dem Sohn - er meint, der Filter nimmt dem Wein die Blume, das Bukett - argwöhnt, man dringt in das Natürliche des Weines ein. Er will dem Wein die Seele erhalten. Er debattiert mit allen Weingrößen, verläßt sich auf sein Gespür und keltert die Sorten so, daß sie ihr natürliches Bukett erhalten, kein Schwefeln, kein Umziehen, kein Filtrieren.

Bei den Weinproben in seinem wunderschönen Gewölbekeller erzählt er von seinem Vater, der Weinbauer beim Schloßherrn in Lokavci war. Er steht neben seinem Schutzpatron, dem steinernen Heiligen Urban als wir Abschied nehmen von diesem einnehmenden „Herrn der alten Schule“.

Bild umseitig rechts: Vurberk

DER GRENZGÄNGER

Eben erst vom Berg Athos zurückgekehrt, hole ich ihn nach der Sendung vom Tonstudio ab und wir fahren mit dem Auto nach Mureck. Ausnahmsweise, denn sonst ist er überzeugter Eisenbahnfahrer - Dieter Dorner, der bekannte Rundfunkmann.

In Mureck halten wir beim geschmackvoll renovierten Haus im Zentrum, das direkt an den Pfarrgarten anschließt und Beschaulichkeit ausstrahlt. Im Hof stehen Traktor und Geräte für den Weingarten. Die erste Überraschung ist die perfekt eingerichtete Tischlerei - eines seiner vielen Hobbies. Stolz zeigt er seine selbsterzeugten Holzfenster und die vielen Holzteile des Hauses. In der Stadt, in der er aufwuchs hat er mit seiner Frau und den Kindern eine Heimat gefunden. Die zweite Überraschung ist das Weingartenhaus, das über der Grenze in Cmurek bzw. am Novi Vrh liegt. Das ist auch der Grund des Besuches mit einem „Grenzgänger", einem Doppelbesitzer zu sprechen und - was viele nicht wissen - mit einem begeisterten Weinbauern.

Den vom Urgroßvater stammenden Besitz, seit Generationen in der Familie, bewirtschaftet nun er.1857 wurde dieses Haus vom Urgroßvater erbaut, der Hutfabrikant und Künstler war. Schon damals machte er beste Weine, zog die Weinreben selbst, versuchte sich mit einer Rebschule und hat selbst sein Produkt gerne verkostet. Ein Weinbauer mit Leib und Seele, der darüber hinaus einen Weingarten in Jeruzalem hatte.

Dieter Dorner hat die Begeisterung zum Wein von seinen Vorfahren sichtlich übernommen und erzählt von seinem ersten Besuch in Großmutters Weingarten, in dem das erste bewußte „Schauen" begann. Er nützte jede Minute, mit der Großmutter im Weingarten zu sein. Als er das Haus seiner Vorfahren zurückbekam, mußte er in mühevoller Kleinarbeit, vom Strohdach angefangen, viel sanieren. Das Haus liegt versteckt an einem wundervollen Platz am Novi Vrh und anhand der noch aufbewahrten Hausnummern kann man die wechselvolle Geschichte verfolgen. Als Weinbaunewcomer begann er 1969 die alten Anlagen aufzubereiten bzw. Neuanlagen zu schaffen. Dann kamen die ersten Versuche mit dem biologischen Weinbau. Heute versteht er sich als erster anerkannter slowenischer Bioweinbaubetrieb. In Österreich gehört er auch zu einer Gruppe von 10 Bioweinbauern. Er gibt zu, daß die ersten naturbelassenen Weine nicht sehr gut schmeckten, doch er bildet sich ständig weiter und konnte 1983 auf einen beachtlichen Ruländer verweisen. Auf die Frage, was biologischen Wein von einem konventionell hergestellten Produkt unterscheidet, zählt er auf: gesunder Boden und gesunde Pflanzen, Rücksicht auf das Bodenleben, ganzjähriger Grasbewuchs, Nährstoffrücklieferung durch organischen Dünger (Kompost und Gründünger) und natürliche Mineralstoffe. Es geht um die Erhaltung des gesunden Ökosystems im Weinberg und die Förderung der Widerstandsfähigkeit der Rebstöcke und die Schonung von Nützlingen.

Zu den Wurzeln zurückgekehrt, könnte man sagen - der Mann der ersten Stunde von Ö3, der mit der unverwechselbaren Stimme, Moderator, Tischler und Weinbauer zugleich.

Dieter Dorner vor seinem Weingartenhaus

GAUBES „GRENZÜBERSCHREITENDER" WEINKELLER

Vor dem alten Haus aus 1808 sitzt die 80jährige Oma neben knorrigen Rosmarinstöcken, bewacht vom Bernhardiner Alf. Buschenschank gibt es leider noch keine, dafür hat hier der Weinbau Tradition. Der alte Weinkeller liegt beim Grenzstein Oe IX 268 mit dem Eingang auf österreichischer Seite. Die Weingärten ebenfalls an der österreichisch-slowenischen Grenze. In diesem Familienbetrieb arbeiten neben Herrn Alojz Gaube seine Frau Ana, die Tochter Anica, der Sohn Lojze und dessen Frau. Herr Gaube spricht bestens deutsch und seine Schwiegertochter lernt die Sprache gerade, wie man sich auf der Weinmesse in Ljubljana überzeugen konnte. Von dieser Weinmesse - aber auch von vielen anderen - hat er Medaillen nach Hause gebracht. Bis 1820 reicht die Familiengeschichte vom Alojz bis zum Kasper zurück. So führt Herr Alojz die Weinbautradition seiner Vorfahren weiter. Er ist ausgebildeter Agronom und hat sich

Die Großmutter zwischen der Rosmarinallee

noch durch Kurse weitergebildet. Die Österreichnähe nützt er auch zu einem Erfahrungsaustausch mit seinen Nachbarn. Er gehört übrigens der Tafelrunde der Pannonischen Weinritter an. Zu erreichen ist er über Spielfeld, Jurij, Zg.Kungota oder Langegg, gegenüber der Zufahrt nach Gaj den Berg hinauf linkshaltend.

HIMMLISCHE FREUDEN

„Zum Wasser des Lebens wird der Wein dem Menschen wenn er ihn trinkt mit rechtem Maße" (SIR. 3 1,17).

Ein pfiffiger kleiner Herr, mit lustigem Augenzwinkern, die Zigarette in der Hand, so tritt er leger gekleidet vor das Pfarrhaus. Es wurde mir schon einiges über Karl Vogrin, den Pfarrer von Zg.Korena erzählt - so war ich neugierig. Bestens deutsch sprechend fängt er gleich zu scherzen an, bittet uns herein in das alte Pfarrhaus, wo in der Küche die Aushilfsköchin, die nur zweimal in der Woche herkommt, etwas zubereitet. Scherzend will er mich gleich als Pfarrerköchin engagieren, denn diese sind hier schwer zu bekommen. Das Pfarrhaus ist aus dem 18. Jahrhundert mit einer späteren Veränderung und birgt einige schöne Gemälde und Möbel, auch vom Herberstein´schen Schloß Vurberk. Wir sitzen in der Wohnküche, natürlich bei einem Glas selbstgekelterten Wein und kommen ins Plaudern. Er ist weltoffen, an allem interessiert, aber dem Weinbau gehört seine große Liebe. Wie fast überall, gab es auch in seinem Elternhaus bei Lenart Wein. Als er hierher kam, in einen der schönsten slowenischen Orte, mit der Kirche der Heiligen Barbara, begann er mit der Arbeit in der Gemeinde. Eine

achtklassige Schule wurde eingeführt, das Schulgebäude erweitert und vieles mehr. Die Renovierung der Kirche lag ihm besonders am Herzen und nun ist die Sanierung beendet und wird groß, sogar mit Bischof Weber aus Graz, gefeiert. Angeblich soll sogar der Papst beim nächsten Besuch hierher kommen und die im Garten überdacht stehende Kutsche des Bischofs Slomšek, des ersten Bischofs zu Maribor, weihen. Pfarrer Vogrin sammelt gern - so hat er ein kleines Museum zusammengetragen. Es gibt die kuriosesten Dinge hier, wie in der Küche ein Vogelkäfig mit einem ausgestopften Eichhörnchen oder im Freien die Hundehütte für den Neufundländer Prinz, wie auch der Käfig in Form einer Kirche. Zwischen Kirche und Pfarrhaus steht ein Salettl für einen gemütlichen Umtrunk. Auch beim Hauseingang sieht man seine Vorliebe für den Wein in Form von Schnitzereien. Es ist ja nichts Seltenes: Der Zusammenhang von Kirche und Wein, denn schon im Mittelalter hatten die Klöster und Kirchen Weinbau betrieben. Eine Besonderheit ist aber dieser Pfarrer, der erst nach Erfüllung seiner Pflichten, vor über drei Jahren, die Weinstöcke pflanzte und nun seinen eigenen Meßwein kredenzt. Auf 0,8 ha hat er Chardonnay, Welschriesling und Sauvignon gesetzt, in vertikaler Anlage. Der Weinhang geht gleich neben der Kirche und dem Pfarrhaus hinunter. Seine Weinstöcke sind wie seine Kinder und so hat sich seine Gemeinde um diese „Schäfchen" erweitert.

Im Codex Iuris Canonici heißt es: „Der Wein muß naturrein und aus Trauben gewonnen sein und darf nicht verdorben sein." Eine Regel für alle, die sich mit der Kelterung von Meßwein befassen.

BUSCHENSCHANK = VINOTOČ

VINOTOČ VALENTAN (1)

Inhaber: Alojz u. Frančiška **Valentan**
Adresse: Vodole 36, **62000 Maribor**
Telephon: 062/51 30 84
Busverbindung: ab Bhf. Maribor, Haltestelle „Črni Baron" Pizzeria - 2,5 km
Nächster Bahnhof: Maribor - 5 km
Öffnungszeiten: von Januar bis Dezember; Fr, Sa, So, Feiertag; von 12 Uhr bis 22 Uhr
Ab-Hof-Verkauf: ja; Wein, Edelbrand
Weinkost: ja, gegen Voranmeldung
Ausstattung: Innen 60 Sitzplätze (2 Räume), außen 40 Sitzplätze
Zimmer: 4x2 (im Ausbau)
Anbaufläche (ha): 2
Wege: Wandermöglichkeiten
Busse: Busse und Gruppen gegen Voranmeldung
Spielplatz: ja, und Volleyballplatz
Sturm: ja
Kastanien: ja

Besonderheiten: Seit 1719 gibt es den Namen Valentan. 3 Generationen der sympathischen Familie wohnen hier und arbeiten zusammen, im Weingarten wie im Keller. Die Mutter des Schwiegervaters war Wienerin, daher kann man sich auch deutsch verständigen. Einen Weingarten gab es schon immer beim Haus; der interessantere Weinkeller ist ein über 200 Jahre alter Tunnelkeller und 2 km entfernt. Die Zufahrt ist gleich wie zur Buschenschank Bračko, wo gleich danach eine Straße den Berg hinunter, den Holzschildern nach, zur Buschenschank führt. Herr Valentan hat vor, in Kürze einen Kmečki Turizem zu machen.
Speisen: Hausbrot, Bratwurst mit Sauerkraut, Kübelfleisch, Aufschnitt, Verhackert, Gibanica
Weine: Welschriesling, Rheinriesling, Kerner, Chardonnay, Muskat Sylvaner, Gelber Muskateller, Weißburgunder
Edelbrände: Slibowitz
Fruchtsaft: Traubensaft

VINOTOČ MARKUŠ (2)

Inhaber: Majda **Markuš**
Vulgoname: **Ožbalt**
Adresse: Malečnik 255, **62000 Maribor**
Telephon: 062/51 18 08
Busverbindung: ab Bhf. Maribor bis zur Haltestelle Pizzeria „Črni Baron" - 2,5 km

Nächster Bahnhof: Maribor - 5 km
Öffnungszeiten: von Januar bis Dezember, im August 14 Tage geschlossen; Fr, Sa, So, Feiertag; von 14 Uhr bis 22 Uhr; Mo, Di, Mi, Do gegen Voranmeldung
Ab Hof Verkauf: ja, Wein
Musik: auf Anfrage
Ausstattung: Innen 40 Plätze, außen 50 Plätze
Anbaufläche (ha): 1
Wege: Wander- und Radfahrmöglichkeiten
Busse: Busse und Gesellschaften gegen Voranmeldung
Sturm: ja
Kastanien: ja
Besonderheiten: Die Zufahrt erfolgt über Maribor Center, Bundesstraße Richtung Ljubljana über die Drau, 1. Abfahrt rechts, weiter rechts die Drau entlang, beim „Gasilski Dom" links dem Schild „Vinska Cesta" nach, über die Brücke rechts, bei der Pizzeria links Richtung Gorca, nach wenigen Metern rechts, ca. 1 km der Tafel nach bis kurz vor die Kirche von Gorca. Dort betreibt die junge Frau Marja, unterstützt von ihrem Mann und der Oma - bekannt für die „Ornamentpotize" - die kleine Buschenschank mit herrlicher Aussicht. Der Keller ist noch alt, sonst wurde alles neu

Bild oben links: bei Tremel, Bild unten: bei Podočnik

aufgebaut.
Speisen: Kübelfleisch, Aufschnitt, Klobasse, Verhackert, Bauernbrot, Gibanica, Haussalami, Essiggurkerl, Essigpaprika, schwarzer Rettich
Weine: Sauvignon blanc, Welschriesling, gemischter Satz - weiß
Edelbrände: Slibowitz
Angesetzte Schnäpse: Heidelbeerschnaps

VINOTOČ MAK (3)

Inhaber: Stenka u. Alois **Mak**
Vulgoname: **Pri Pečarjevih**
Adresse: Stolni Vrh 44, **62000 Maribor**
Telephon: 062/27306
Nächster Bahnhof: Maribor - 3 km
Öffnungszeiten: von Januar bis Dezember; Fr, Sa, So, Feiertag; von 15 Uhr bis 22 Uhr; Mo, Di, Mi, Do gegen Voranmeldung
Musik: auf Bestellung
Ausstattung: Innen 25 Plätze, außen 25 Plätze
Anbaufläche (ha): 2
Wege: Wander- und Radfahrmöglichkeiten
Sturm: ja
Kastanien: ja
Besonderheiten: Dieses Haus war schon immer für seine Gastfreundschaft bekannt. Jeder müde Wanderer bekam von der Oma eine Labung. Vielleicht hat sich vor 4 Jahren aus dieser Tradition die Buschenschank neben dem Bauernhof entwickelt. Auch die hübsche Tochter hilft den Eltern in der Küche und im Weingarten. Auf einer Vinska Cesta gelegen fährt man entweder bei der Buschenschank Bračko links dem Schild nach, oder die alte Stadteinfahrt von Österreich kommend, vor dem Bahnhof rechts die Straße über die Bahn, vor der Abzweigung zur Buschenschank Anderlič nach links.
Speisen: Kübelfleisch, Bauernbrot, Verhackert, Klobasse, Haussalami, Gibanica, Nußpotitze (auf Bestellung), Aufschnitt, Essigpaprika, Essiggurkerl
Weine: gemischter Satz - weiß

VINOTOČ HORVAT (4)

Inhaber: Andrej **Horvat**
Adresse: Počehova 29, **62000 Maribor**
Telephon: 062/27 87 2
Busverbindung: Bhf. Maribor, Linie 5, Haltestelle 2 (beim Haus)
Nächster Bahnhof: Maribor - 3 km
Öffnungszeiten: von April bis November, Juli u. August geschlossen; Fr, Sa; von 15 Uhr bis 23 Uhr
Weinkost: auf Anfrage
Musik: auf Anfrage, Duo: Harmonika, Trompete
Ausstattung: Innen 50 Plätze, außen 50 Plätze
Anbaufläche (ha): 5
Wege: Wanderweg zur „Pyramide"
Busse: gegen Voranmeldung
Spielplatz: im Ausbau
Sturm: auf Anfrage
Kastanien: auf Anfrage
Besonderheiten: Bei diesem Familienbetrieb spricht der Sohn bestens Deutsch. Seit 35 Jahren wird Weinbau betrieben und viele Medaillen sind der Erfolg. Eine Besonderheit ist der Aperitiv „Jede Lilli bekommt hier ihren Willi" - die Birne im Glas. Von Graz zu erreichen über Spielfeld vor der Auffahrt zur Schnellstraße Maribor, bei der Kreuzung Jurij/Kungota/G.Radgona, Abzweigung Maribor (alte Straße) ca. 3 km, beim Schild „Vinotoč Horvat" rechts die Straße bis zum Ende.
Speisen: Aufschnitt, Kübelfleisch, Klobasse, Verhackert, Bauernbrot, Gibanica, Nußpotitze, Stelze
Weine: Chardonnay, Ruländer, Rheinriesling, Sauvignon blanc, Welschriesling
Edelbrände: Slibowitz, Birnenschnaps

VINOTOČ VREZNER (5)

Inhaber: Justina u. Milena **Vrezner**
Adresse: Ciringa 24, **62201 Zg.Kungota**
Telephon: 062/65 62 24
Öffnungszeiten: auf Anfrage, meist Fr, Sa, So; von 13 Uhr bis 22 Uhr
Ab-Hof-Verkauf: ja; Wein, Äpfel
Ausstattung: Innen 20 Plätze
Besonderheiten: In Svečina wird alle 2 Jahre die Weinkönigin gewählt und so hängt ein Bild von Frau Ing. Milena aus früheren Zeiten im Purpurmantel und Krönchen an der Wand. Seit 1987 bewirtschaften die zwei tüchtigen Frauen den Hof und Weingarten alleine. Im gepflegten Haus aus 1911, betreiben sie seit kurzem nur eine Wochenendbuschenschank, so wie es die Arbeit zuläßt. Eine Spezialität ist der „Amerikanische Kuchen". Zu erreichen von Spielfeld/Šentilj Richtung Zg.Kungota nach Podigrač, dort links ca. 2 km.
Speisen: Aufschnitt, Kübelfleisch, Verhackert, Klobasse, Bauernbrot, Gibanica, Rohgemüseteller

Der wunderschöne Wohnraum bei den „Vrezners". Zu beachten: Das selbst „Eingemachte auf den Kästen. Links im Bild Frau Vrezner sen.,rechts stehend unser „Reiseführer" Herr Leber

Weine: Welschriesling, Weißburgunder, Kerner, Rheinriesling, Müller Thurgau, Sämling, Blaufränkischer
Fruchtsaft: Apfelsaft, Traubensaft
Obst: Äpfel (Boskop, Golden Delicious)

VINOTOČ ŠABEC (6)

Inhaber: Alojz **Šabec**
Adresse: Rošpoh 109, **62351 Kamnica**
Telephon: 062/62 18 80
Busverbindung: Nr. 7 von Maribor, Haltestelle Rošpoh
Nächster Bahnhof: Maribor, ca. 5 km
Öffnungszeiten: von Januar bis Dezember; Mo, Di, Mi, Do, Fr, Sa, So; von 10 Uhr bis 22 Uhr
Ab-Hof-Verkauf: ja; Wein (Faß), Kübelfleisch, Äpfel, Topfen
Musik:auf Bestellung

Ausstattung: Innen 80 Plätze (2 Räume), außen 200 Plätze
Anbaufläche (ha): 3
Wege: viele Wandermöglichkeiten
Busse: Busse und Gesellschaften gegen Voranmeldung
Sturm: ja
Kastanien: ja
Besonderheiten: Bei diesem sympathischen Bauernhof mit vielen Tieren, geführt von einem jungen Ehepaar geht es in den Sommermonaten lustig zu. Die Musik spielt im Freien auf und kleine, natürlich gefütterte Schweine, werden im Steinofen gebraten. Wein gab es immer schon beim Haus, was die alte Presse aus 1832, noch in Verwendung, beweist. Im Buschenschankraum steht der 150 Jahre alte Backofen und wärmt die Gäste im Winter. Zu erreichen über Maribor, Richtung Dravograd, in Kamnica beim Kreisverkehr rechts nach Rošpoh und ca. 100 m vor der letzten Bushaltestelle geht der Weg links zum Haus.
Speisen: Aufschnitt, Kübelfleisch, Klobasse, Verhackert, Paprikaspeck, Topfenaufstrich, Bauernbrot, Gibanica (gegen Voranmeldung)
Weine: gemischter Satz - weiß
Fruchtsaft: Stachelbeersaft, Himbeersaft, Holunderblütensaft
Käse: Topfen
Obst: Äpfel
Fleisch: Kübelfleisch

VINOTOČ RAVNJAK (7)

Inhaber: Ivan u. Marica **Ravnjak**
Adresse: Pod Vinogradi 59, **62351 Kamnica-Brestrnica**
Telephon: 062/62 10 78
Busverbindung: Nr. 15 (Maribor - Kamnica), Haltestelle Gasthaus Max, ca. 400 m
Nächster Bahnhof: Maribor, ca. 3 km
Öffnungszeiten: von Januar bis Dezember; Fr, Sa, So; von 15 Uhr bis 22 Uhr
Ab-Hof-Verkauf: ja; Wein (Flasche), Slibowitz
Ausstattung: Innen 40 Plätze (2 Räume), außen 50 Plätze
Anbaufläche (ha): 1
Sturm: ja
Kastanien: ja
Besonderheiten: Diese Buschenschank liegt inmitten von Weinbergen am „Schlangenhügel" mit schönem Blick auf die Drau, Maribor und Kamnica. Etwas oberhalb im historischen Wald stehen auch noch „Teufelssteine". Das

Bild links unten: Hofensemble Nähe Brunček

sympathische Ehepaar betreibt hier am Wochenende eine Buschenschank, beim Weinbau blicken sie auf 30jährige

Erfahrung zurück. Zur Zeit Maria Theresias waren hier ganz berühmte Weinlagen, im besonderen für den Gelben Muskateller, die die Ravnjaks wieder bearbeiten. Hierher gelangt man über Maribor Richtung Dravograd, in Kamnica Richtung Brestrnica und in Höhe des jenseits der Drau gelegenen Kraftwerkes geht es rechts in einer spitzen Kurve bis zum Parkplatz und wenige Meter zu Fuß zu dieser Buschenschank.
Speisen: Aufschnitt, Kübelfleisch, Klobasse, Verhackert, Bauernbrot
Weine: Welschriesling, Gelber Muskateller, Sauvignon blanc, Blaufränkischer
Edelbrände: Slibowitz
Angesetzte Schnäpse: Heidelbeerschnaps
Obst: Äpfel

VINOTOČ LUKMAN (8)

Inhaber: Mukalefa **Lukman**
Adresse: Kozinova 23, **62000 Maribor**
Telephon: 062/24 93 9
Busverbindung: Maribor - ca. 2 km
Nächster Bahnhof: Maribor - ca. 2 km
Öffnungszeiten: von Januar bis Dezember; Di, Mi, Do, Fr, Sa; von 16 Uhr bis 22 Uhr; andere Tage gegen Voranmeldung
Ab-Hof-Verkauf: ja; Wein
Ausstattung: Innen 30 Plätze, außen 20 Plätze
Zimmer: 1x1, 1x2
Anbaufläche (ha): 0,5
Busse: gegen Voranmeldung
Sturm: ja
Kastanien: ja
Besonderheiten: Fährt man von Spielfeld nach Pesnica nicht die Schnellstraße, sondern die gelb beschilderte Straße nach Maribor, kommt man nach ca. 1 km zu einer imposanten Villa mit Turm und Fachwerk und dort die Straße der Beschilderung nach rechts den Berg hinauf bis ans Ende, wo Frau Mukalefa die Buschenschank nach dem Ableben ihres Mannes mit Unterstützung von Freunden führt.
Speisen: Aufschnitt, Kübelfleisch, Verhackert, Klobasse, warme Speisen auf Bestellung
Weine: gemischter Satz - weiß

VINOTOČ FELZER (9)

Inhaber: Roman u. Gretica **Felzer**
Adresse: Rošpoh 21b, **62000 Maribor**
Telephon: 062/29 83 7
Busverbindung: Nr. 7 - Haltestelle bei Reitclub, ca. 2 km
Nächster Bahnhof: Maribor
Öffnungszeiten: von Januar bis Dezember; Fr, Sa, So; von 15 Uhr bis 22 Uhr
Ausstattung: Innen 30 Plätze (2 Räume), außen 30 Plätze
Anbaufläche (ha): 2
Wege: Wanderweg nach Sv.Urban von Maribor, Radweg Nr. 1
Busse: keine, Gesellschaften gegen Voranmeldung
Besonderheiten: In die Hügeln geschmiegt liegt diese kleine Buschenschank, in der Mutter und Sohn für den Weinbau zuständig sind. Frau Grete, die bestens deutsch spricht, ist für die Küche zuständig, obwohl sie oft mit dem Weinbauverein Maribor auf Reisen ist. Daß es hier oft lustig zugeht kann man dem Gästebuch entnehmen. Zu erreichen über Maribor Richtung Dravograd, vor Kamnica rechts Richtung Rošpoh der Beschilderung nach, direkt oberhalb des Radweges gelegen.
Speisen: Aufschnitt, Kübelfleisch, Verhackert, Klobasse, Bauernbrot, Gibanica (Anmeldung), warme Speisen auf Be-

stellung
Weine: Welschriesling, Gelber Muskateller, Chardonnay, Kerner, gemischter Satz - weiß

VINOTOČ GAMSER-VRAČKO (10)

Inhaber: **Gamser-Vračko**
Adresse: Šentiljska 133, **62000 Maribor**
Telephon: 062/28 45 3
Busverbindung: jede Stunde Linie 5 - ab Bahnhof Maribor bis Haltestelle Košaki - 100 m
Nächster Bahnhof: Maribor - 5 km
Öffnungszeiten: von Januar bis Dezember; Fr, Sa, sonst auf Anmeldung; von 15 Uhr bis 22 Uhr
Ab-Hof-Verkauf: ja
Weinkost: ja, auf Anmeldung im Keller
Ausstattung: Innen: 25 Plätze, auf Veranda 10 Plätze, außen: 25 - 30 Plätze
Anbaufläche (ha): 3
Wege: Wanderweg durch Weingarten
Busse: ja, gegen Voranmeldung
Sturm: ja
Kastanien: ja
Besonderheiten: Von Spielfeld die alte Straße Richtung Marburg kommend, fährt man bei der großen Kreuzung nicht nach Kungota, sondern Richtung Marburg und kommt nach ca. 300 m zu dieser, rechts an der Straße gelegenen Vinotoč (Schild links). Von den Schwiegereltern übernommen, bemüht sich das sympathische Ehepaar Gamser seine Gäste zufriedenzustellen, wie zum Beispiel mit dem beliebten Verandaplatz. Eine Spezialität der Hausfrau ist unter anderem die wöchentlich frisch gemachte Leberpastete. Daß der Weinbau auch das Hobby des Hausherrn ist, merkt man an der liebevollen Pflege der alten Sorten und dem Nachsetzen von neuen Stöcken. Er liest reinsortig und von einigen speziellen Trauben keltert er den steirischen Mischsatz. Für den Traminer gibt es oft Medaillen. Im beeindruckenden, gepflegten, über 100 Jahre alten Keller lagert der Wein in vielen Holzfässern.
Speisen: Brettljause, Kübelfleisch, Klobasse, Leberpastete (Spezialität des Hauses, wöchentlich frisch zubereitet), Gibanica (fallweise), Nußpotitze (fallweise)

Weine: Welschriesling, Weißburger, Müller Thurgau, Rheinriesling, Chardonnay, Sauvignon blanc, Traminer, Gelber Muskateller, gemischter Satz als Cuveè reinsortig gelesen und nach Vergärung gemischt oder gemeinsam vergoren, Mischsatz
Edelbrände: Slibowitz
Angesetzte Schnäpse: Heidelbeerschnaps
Fruchtsaft: Ribiselsaft

VINOTOČ JOŠT - SV.URBAN (11)

Inhaber: Milena Jošt u. Zvonko **Cerjan**
Adresse: Šober 8, **62351 Kamnica**
Telephon: 062/62 10 01
Busverbindung: Nr. 7, Haltestelle Krivec Urban, ca. 3,5 km
Nächster Bahnhof: Maribor, ca. 8 km
Öffnungszeiten: von Januar bis Dezember; Fr, Sa, So, Feiertage; von 8 Uhr bis 22 Uhr
Ab-Hof-Verkauf: ja; Wein
Ausstattung: Innen 40 Plätze, außen 50 Plätze
Wege: viele Wandermöglichkeiten - z. B. von Maribor
Busse: keine
Besonderheiten: Zu dieser romantischen Buschenschank, neben der Kirche von Sv.Urban gelegen, kommt man von Maribor Richtung Dravograd, in Kamnica beim Kreisverkehr rechts bis zur Bushaltestelle, dann links den Berg hinauf bis zur Kirche. Das 120 Jahre alte Haus birgt einen schönen Gewölbekeller. Im sympathischen, holzgetäfelten Buschenschankzimmer mit Kachelofen hängt ein Bild des berühmten slowenischen Dichters France Prešeren. Aus den mit karierten Vorhängen umrahmten Fenstern sieht man rundum ins Tal. Seit 5 Jahren betreibt das junge Paar die von

den Eltern übernommene Buschenschank. Ein Familienbetrieb, wo die Töchter mithelfen und auch die Oma im Weingarten tätig ist. Dieses beliebte Ausflugsziel ist die 2. Stempelstelle für einen Wanderweg. Am 21. Mai, dem Fest des Hl. Urban, kommen viele Leute anläßlich des Volkswandertages hierher.

Speisen: Aufschnitt, Kübelfleisch, Klobasse, Leberpastete, Verhackert, Topfenaufstrich, Sir, Gibanica
Weine: gemischter Satz - weiß
Edelbrände: Slibowitz

VINOTOČ KRAJNC (12)

Inhaber: Nada **Krajnc**
Adresse: Medič 180, **62351 Kamnica**
Busverbindung: Nr. 7, Maribor bis Zentrum Kamnica, ca. 4,5 km
Nächster Bahnhof: Maribor, ca. 7,5 km
Öffnungszeiten: von Januar bis Dezember ; Fr, Sa, So, Feiertag; von 9 Uhr bis 22 Uhr
Musik: Mariborski Quintett (mit Vater u. Sohn Krajnc)
Ausstattung: Innen 40 Plätze (2 Räume), außen 40 Plätze
Anbaufläche (ha): 0,5
Wege: viele Wandermöglichkeiten
Sturm: ja
Kastanien: ja
Besonderheiten: Zu erreichen von Maribor über Kamnica, nach der Ortsmitte rechts (Holzschild „Dobaj-Bobič" nach) , dem Bach entlang, beim Schild „Medič" über die Brücke den Berg hinauf, beim Schild „Lovski Dom" rechts und weiter über eine Schotterstraße kommt man zur hoch am Berg gelegenen Buschenschank. In dieser ruhigen Lage mit herrlichem Weitblick, gegenüber dem Pohorje, begrüßt sie Frau Nada etwas deutsch sprechend und freut sich auf Gäste. Sie ist sehr bemüht und will vieles verbessern, vor allem wartet sie auf einen Telefonanschluß.
Speisen: Aufschnitt, Kübelfleisch, Verhackert, Klobasse, Liptauer, Topfenaufstrich, Bauernbrot, Stelze, Gibanica

Weine: Gelber Muskateller (Flasche), Welschriesling (Faß)
Edelbrände: Obstler, Nußschnaps, Weichsellikör
Most: Apfelmost

VINOTOČ HAUPTMANN (13)

Inhaber: Franc **Hauptmann**
Vulgoname: **Pipuš**
Adresse: Šober 3, **62201 Zg.Kungota**
Busverbindung: Maribor-Gaj (Endstation)
Nächster Bahnhof: Maribor, ca. 15 km
Öffnungszeiten: von Januar bis Dezember; Fr, Sa, So, Feiertag; von 10 Uhr bis 22 Uhr
Ab-Hof-Verkauf: ja; Wein, Äpfel
Ausstattung: Innen 20 Plätze, außen 30 Plätze
Anbaufläche (ha): 0,7

Die berühmte Gibanica

Sturm: ja
Kastanien: ja
Besonderheiten: Zu erreichen entweder über Leutschach, Langegg, Jurij nach Gaj oder über Maribor, Kamnica, Brestrnica nach Gaj und in Sv.Križ die Hauptstraße links an der Kirche vorbei, steht nach ca. 100 m das Anwesen rechts auf einem kleinen Hügel, den Bauerngarten davor. Frau Olga ist fürs Haus zuständig, die Männer für den Wein. Das Wohnhaus besteht seit dem Jahre 1868. Im Preßhaus wird ein Buschenschankraum gerichtet, der wahrscheinlich ab 1996 geöffnet ist, mit einem Sichtfenster zur Presse, neben der sie ein kleines Museum installieren wollen.
Speisen: Aufschnitt, Kübelfleisch, Klobasse, Verhackert, Leberpastete, Topfenaufstrich, Bauernbrot, Essiggurkerl,

Gibanica (auf Bestellung)
Weine: Gelber Muskateller, Weißburgunder (Faß)
Edelbrände: Obstler
Obst: Äpfel

VINOTOČ POLC (14)

Inhaber: Majda **Polc**
Adresse: Kresnica 41, **62212 Šentilj**
Telephon: 062/65 15 66
Busverbindung: Maribor-Šentilj oder Maribor-Kungota, ca. 3 km

Nächster Bahnhof: Graz-Spielfeld, ca. 5,5 km
Öffnungszeiten: von Januar bis Dezember; Mo, Di, Mi, Do, Fr, Sa, So; von 12 Uhr bis 22 Uhr
Ab-Hof-Verkauf: ja; Wein (Faß)
Musik: auf Bestellung
Ausstattung: Innen 30 Plätze, außen 40 Plätze
Anbaufläche (ha): 1
Busse: Kleinbusse u. Gesellschaften gegen Voranmeldung
Sturm: ja
Kastanien: ja
Besonderheiten: Zu erreichen über den alten Grenzübergang in Spielfeld (nicht Autobahn), in Šentilj zur Ortsmitte, bei der Kirche links nach Kresnica, nach 500 m bei der Kreuzung die Asphaltstraße links, Richtung Kungota, nicht Plač, von Šentilj ca. 3 km. Zu genießen ist ein herrlicher Weitblick auf die Südsteirische Weinstraße, nach Kungota und zum Pohorje.
Speisen: Kübelfleisch, Klobasse, Verhackert, Topfenaufstrich, Aufschnitt, Bauernbrot, Gibanica (am Wochenende)
Weine: gemischter Satz - weiß (Faß)
Edelbrände: Slibowitz, Obstler

VINOTOČ JAMNIK (15)

Inhaber: Ignac u. Ivanka **Jamnik**
Adresse: Svečina 13, **62201 Zg.Kungota**
Telephon: 062/65 64 93
Busverbindung: Maribor- Svečina, ca. 2 km
Nächster Bahnhof: Spielfeld, ca. 13 km
Öffnungszeiten: von Januar bis Dezember ; Fr, Sa, So, Feiertag; von 10 Uhr bis 22 Uhr
Ab-Hof-Verkauf: ja; Wein (Flaschen u. Faß)
Weinkost: gegen Voranmeldung
Musik: auf Bestellung
Ausstattung: Innen 70 Plätze (2 Räume), außen 30-50 Plätze

Anbaufläche (ha): 4
Pachtfläche (ha): 1
Wege: Wanderweg nach Zg.Kungota
Busse: Busse und Gesellschaften gegen Voranmeldung
Spielplatz: ja
Sturm: ja
Kastanien: ja
Besonderheiten: Zu dieser aufstrebenden Buschenschank kommt man entweder über Langegg/Jurij oder Spielfeld/Šentilj nach Zg.Kungota, weiter Richtung Svečina, dort bei Kirche und Schloß vorbei über eine kleine Brücke geradeaus dem Holzschild „Jamnik“ nach, den Berg hinauf. Dieser Besitz schließt auf über 700 m Seehöhe direkt an Österreich an; ein direkter Nachbar ist das bekannte Weingut Bullmann an der Südsteirischen Weinstraße. Beste Weingartenlagen, dementsprechende Weine und ein herrlicher Rundumblick werden auch geboten. Hier gab es schon vor 1900 Weingärten und das junge Ehepaar mit den 2 Kindern ist auch bemüht, den Sitzplatz bei der Presse noch schöner zu gestalten. Frau Jamnik war übrigens auch einmal Weinkönigin, in den Jahren 1990-92. Zu einer Besonderheit zählt hier auch eine Weinlese im tiefverschneiten Winter, Weihnachten 1994.

Speisen: Aufschnitt, Klobasse, Kübelfleisch, Verhackert, Topfenaufstrich, Sir, Bauernbrot, Gibanica (auf Bestellung)
Weine: gemischter Satz - weiß, Welschriesling, Weißburgunder, Chardonnay, Rheinriesling, Sauvignon blanc, Kerner, Sämling (Flaschen- u. Faßwein)
Edelbrände: Slibowitz
Fruchtsaft: Apfelsaft, Traubensaft
Obst: Äpfel, Pfirsich, Zwetschken

VINOTOČ GORNIK (16)

Inhaber: Bogomir u. Mirko **Gornik**
Vulgoname: **Juder**

Adresse: Slatina 8, **62201 Zg.Kungota**
Telephon: 062/65 64 78
Öffnungszeiten: von Januar bis Dezember; Fr, Sa, So, Feiertag; von 12 Uhr bis 22 Uhr; andere Tage gegen Voranmeldung
Ab-Hof-Verkauf: ja; Wein
Ausstattung: Innen 30 Plätze, außen 30 Plätze
Anbaufläche (ha): 4
Wege: viele Wandermöglichkeiten
Besonderheiten: Auf diesem 250 Jahre alten Hof lebt die Familie Gornik, seit sie ihn 1956 vom Onkel übernommen hat. Weingärten waren immer schon hinter dem Haus. Alles ist im Auf- und Ausbau. Der Sohn wartet noch auf die richtige Frau, die Tochter ist schon mit einem Weinbauern verheiratet. Zu erreichen über Šentilj, Zg.Kungota, Svečina, nach dem Schloß über Brücke links, die 2. Auffahrt rechts, beschildert, vor Elšnik gelegen.
Speisen: Aufschnitt, Verhackert, Kübelfleisch, Topfenaufstrich, Bauernbrot, Bunka, Essiggemüse, Kletzenbrot, Gibanica (auf Bestellung)
Weine: Ruländer, Sauvignon blanc, Welschriesling, Rheinriesling, Weißburgunder, Kerner, Chardonnay, Zweigelt (Flasche u. Faß)
Edelbrände: Slibowitz
Fruchtsaft: Apfelsaft, Ribiselsaft, Himbeersaft

VINOTOČ JARC (17)

Inhaber: Maks **Jarc**
Adresse: Slatina 10, **62201 Zg.Kungota**
Telephon: 062/65 64 96
Öffnungszeiten: von Januar bis Dezember; Fr, Sa, So, Feiertag; von 10 Uhr bis 22 Uhr
Ab-Hof-Verkauf: ja
Weinkost: ja, gegen Voranmeldung
Ausstattung: Innen 20 Plätze, außen 20 Plätze
Anbaufläche (ha): 3
Wege: z. B. Witscheiner Wanderweg
Sturm: ja
Kastanien: ja
Besonderheiten: Zu diesem schön gelegenen Hof kommt man entweder von Langegg/Jurij oder von Spielfeld/Šentilj nach Zg.Kungota, weiter nach Svečina bei Kirche und Schloß vorbei, nach der kleinen Brücke links und die nächste Straße rechts den Berg hinauf ca. 1 km. Beim kleinen Sitzplatz, mit dem Mühlstein als Tisch, direkt unter dem Kastanienbaum, hat man einen herrlichen Blick auf die Südsteirische Weinstraße und die Hänge von Svečina. Das junge Ehepaar mit den 2 blonden, blauäugigen Buben, hat noch einiges vor. Es ist ein alter Besitz, das Wohnhaus über 250 Jahre alt und im Keller lagern alte Fässer mit bestem Wein. Beim Obstkellerhaus steht ein 4-flügeliger Klapotec, natürlich vom Vater Maximilian gebaut, der ein bekannter Klapotecbauer ist.
Speisen: Aufschnitt, Kübelfleisch, Klobasse, Verhackert, Bauernbrot, Gibanica
Weine: Welschriesling, Chardonnay, Kerner, Sauvignon blanc, Weißburgunder, Gelber Muskateller, Müller Thurgau Sämling (Flaschen u. Faß)
Edelbrände: Slibowitz
Obst: Äpfel

VINOTOČ KRSNIK (18)

Inhaber: Vili u. Veronika **Krsnik**
Vulgoname: **Dopler**
Adresse: Dol. Počehova 35, **62211 Pesnica**
Telephon: 062/65 31 17
Busverbindung: Maribor-Jurij, Maribor- Svečina, Haltestelle - 200 m

Nächster Bahnhof: Maribor - 5 km
Öffnungszeiten: von Januar bis Dezember; Mo, Di, Mi, Do, Fr, Sa, So; von 15 Uhr bis 23 Uhr; Wochenende ab 9 Uhr
Ab-Hof-Verkauf: ja; Wein
Ausstattung: Innen 40 Plätze, außen 40 Plätze
Anbaufläche (ha): 1
Wege: viele Wandermöglichkeiten
Busse: gegen Voranmeldung
Spielplatz: ja
Sturm: ja
Kastanien: ja
Besonderheiten: Eine sportlich orientierte Buschenschank, bei der man Squash, Tennis und Tischtennis spielen kann. Auch einen Fischteich gibt es, die Weingärten liegen oberhalb. Herr Vili ist Veterinärmediziner, für Obstbäume und Schwammerl zuständig und mit der Tochter zusammen für den Sportbereich. Die Tochter war 9fache Junioren-Staatsmeisterin im Tischtennis. Die Mutter und der Großvater Dopler sind für den Weinbau zuständig. Großvater Dopler begann als einer der Ersten hier vor Jahren schon mit Flaschenabfüllungen. Die jüngere Tochter studiert Landwirtschaft und Weinbau und wird bald die Arbeit der Mutter übernehmen. Für den technischen Teil ist der Schwiegersohn zuständig. Zu erreichen von Österreich bei Pesnica, vor der Schnellstraße, nach Jurij, Zg.Kungota, wo nach ca. 1 km bei 2 Silotürmen die Schotterstraße links zur „Tennisbuschenschank" führt.
Speisen: Aufschnitt, Kübelfleisch, Verhackert, Klobasse, Gibanica (auf Bestellung), Bioeis, verschiedene Pilze
Weine: Welschriesling, Gelber Muskateller, Sauvignon blanc, Rheinriesling, Chardonnay, Muskat Ottonel (Flasche)
Edelbrände: Slibowitz
Fruchtsaft: Himbeersaft

VINOTOČ DAJČMAN (19)

Inhaber: Ida u. Silvo **Dajčman**
Vulgoname: **Gole**
Adresse: Dragučova 30, **62231 Pernica**
Telephon: 062/64 02 45
Busverbindung: Maribor-Lenart, Standeker-Dragučova - 1 km
Nächster Bahnhof: Maribor, ca. 5 km
Öffnungszeiten: von Januar bis Dezember; Fr, Sa, So, Feiertag; von 10 Uhr bis 22 Uhr; andere Tage gegen Voranmeldung
Musik: auf Bestellung
Ausstattung: Innen 40 Plätze (2 Räume), außen 20 Plätze
Anbaufläche (ha):5
Wege: viele Wandermöglichkeiten
Busse: Busse und Gruppen gegen Voranmeldung
Sturm: ja
Kastanien: ja
Besonderheiten: Dieser Bauernhof mit Rindern, Schweinen und Hühnern, liegt ruhig und blickt auf eine langjährige Weinbautradition zurück. Vater und Sohn sind für den Weingarten zuständig. Mutter und Tochter für die Küche, in der Landwirtschaft helfen alle zusammen. Im nächsten Jahr wird auch ein Fischteich den Gästen zur Verfügung stehen. Zu erreichen von Spielfeld Richtung Maribor, vor Schnellstraße, Ausfahrt Murska Sobota, G.Radgona nach ca. 1,3 km rechts Richtung Dragučova die Asphaltstraße weiter, Abzweigung Vodole und nach ca. 1 km führt die Tafel rechts zum Bauernhof.
Speisen: Aufschnitt, Kübelfleisch, Verhackert, Klobasse, Haussalami, Bauernbrot, Essiggemüse, Gemüse, Gibanica (auf Bestellung)
Weine: Rheinriesling, Welschriesling, Gelber Muskateller
Edelbrände: Slibowitz

VINOTOČ VALDHUBER (20)

Inhaber: Alojz **Valdhuber**
Adresse: Svečina 19, **62201 Zg.Kungota**
Telephon: 062/65 64 92
Fax: 062/38 66 2
Öffnungszeiten: von Januar bis Dezember; Fr, Sa, So, Feiertag; von 15 Uhr bis 22 Uhr
Ab-Hof-Verkauf: ja; Wein
Weinkost: ja
Ausstattung: Innen 25 Plätze, außen 40 Plätze (Terrasse)
Anbaufläche (ha): 3
Pachtfläche (ha): 0,75
Wege: viele Wandermöglichkeiten
Busse: Kleinbusse auf Anfrage
Besonderheiten: Das bekannte Weingut ist zu erreichen über Langegg/Jurij oder Spielfeld/Šentilj nach Zg.Kungota, dort weiter nach Svečina, bei Kirche und Schloß vorbei, über die Brücke geradeaus, kurz dem Holzschild „Jamnik" nach und bei der Weggabelung mit dem Christuskreuz rechts und schon nach wenigen Metern wird man linker Hand vom gutmütigen Bernhardiner begrüßt. Zur Freude vieler Gäste wird im Herbst 1995 auch eine Buschenschank eröffnet, die von der Mutter und den Schwestern betreut wird. Zusätzliche Informationen finden Sie im Artikel über den Weinbauern Valdhuber in diesem Buch.

Speisen: Aufschnitt, Kübelfleisch, Verhackert, Klobasse
Weine: Sauvignon blanc, Kerner, Rheinriesling, Muskat Ottonel, Gelber Muskateller, Traminer (Flasche), Welschriesling, Müller Thurgau, Sämling (Faß)
Obst: Äpfel

VINOTOČ VRAČKO (21)

Inhaber: Ivan **Vračko**
Adresse: Zg.Kungota 24, **62201 Zg.Kungota**
Telephon: 062/65 63 55 (Gasthaus Denk)
Busverbindung: Maribor- Svečina -Jurij
Nächster Bahnhof: Spielfeld/Šentilj
Öffnungszeiten: von April bis Oktober; So; von 12 Uhr bis 23 Uhr; andere Tage gegen Voranmeldung
Ab-Hof-Verkauf: ja; Wein (Flasche)
Weinkost: auf Anfrage
Ausstattung: Innen 40 Plätze, außen 70 Plätze (Terrasse)
Zimmer: 6
Anbaufläche (ha): 2
Wege: Wandermöglichkeiten über Svečina nach Zg.Kungota
Busse: Busse und Gesellschaften gegen Voranmeldung
Spielplatz: ja
Sturm: ja
Kastanien: ja
Besonderheiten: Inmitten von Weingärten liegen die beiden Häuser der Familie Vračko - rechts das Haus mit dem Weinkeller, links das Wohnhaus mit Buschenschank. Zu erreichen entweder von Langegg/Jurij, vor dem Gasthaus Denk links den Berg hinauf oder von Spielfeld nach Zg.Kungota, hier

über die Brücke weiter Richtung Jurij und nach dem Gasthaus Denk rechts, dem Holzschild nach ca. 1 km den Berg hinauf. Kurz vor den Häusern hört die Asphaltstraße auf. Herr Vračko ist hier für die Buschenschank zuständig, Frau Denk betreibt das Gasthaus, daher ist die Buschenschank vorläufig nur am Sonntag geöffnet. Hier helfen ebenfalls alle zusammen. Wenn die Kinder einmal größer sind, soll auch wochentags offengehalten werden.
Speisen: Aufschnitt, Kübelfleisch, Verhackert, Klobasse, Grillkotelette, Ražnjiči, Gibanica, Strudel
Weine: Weißburgunder, Welschriesling, Gelber Muskateller, Sauvignon blanc, Rheinriesling (ab 1997)
Edelbrände: Weinbrand
Fruchtsaft: Ribiselsaft

VINOTOČ KACIJAN (22)

Inhaber: Ivanka u. Vili **Kacijan**
Adresse: Zg.Jakobski Dol 66**, 62222 Zg.Jakobski Dol**
Telephon: 062/64 06 30
Busverbindung: Maribor-Jakobski Dol, Haltestelle - 200 m
Nächster Bahnhof: Šentilj, ca. 5 km
Öffnungszeiten: von Januar bis Dezember; Mo, Di, Mi, Do, Fr, Sa, So; von 15 Uhr bis 22 Uhr; Sa, So von 9 Uhr bis 22 Uhr
Musik: auf Anfrage
Ausstattung: Innen 40 Plätze, außen 40 Plätze
Pachtfläche (ha): 1
Busse: 2 Radwege in der Nähe, 1 Radweg direkt vor dem Haus
Kastanien: ja
Parkplatz:ja
Besonderheiten: Von Spielfeld, nach Šentilj links Richtung Jarenina, nach ca. 2 km links durch Polička Vas, bei der

nächsten Weggabelung nach ca. 2,5 km wieder links, kommt man nach ca. 1 km nach einer kleinen Brücke wenige Meter oberhalb zu der an der linken Straßenseite gelegenen Buschenschank. Wie viele hier, ist auch diese im Aufbau begriffen. Der Weinbau hat hier schon lange Familientradition. Neben dem Buschenschankraum plant das Ehepaar eine Vinothek, in der zehn Weinbauern ihre besten Flaschenweine präsentieren sollen. Der Hausherr engagiert sich auch noch bei der Weinstraße und den Radwegen dieser Region.
Speisen: Aufschnitt, Kübelfleisch, Verhackert, Haussalami, Klobasse, Stelze, Bauernbrot, Gibanica (am Wochenende)
Weine: Welschriesling, Chardonnay, Grüner Sylvaner
Edelbrände: Slibowitz (fallweise)

VINOTOČ ŠPES (23)

Inhaber: Janez **Špes**
Adresse: Vosek 29, **62231 Pernica**
Telephon: 062/64 03 93
Busverbindung: Maribor-G.Radgona, Maribor-Murska Sobota, Haltestelle Gasthaus Paumann - 50 m
Nächster Bahnhof: Maribor - 8 km
Öffnungszeiten: von Januar bis Dezember; Fr, Sa, So, Feiertag; von 12 Uhr bis 22 Uhr
Ab-Hof-Verkauf: ja; Wein, Milch, Äpfel, Pfirsiche, Fleisch
Weinkost: auf Anfrage
Ausstattung: Innen 50 Plätze, außen 30 Plätze
Zimmer: im Ausbau;
Anbaufläche (ha): 4
Wege: viele Wandermöglichkeiten
Sturm: ja
Kastanien: ja

Besonderheiten: Von Spielfeld über **Šentilj** kommend zweigt man nach Pesnica links Richtung G.Radgona, die nächste Abzweigung wieder links nach Jarenina und Jakobski Dol, so erreicht man nach wenigen Metern das beschilderte schöne Ensemble, bestehend aus 3 Gebäuden mit einem alten Keller. Der junge Herr Špes führt den Betrieb als Wein- und Obstbauer, von den Eltern und der Schwester unterstützt. Sie geht in Völkermarkt zur Schule und spricht bestens Deutsch. Der Urgroßvater war Weinhändler. Auch der Jägerverein war hier ansässig.
Speisen: Aufschnitt, Verhackert, Klobasse, Kübelfleisch, Bauernbrot, Gibanica
Weine: Welschriesling, Gelber Muskateller, Rheinriesling, Sauvignon blanc, Ruländer, Weißburgunder, Chardonnay, Kerner, Traminer
Edelbrände: Slibowitz
Most: Apfelmost
Fruchtsaft: Apfelsaft, Pfirsichnektar
Sonstige Getränke: Milch
Obst: Pfirsich, Äpfel
Fleisch: ganze Schweine

VINOTOČ ŠTUHEC (24)

Inhaber: Cvetka **Štuhec**
Adresse: Kapelski Vrh 47, **69352 Kapelski Vrh**
Telephon: 069/65 36 9
Busverbindung: Maribor-G.Radgona, Haltestelle - 20 m
Nächster Bahnhof: Bad Radkersburg - 10 km
Öffnungszeiten: von April bis Dezember, auch Januar bis März gegen Voranmeldung; Fr, Sa, So, Feiertag; von 14 Uhr bis 22 Uhr; andere Tage gegen Voranmeldung
Ab-Hof-Verkauf: ja; Wein, Fleischwaren, Bauernbrot, Gibanica, Kernöl, Äpfel, Kürbisse
Ausstattung: Innen 50 Plätze, außen 30 Plätze
Anbaufläche (ha): 1,6 ha
Wege: Wandermöglichkeiten nach Kapela und Radenci
Busse: Busse und Gesellschaften gegen Voranmeldung
Sturm: ja
Kastanien: ja
Besonderheiten: Seit 1988 besteht hier eine Buschenschank mit vielen Stammgästen und Kurgästen von Radenci. Der Vater von Frau Štuhec war Kellermeister in Kapela und so wird hier die Weinbautradition weitergeführt. An der Ausstellung der bäuerlichen Produkte nimmt die Frau des Hauses auch immer teil. Über Bad Radkersburg nach G.Radgona Richtung Murska Sobota, in Radenci nach der Kirche rechts nach Kapela, dort an der Kirche vorbei findet man nach ca. 1 km das Schild zur Buschenschank.
Speisen: Aufschnitt, Kübelfleisch, Verhackert, Klobasse, Essiggemüse, Liptauer, Gibanica, Kvasenica, Topfenaufstrich
Weine: gemischter Satz - weiß
Edelbrände: Slibowitz

Angesetzte Schnäpse: Weichsel
Fruchtsaft: Ribiselsaft
Obst: Äpfel, Kürbisse
Öl: Kernöl

VINOTOČ ALBERT (25)

Inhaber: Marija **Albert**
Vulgoname: **Klapotec**
Adresse: Janžev Vrh 20, **69252 Radenci**
Telephon: 069/65 65 0
Busverbindung: Maribor-G.Radgona, Haltestelle Ptujska Cesta - 1 km
Nächster Bahnhof: Bad Radkersburg - 6 km
Öffnungszeiten: von April bis Dezember; Fr, Sa, So, Feiertag; von 14 Uhr bis 22 Uhr; Sa, So ab 11 Uhr
Ab-Hof-Verkauf: ja; Wein
Musik: auf Bestellung
Ausstattung: Innen 40 Plätze, außen 40 Plätze
Anbaufläche (ha): 1

Wege: Trimmweg: G.Radgona - Kapela - **Janžev** Vrh - G.Radgona (12km)
Busse: Busse und Gesellschaften gegen Voranmeldung
Sturm: ja
Kastanien: ja
Besonderheiten: Zu erreichen über G.Radgona Richtung Murska Sobota, vor der Tankstellenkreuzung rechts Vinska Cesta, nach ca. 1,5 km geradeaus weiter dem Schild nach 3.800 m bis zur **Vinotoč** „Klapotec". Die junge Frau führt ein gepflegtes und fröhliches Haus, in das auch Leute aus der Umgebung gerne kommen, um zu musizieren und zu feiern. Auch die Kurgäste aus G.Radgona, Radenci oder Bad Radkersburg kommen am Trimmweg zu Fuß oder per Fahrrad. Hier ist auch eine Kutschenfahrtstation für die Rundfahrt in der Prlekija. 1-2tägige Ausflüge mit Start in Radenci oder beim Schloß Negova werden angeboten. Die Jause gibt es bei Frau Marija, das Abendessen im Schloßkeller.
Speisen: Aufschnitt, Klobasse, Kübelfleisch, Bauernbrot, Belegtes Brot, Winzerjause, Kellermeisterteller, Kvasenica
Weine: gemischter Satz - weiß
Edelbrände: Slibowitz
Angesetzte Schnäpse: Weichselschnaps
Fruchtsaft: Ribiselsaft, Himbeersaft, Heidelbeersaft

VINOTOČ BELEC (26)

Inhaber: Milan **Belec**
Adresse: Železne Dveri 9, **69240 Ljutomer**
Telephon: 062/71 40 96
Busverbindung: Ormož-Ljutomer
Nächster Bahnhof: Ljutomer, ca. 6,5 km
Öffnungszeiten: von Januar bis Dezember; Mo, Di, Mi, Do, Fr, Sa, So; von 9 Uhr bis 23 Uhr
Ab-Hof-Verkauf: ja

Weinkost: ja, gegen Voranmeldung
Ausstattung: Innen 100 Plätze (mehrere Räume), außen 50 Plätze
Anbaufläche (ha): 1
Busse: Busse und Gesellschaften gegen Voranmeldung
Sturm: ja

Kastanien: ja
Besonderheiten: In einem alten über 300 Jahre alten Haus hat Herr Belec seit kurzem geschmackvollst eine Buschenschank eingerichtet. Man sieht die Künstlerhand, wie er die Rauchküche freilegt, die Untersicht der Decke oder teilweise die Lehmwände. Er plant ein kleines Weinmuseum, mit der Geschichte der einzelnen Exponate, ebenso eine Töpferwerkstatt, in der man den Töpfern bei der Arbeit zusehen kann. Im Dachboden stellt er sich eine Bildergalerie vor. Er ist Künstler und Weinbauer zugleich; lesen Sie bitte den eigenen Artikel in diesem Buch.
Speisen: Aufschnitt, Klobasse, Verhackert, Kübelfleisch, Sir, Gemüse, Bauernbrot (natürliche Küche)
Weine: gemischter Satz - weiß (=Mešano), Chardonnay, Brajde Vino (Roséwein)
Edelbrände: Pfirsichschnaps
Fruchtsaft: Traubensaft, Weichselsaft
Sonstiges: Keramiken (Zierteller, Krüge, Schalen, Töpfe), Öl- und Aquarellbilder

VINOTOČ HLEBEC (27)

Inhaber: Milan **Hlebec**
Adresse: Kog 108, **62276 Kog**
Telephon: 062/71 60 43
Busverbindung: Ormož-Kog, Haltestelle Lacaves - 500 m
Nächster Bahnhof: Ljutomer - 10 km
Öffnungszeiten: von Januar bis Dezember; Di, Mi, Do, Fr, Sa, So, Feiertag; von 14 Uhr bis 23 Uhr
Ab-Hof-Verkauf: ja; Wein (Flasche), Schnaps
Weinkost: auf Anfrage jederzeit, auch kommentierte Weindegustation
Ausstattung: Innen 50 Plätze, außen 50 Plätze
Anbaufläche (ha): 1,5
Wege: Wanderweg Ormož, Jeruzalem, Miklavž oder zur Aussichtswarte
Busse: Busse und Gruppen gegen Voranmeldung
Sturm: ja
Kastanien: ja
Besonderheiten: Herr Milan verkauft Weine mit einem besonderen Tonetikett vom nahen Künstler und Frau Vera kreiert Besonderes in der Küche. Das flotte Ehepaar hat viel gemeinsam geschaffen, so das Haus in schöner Lage, am Kog, inmitten von Weingärten, mit der Holzeinrichtung in Handarbeit vom Cousin des Hausherrn. Auch die Fenster sind mit besonderen Scheiben versehen. Eine Vitrine mit alten Uhren zeigt seine Passion, so plant er auch ein Bauernmuseum. Seit 1970 ist Herr Hlebec als Weinbauer tätig, seit 1985 füllt er in Bouteillen. Er spricht übrigens bestens Deutsch, seine Frau lernt noch. Ein Weg hierher führt von Bad Radkersburg, G.Radgona, Radenci, Ljutomer dort Richtung Zagreb, Lendava, ca. 2,5 km bis zur Abzweigung Središče ob Dravi rechts den Berg hinauf, nach ca. 3,5 km bei Gomila links, ab hier immer beschildert. Die andere Möglichkeit, von Ormož Richtung Ljutomer durch Pavlovski über die Bahn, rechts den Berg hoch nach Miklavž, Vuzmetinci und in Gomila wieder der Beschilderung rechts ca. 2 km bis zum Haus mit dem Erker und den schönen Blumen.
Speisen: Aufschnitt, Klobasse, Kübelfleisch, Verhackert, Bauernbrot, Gibanica, Krapci (auf Bestellung), fallweise warme Speisen auf Bestellung, Klassische Küche, Pilzsuppe mit Heidensterz, Koline
Weine: gemischter Satz - weiß (=Hauswein, Faß), Furmint, Welschriesling, Rheinriesling, Chardonnay, Muskat Ottonel
Edelbrände: Slibowitz, Apfelschnaps, Weinbrand, Hefeschnaps (=Droženka)
Fruchtsaft: Traubensaft

VINOTOČ PLOJ (28)

Inhaber: Vera u. Valentin **Ploj**
Adresse: Zbigovci 38, **69250 G.Radgona**
Telephon: 069/62 36 9 oder 069/61 17 1 (privat)
Busverbindung: G.Radgona-Zbigovci-Maribor; Haltestelle Zbigovci, ca. 300 m
Nächster Bahnhof: Bad Radkersburg, ca. 4,5 km
Öffnungszeiten: von Januar bis Dezember; geschlossen vom 20.12. bis 6.1.; Fr, Sa, So, Feiertag; von 11 Uhr bis 23 Uhr
Ab-Hof-Verkauf: ja; Wein, Slibowitz, Trauben
Weinkost: kommentierte Weinkost

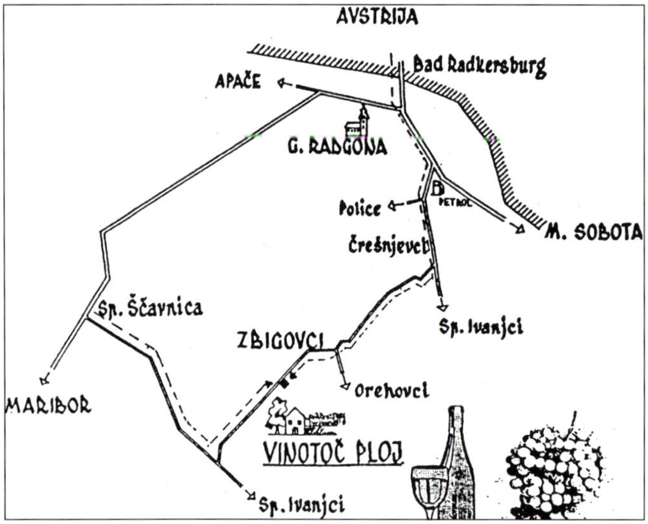

Musik: auf Bestellung
Ausstattung: Innen 100 Plätze (3 Räume), außen 50 Plätze
Anbaufläche (ha): 0,6
Wege: Wandermöglichkeiten
Busse: Busse und Gesellschaften gegen Voranmeldung
Sturm: ja
Kastanien: ja
Besonderheiten: Vom Schneider zum Weinbauer könnte man hier sagen. In Deutschland hatte Herr Ploj lange einen Betrieb, daher spricht er bestens Deutsch, nun hat er sich in seiner Heimat dem Weinbau verschrieben. Nachdem er sein Geburtshaus mit Weingarten geerbt hatte, begann er 1980 mit dem Weinbau und 1991 mit der Buschenschank. Er legt auf persönliche Betreuung wert, ist immer fröhlich und kann viel vom Wein erzählen. Seine Frau Vera zaubert köstliche Aufstriche. Der alte Teil des Hauses stammt aus 1859, der restliche Teil wurde später dazugebaut. Stolz zeigt er die Baumpresse aus 1827, mit der heute noch gepreßt wird. Im Keller steht ein Faß aus 1912, noch aus der Zeit der Monarchie. Viele prämiierte Weine lagern ebenfalls hier. Auch der nach ihm benannte Valentinswein. Von der selbst konstruierten Schaukelbar im Freien genießt man den herrlichen Blick auf die Karawanken, Marija Snežna, Sv.Ana, Klöch und den danebenliegenden Weingarten. Eine Möglichkeit hierher zu fahren ist über Bad Radkersburg, G.Radgona bei der Tankstelle rechts die Vinska Cesta, nach ca. 1,5 km wieder rechts, dem Schild nach die Vinska Cesta weiter und bei der Gabelung die Vinska Cesta rechts dem Holzschild 1100 m nach. Auch über G.Radgona die Straße nach Maribor, in Sp.Sčavnica beim Gasthaus Križan links die Vinska Cesta der Beschilderung nach kommt man hierher.

Speisen: Aufschnitt, Kübelfleisch, Verhackert, Klobasse, Ge-

müse (vegetarischer Aufschnitt), Bauernbrot, Vera's Aufstriche
Weine: gemischter Satz (weiß, Faß), Chardonnay (Flasche), Welschriesling
Edelbrände: Slibowitz

VINOTOČ NOVAK (29)

Inhaber: Marica **Novak**
Adresse: Zbigovci, **69250 G.Radgona**
Telephon: 069/61 33 5 (privat)
Busverbindung: G.Radgona-Zbigovci-Maribor, Haltestelle Zbigovci - 50 m
Nächster Bahnhof: Bad Radkersburg, ca. 7 km
Öffnungszeiten: von April bis November; Fr, Sa, So, Feiertag; von 15 Uhr bis 21 Uhr
Musik: auf Bestellung
Ausstattung: Innen 40 Plätze, außen 20 Plätze
Anbaufläche (ha): 0,3
Wege: Wandermöglichkeiten
Busse: Kleinbusse gegen Voranmeldung
Besonderheiten: In G.Radgona fährt man vor der Tankstelle rechts die Vinska Cesta, nach ca. 1,5 km rechts dem Schild

„Vinska Cesta“ nach, bei der nächsten Gabelung rechts, dann beim Wegkreuz rechts hinein (Holzschild) und nach ca. 50 m kommt man zum kleinen Haus von Frau Marica, die hier seit 5 Jahren eine Buschenschank betreibt. Sie ist für die Küche zuständig, der Chef für den Keller und die neben dem Haus stehenden Weinstöcke.
Speisen: Aufschnitt, Kübelfleisch, Klobasse, Verhackert, Bauernbrot
Weine: Chardonnay, Furmint

VINOTOČ KRAJNC (30)

Inhaber: Maria **Krajnc**
Vulgoname: **Gi**
Adresse: Orehovski Vrh 27, **69250 G.Radgona**

Telephon: 069/62533 oder 069/62773 (privat)
Busverbindung: G.Radgona-Ivanjci-Maribor, Haltestelle - 2,5 km
Nächster Bahnhof: Bad Radkersburg - 6,5 km
Öffnungszeiten: von März bis Dezember; Fr, Sa, So, Feiertag; von 11 Uhr bis 21 Uhr; wochentags gegen Voranmeldung
Ab-Hof-Verkauf: ja; Wein
Weinkost: gegen Voranmeldung
Ausstattung: Innen 50 Plätze, außen 80 Plätze
Anbaufläche (ha): 0,5
Wege: Wandermöglichkeiten
Busse: Busse und Gesellschaften
Spielplatz: im Ausbau
Sturm: ja
Kastanien: ja
Besonderheiten: Im gepflegten Buschenschankhaus wird das 6. Jahr ausgeschenkt, ist meist nur am Wochenende offen und liegt ruhig inmitten von Weinbergen. Frau Maria werkt in der Küche und kann gut mit Gästen umgehen, die deutsche Sprache versteht ihr Mann besser, der sich nach seiner Pensionierung auf den Weinbau verlegt hat. Der älteste Enkel war der Namensgeber, auf die Frage wohin die Großeltern fahren, hieß es „Gorica“ und er sagte „Gi“. Hierher kommt man die bekannte Strecke über Bad

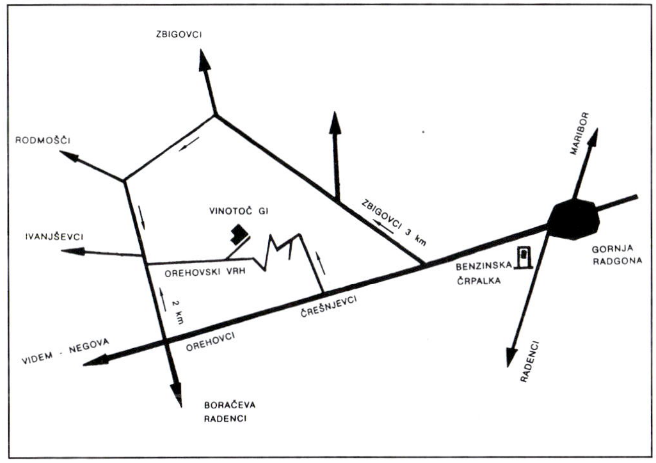

Radkersburg, G.Radgona Richtung Murska Sobota, bei der Tankstelle rechts die Vinska Cesta, nach ca. 1,5 km bei der Autobushaltestelle dem Holzschild „Gi“ immer der Beschilderung nach.
Speisen: Aufschnitt, Klobasse, Kübelfleisch, Verhackert, Topfenaufstrich, Kvasenica, Gibanica, Grammelpogatschen, Bauernbrot
Weine: Chardonnay, Welschriesling, Gelber Muskateller (Flasche), gemischter Satz - weiß (Faß)
Edelbrände: Obstler
Fruchtsaft: Ribiselsaft, Apfelsaft, Traubensaft

VINOTOČ JUDER (31)

Inhaber: Viljem **Juder**
Adresse: Radenški Vrh 19, **69252 Radenci**
Telephon: 069/65 14 3
Öffnungszeiten: von Januar bis Dezember; Di, Mi, Do, Fr, Sa, So, Feiertag; von 13 Uhr bis 23 Uhr
Ab-Hof-Verkauf: ja; Wein
Weinkost: gegen Voranmeldung
Musik: auf Bestellung
Ausstattung: Innen 40 Plätze, außen 150 Plätze
Anbaufläche (ha): 2,5
Wege: Wandermöglichkeiten
Busse: Busse und Gruppen gegen Voranmeldung
Sturm: ja
Kastanien: ja

Besonderheiten: Über G.Radgona Richtung Murska Sobota, durch Radenci, Richtung Ormož/Ljutomer, dann die 1. Abzweigung rechts Richtung Kapela/Videm, nach 2,7 km wieder rechts und nach 700 m führt rechts die Auffahrt zur gepflegten Buschenschank der Familie Juder. Im Freien hat man einen herrlichen Weitblick über Kapela nach Klöch und bis Ungarn. An den Wänden des Hauses Gemälde von Winzern und eines Weintrinkers am Faß sitzend. Die schöne gemütliche Bauernstube lädt viele Gäste aus Radenci und Bad Radkersburg ein, die immer wieder kommen. Die Buschenschank besteht seit 20 Jahren und war die 1. in dieser Gemeinde. Im Nebenhaus steht die alte Presse aus dem Jahre 1734. Herr Juder spricht bestens Deutsch, da er die Ferien immer bei der Tante in Wien verbrachte und der Vater Wiener war.
Speisen: Aufschnitt, Kübelfleisch, Verhackert, Klobasse, Haussalami, Bauernbrot, Gibanica (auf Bestellung)
Weine: Welschriesling, Blaufränkischer
Edelbrände: Slibowitz, Weinbrand

VINOTOČ KUZMIČ (32)

Inhaber: Emil **Kuzmič**
Vulgoname**: Pri Lipi (Beim Lindenbaum)** oder **Frumen**
Adresse: Vidonci 30, **69264 Grad**
Telephon: 069/53 08 4
Busverbindung: Murska Sobota-Grad, Haltestelle Tankstelle Grad - 1 km
Nächster Bahnhof: Murska Sobota - 20 km
Öffnungszeiten: von Januar bis Dezember; Fr, Sa, So, Feiertag; von 9 Uhr bis 22 Uhr
Ab-Hof-Verkauf: Wein (vom Faß), Obst
Musik: auf Wunsch spielen der Hausherr u. Sohn Zieharmonika
Ausstattung: Innen 60 Plätze, außen 60 Plätze
Zimmer: im Ausbau
Anbaufläche (ha): 0,6
Busse: Busse und Gruppen gegen Voranmeldung (auch wochentags)
Spielplatz: im Ausbau
Sturm: ja

Kastanien: ja
Besonderheiten: Auf dem ganz im Grünen gelegenen Bauernhof gibt es viele Truthühner, seit einigen Jahren auch Weinbau und seit 2 Jahren auch die Buschenschank. Man genießt den Rundumblick oder sitzt unter dem Lindenbaum und erfreut sich an den Köstlichkeiten der Hausfrau, die eine begeisterte Mehlspeisköchin ist. Zu erreichen ist dieses Haus über G.Radgona Richtung Murska Sobota in Radenci links Richtung Murska Sobota, über die Brücke und im Ort Petanjci links nach Gederovci, bei der nächsten Gabelung weiter Richtung Cankova. Bei der nächsten Abzweigung im Ort Skakovci bei der Kapelle rechts nach Lemerje, dort bei der Kapelle links über Zenkovci rechts, durch Bodonci, durch Radovci nach Grad, im Ort bei der Tankstelle rechts ca. 1 km dem Holzschild „**Vinotoč**" nach und rechts zum Hof in dem der Maibaum steht.
Speisen: Bauernbrot, Verhackert, Kübelfleisch, Klobasse, Speck, luftgetrockneter Schinken, Sir, Essiggurkerl, hausgemachte Paprika, Nußpotitze, Buchteln, Gibanica (Topfen, Kürbis, weiße Rüben), Posolanka, Koline, Bograč (auf Bestellung)
Weine: Furmint, Welschriesling, Sauvignon blanc
Edelbrände: Birnenschnaps, Weichselschnaps, Wacholderschnaps, Obstler
Angesetzte Schnäpse: Weichselschnaps
Fruchtweine: Weichselwein, Brombeerwein
Fruchtsaft: Himbeersaft, Traubensaft, Weichselsaft, Brombeersaft
Obst: Äpfel, Heidelbeeren, Himbeeren, Erdbeeren, Marillen, Pfirsiche

VINOTOČ GERLEC (33)

Inhaber: Konrad u. Marjeta **Gerlec**
Vulgoname: **Vinotoč Marjetica**
Adresse: Rožički Vrh 20, **69244 Videm Pri Ščavnici**
Telephon: 069/31 12 1 (privat)
Busverbindung: Murska Sobota-Videm, Haltestelle Rožički Vrh - 100 m
Nächster Bahnhof: Murska Sobota - 17 km
Öffnungszeiten: von Mai bis November; Fr, Sa, So, Feiertag; von 12 Uhr bis 22 Uhr
Ab-Hof-Verkauf: ja; Wein, Edelbrände
Ausstattung: Innen 50 Plätze, außen 30 Plätze
Anbaufläche (ha): 0,4
Wege: Wandermöglichkeiten
Busse: Busse und Gruppen gegen Voranmeldung
Sturm: ja
Kastanien: gratis zum Sammeln
Besonderheiten: Vom Grenzübergang Bad Radkersburg fährt man in G.Radgona Richtung Murska Sobota, in Radenci Richtung Ljutomer, Zagreb und nach der Brücke rechts nach Kapela. In Kapela links dem Schild „Vinotoč Marjetica" 2.500 m nach. Bei einem Kruzifix nach ca. 1,5 km rechts dem Schild nach, liegt linker Hand das Haus mit schönem Ausblick, der Weingarten gleich daneben. Im Mai 1995 hat der Chef den gesamten Wein verkauft, wie es 1996 weitergeht wird man sehen.
Speisen: Kübelfleisch, Klobasse, Verhackert, Bauernbrot (vom Nachbarn), Gibanica, Grammelboganzen (auf Bestellung), Sir (vom Nachbarn), Kartoffelsalat mit Kernöl, geräuchertes Ripperl, geräucherte Stelze
Weine: gemischter Satz - weiß, Rheinriesling, Furmint, Welschriesling, Weißburgunder
Edelbrände: Slibowitz

VINOTOČ JANŽEKOVIČ (34)

Inhaber: Konrad **Janžekovič**
Vulgoname: **Turčan**
Adresse: Turški Vrh 65, **62283 Zavrč**
Telephon: 062/76 11 26 oder 062/76 60 08 (privat),
Busverbindung: Maribor-Ptuj-Drenovec, Pri Darinki - 1 km
Nächster Bahnhof: Moskanjci, ca. 16 km
Öffnungszeiten: von Januar bis Dezember; nur gegen Voranmeldung
Ab-Hof-Verkauf: ja; Wein, Slibowitz
Weinkost: ja, gegen Voranmeldung
Musik: auf Anfrage
Ausstattung: Innen 50 Plätze, außen 50 Plätze
Anbaufläche (ha): 1,5
Pachtfläche (ha): 1,5

Wege: viele Wandermöglichkeiten
Busse: Busse und Gruppen gegen Voranmeldung
Sturm: ja
Kastanien: ja
Besonderheiten: An einem idyllisch, ruhig gelegenen Plätzchen, wo die Vögel zwitschern, der Kuckuck ruft, inmitten der Haloze, umgeben von Wald- und Weinterrassen, mit herrlichem Weitblick, liegt diese neue Buschenschank Turčan. Hier am Türkenhügel, wo die Türken ihr Lager hatten, steht ein Türkenstein, ca. 1 km von diesem Haus entfernt. Errichtet für die verstorbene Mutter eines Türkenkommandanten, ein Grabstein mit quadratischem Fuß und einer Auswölbung, man sagt, dem Buckel der Frau angeglichen. Herr Janžekovič ist als Weinbauer schon seit über 20 Jahren tätig und bestens bekannt in Makovci. Als Weinbauvereinsobmann von Ptuj tut er viel in Sachen Wein, legt Wert auf qualitativen Weinbau, bildet sich weiter und ist bei Messen und Weinausstellungen vertreten. Ein wenig Deutsch versteht er. Schade, daß er die Sprache nicht spricht, denn er hat sicher noch interessantes zu erzählen. Er hat die

Oben: Kamnica, unten: bei Škofič

hier gepachteten Weinhügel gekauft und betreibt seit Herbst 1995 hier eine Buschenschank. Bei seinem Markennamen „Turčan" griff er auf die alte hier gebräuchliche Bezeichnung für die in dieser Gegend bekannt guten Weine zurück. Das alte Haus mit dem schönen Gewölbekeller aus 1700 hat einen etwas jüngeren Anbau und wird gerade renoviert, rechtzeitig für die Herbstzeit, wobei er von seinem Sohn kräftig unterstützt wird. Zu erreichen ist diese Buschenschank am besten über Maribor-Ptuj-Varaždin über die Drau beim Schloß Borl vorbei, die Drau entlang, 200 m vor der kroatischen Grenze rechts, vor Schloß Zavrč links Richtung Drenovec ca. 4 km und beim Market Pri Darinki der Tafel „Turčan" folgend rechts ca. 1 km den Berg hinauf.
Speisen: Aufschnitt, Verhackert, Kübelfleisch, Klobasse, Bauernbrot, Gibanica
Weine:, Gelber Muskateller, Welschriesling, Rheinriesling, Ruländer, Chardonnay, Sauvignon blanc, Muskat Ottonel, gemischter Satz - weiß (=Valentinwein)
Edelbrände: Slibowitz

VINOTOČ CELEC (35)

Inhaber: Alojz **Celec**
Adresse: Stogovci-Grabe 58, **69253 Apače**
Telephon: 069/63 30 3
Busverbindung: Cmurek-Trate-Stogovci, Haltestelle - 2 km
Nächster Bahnhof: Mureck, ca. 7 km
Öffnungszeiten: von Januar bis Dezember; Fr, Sa, So, Feiertag; von 9 Uhr bis 22 Uhr; andere Tage gegen Voranmeldung
Ab-Hof-Verkauf: ja; Wein (Flasche)
Musik: auf Bestellung
Ausstattung: Innen 40 Plätze (später 70 Plätze), außen 20 Plätze
Zimmer: im Ausbau
Anbaufläche (ha): 2
Wege: Wander- und Radfahrmöglichkeiten
Busse: Kleinbusse u. Gruppen gegen Voranmeldung
Sturm: ja
Kastanien: ja
Besonderheiten: Der sympathische Hausherr, der in Österreich arbeitet, spricht so gut Deutsch, daß man nachfrägt und erfährt, daß die Mutter aus Salzburg stammt. Nach acht Jahren Weinbau wurde der Ruf nach einer Buschenschank laut und so haben sie seit kurzem eröffnet. Laufend wird noch erweitert und auch im danebenliegenden Bauernhof gibt es noch einiges zu tun. Im nahen dazugehörigen Wald

ist auch das Pilzesuchen erlaubt. Zu erreichen ist diese Buschenschank über Mureck, Grenzübergang links Richtung Murska Sobota, im Ort Stogovci beim Market rechts, den Berg hinauf und die 2. Straße rechts hinein.
Speisen: Aufschnitt, Verhackert, Kübelfleisch, Klobasse, Essiggemüse, Schweinsbraten, luftgetrocknetes Schweinsfischerl, Bauernbrot
Weine: Rheinriesling, Zweigelt (Flasche), Welschriesling, Weißburgunder, Sauvignon blanc, Cuveé
Edelbrände: Slibowitz, Obstler
Fruchtsaft: Apfelsaft, Traubensaft

VINOTOČ HORVAT (36)

Inhaber: Greta u. Marjan **Horvat**
Vulgoname: **Pri Ribniku**
Adresse: Črešnjevci 192, **69250 G.Radgona**
Telephon: 069/62 32 5
Busverbindung: G.Radgona-Zbigovci-G.Radgona, Haltestelle Kapelle Črešnjevci, ca. 1 km
Nächster Bahnhof: Bad Radkersburg, ca. 4,5 km
Öffnungszeiten: von Januar bis Dezember; Fr, Sa, So, Feiertag; von 14 Uhr bis 22 Uhr
Ab-Hof-Verkauf: ja; Wein (Faß)
Musik: auf Bestellung

Ausstattung: Innen 60 Plätze (3 Räume), außen 30 Plätze
Anbaufläche (ha): 0,6
Wege: Wandermöglichkeiten
Busse: Busse und Gesellschaften gegen Voranmeldung
Sturm: ja
Kastanien: ja
Besonderheiten: Von G.Radgona fährt man Richtung Murska Sobota, vor der Tankstelle rechts, nach ca. 1,5 km wieder rechts, dem Holzschild 2000 m nach, dann rechts dem Schild die Schotterstraße den Berg hinauf. Dort liegt das grüne Haus inmitten der Weinberge in völliger Ruhe. Viele Kurgäste haben diesen Platz schon entdeckt. Auch Jagdfreunde des Hausherrn kehren gerne hier ein. Der Teich daneben ist zum Fischen für Gäste gedacht. Ein Teil des Hauses, wie auch der Keller sind 300 Jahre alt, der Rest wurde dazugebaut. Die Buschenschank gibt es seit 1994, den Weinbau schon um vieles länger.
Speisen: Aufschnitt, Klobasse, Verhackert, Speck, Kübelfleisch, Essiggemüse, Bauernbrot, Gibanica
Weine: gemischter Satz - weiß, Grüner Sylvaner, Sämling
Edelbrände: Obstler

VINOTOČ SLANIČ (37)

Inhaber: Anton **Slanič**
Adresse: Žikarce 37, **62242 Zg.Korena**
Telephon: 062/68 00 54
Busverbindung: Maribor-Zg.Korena, Haltestelle Žikarce - 1 km
Nächster Bahnhof: Maribor, 16 km
Öffnungszeiten: von Januar bis Dezember; Fr, Sa, So, Feiertag; von 15 Uhr bis 22 Uhr; andere Tage gegen Voranmeldung
Ab-Hof-Verkauf: ja; Wein (Faß), Slibowitz
Musik: auf Bestellung
Ausstattung: Innen 40 Plätze, außen 20 Plätze
Anbaufläche (ha): 0,7
Wege: Wander- und Radfahrmöglichkeiten
Busse: Busse und Gesellschaften gegen Voranmeldung
Spielplatz: ja
Sturm: ja
Kastanien: ja
Besonderheiten: Von Maribor aus fährt man die Schnellstraße Richtung Zagreb, nach der 1. Tankstelle beim BMW-Haus links durch den Wald, dann bei den ersten Häusern rechts, zweimal über die Drau, durch den Ort Zg.Duplek, weiter nach Sp.Duplek, dort bei der Kapelle links nach Korena, nach dem Ortsende Sp.Duplek bei der Kreuzung rechts Richtung Vurberk den Berg hinauf, links Richtung

Selce, weiter rechts dem Schild „**Slanič**" 1 km nach. In einer Bauernlandschaft gelegen, lädt der im Freien stehende Brotbackofen zum Feiern und Grillen ein. Vor über 15 Jahren hat Herr **Slanič** die Landwirtschaft von den Eltern übernommen und damals auch mit Weinbau begonnen. Vor 3 Jahren begannen er und seine Frau mit der Buschenschank. Zu den freundlichen auch etwas Deutsch verstehenden Leuten kommen viele Marburger. Da der Hausherr Jäger ist, treffen sich natürlich auch viele Jagdfreunde hier.
Speisen: Aufschnitt, Kübelfleisch, Klobasse, Verhackert, Bauernbrot, Haussalami, Gemüse, Essiggemüse, Topfenaufstrich, Gibanica (auf Bestellung)
Weine: gemischter Satz - weiß
Edelbrände: Slibowitz

VINOTOČ PROTNER (38)

Inhaber: Gregor **Protner**
Adresse: Vodole 34, **62000 Maribor**
Telephon: 062/51 42 19
Busverbindung: Maribor - Richtung Malečnik, Haltestelle „Črni Baron", ca. 3 km
Nächster Bahnhof: Maribor, ca. 7 km
Öffnungszeiten: von Januar bis Dezember; Fr, Sa, So, Feiertag; von 15 Uhr bis 22 Uhr; andere Tage gegen Voranmeldung
Ab-Hof-Verkauf: ja; Wein (Flasche)
Weinkost: ja, kommentierte Weinkost gegen Voranmeldung
Ausstattung: Innen 40 Plätze, außen 30 Plätze (Terrasse)
Anbaufläche (ha): 2 und 2 (Neuanlage)
Pachtfläche (ha): 1,5
Wege: Wandermöglichkeiten
Besonderheiten: Das Markenzeichen, die Figur am

Weinetikett, steht im Weingarten von Herrn Protner unter der Kirche von Malečnik, oberhalb der Drau auf der Šempetrska Gorca, eine Statue des Hl. Johannes Nepomuk. Jože Protner ist nicht nur als ehemaliger Landwirtschaftsminister, sondern auch als Önologe und Weinbauer bestens bekannt. Die vielen Medaillen sprechen für sich. Die Söhne

Boštjan und Gregor besuchen Wein- und Touristikschulen und sind ebenfalls im Weinbau zu Hause, daher wird Gregor ab 1996 hier eine Buschenschank eröffnen. Bei den Speisen hat er besonderes vor, zum „Dazuknabbern" werden getrocknete Früchte angeboten. Der Williams-Birnenschnaps ist in einem extra angefertigten Keramikplutzer abgefüllt, mit einem speziellen Heftchen mit Beschreibung dazu. Der Vater und die Söhne sprechen Deutsch und Englisch. Zu erreichen von Maribor Center die Bundesstraße Richtung Ljubljana über die Drau, 1. Abfahrt rechts und der Drau entlang weiter die Schnellstraße durch bis zum „Gasilski Dom" (Feuerwehrhaus), links dem Schild „Vinska Cesta" nach über die Brücke, dann rechts, bei der Pizzeria links zur Vinotoč Bračko und vor Valentan müßte 1996 ein Schild „Protner" stehen.

Speisen: Bauernbrot, Sir, Salat, in Vorbereitung sind Besonderheiten bei den Speisen
Weine: Welschriesling, Rheinriesling, Sauvignon blanc, Chardonnay, Gelber Muskateller, Cuveé, Pinot noir
Edelbrände: Birnenschnaps (=Vodolska Žganica)
Obst: getrocknete Früchte

VINOTOČ ROŽMAN (39)

Inhaber: Jožica u. Boris **Rožman**
Adresse: Počehova 52, **62000 Maribor**
Telephon: 062/20 05 6
Busverbindung: Nr. 5, Maribor-Košaki, Haltestelle Šentiljska Cesta
Nächster Bahnhof: Maribor, ca. 3 km
Öffnungszeiten: von Januar bis Dezember; Fr, Sa, So, Feiertag; von 12 Uhr bis 22 Uhr; andere Tage gegen Voranmeldung
Ab-Hof-Verkauf: ja; Wein (Flasche), Obst
Weinkost: gegen Voranmeldung
Ausstattung: Innen 20 Plätze, außen 20 Plätze
Anbaufläche (ha): 5
Wege: Wandermöglichkeiten

Besonderheiten: Gleich hinter einem Hügel, dem Poropatov Breg, so nahe der Hauptstraße, vermutet man weder Wein noch so viel Ruhe. Von Spielfeld kommend fährt man vor der Auffahrt zur Schnellstraße Maribor bei der Kreuzung ab,

zweigt nach Jurij/Kungota, dann Richtung Maribor (die alte Straße) und zweigt nach ca. 2,5 km rechts, dem Schild „Horvat“ nach, rechts halten und bei einem Wegkreuz die mittlere Straße und schon liegt rechter Hand das Haus der Rožmans, gegenüber die Pferdekoppel. Hier haben die Gäste auch Reitmöglichkeiten. Ab 1996 gibt es eine Buschenschank, der Weinbau hat hier schon jahrzehntelange Tradition und daher sind die Weine auch immer bei der Marburger Weinbewertung dabei. Die Weingärten liegen im nahen Pesnica. Der kleine über 100 Jahre alte Keller wird aus Platzmangel nun ausgebaut. Der rührige Herr Rožman ist im Hauptberuf Direktor der Bauerngenossenschaft von Maribor. Seinen Cuveé und Mischsatz von teilweise 80jährigen Stöcken nennt er „Počehovčan“. Auch von seinen drei Söhnen betreiben zwei Weinbau und seine Frau ist natürlich für die Küche zuständig.
Speisen: Aufschnitt, Kübelfleisch, Verhackert, Klobasse, Haussalami, Topfenaufstrich, Sir, Bauernbrot, Gibanica (am Wochenende)
Weine: Cuveé (=Počehovčan), Gelber Muskateller, Ruländer, Rheinriesling, Weißburgunder, Welschriesling
Edelbrände: Slibowitz
Fruchtsaft: Apfelsaft, Zwetschkensaft, Weichselsaft
Obst: Äpfel, Birnen, Zwetschken, Kirschen

VINOTOČ ROŽMAN (40)

Inhaber: Anica u. Jozef **Rožman**
Adresse: Počehova 52 a, **62000 Maribor**
Telephon: 062/22 18 99
Busverbindung: von Maribor, Haltestelle **Šentiljska** Cesta, ca. 2 km
Nächster Bahnhof: Maribor, ca. 3 km
Öffnungszeiten: von Januar bis Dezember; Fr, Sa, So, Feiertag; von 14 Uhr bis 22 Uhr
Ab-Hof-Verkauf: ja; Wein (Flasche), Slibowitz
Weinkost: auf Anfrage
Ausstattung: Innen 25 Plätze, außen 60 Plätze
Anbaufläche (ha): 2
Busse: Kleinbusse u. Gesellschaften gegen Voranmeldung
Sturm: ja
Kastanien: ja
Parkplatz:ja
Besonderheiten: Von Österreich über Spielfeld kommend fährt man nach Pesnica, nicht die Schnellstraße nach Maribor, sondern Abfahrt Jurij/Kungota und weiter rechts die „alte“ Straße nach Maribor ca. 2,5 km, rechts Abzweigung Buschenschank Horvat, bei der Gabelung rechts

und beim Schild „Skladišče“ bei der nächsten Weggabelung links, steht linker Hand das neue Haus beschildert. Seit über 20 Jahren wird hier Weinbau betrieben, die Buschenschank erst seit einiger Zeit. Der Hausherr ist selbst Fleischhauer und macht beste Würste und geräuchertes Fleisch. Der Bauernhof mit Pferden ist ein wenig entfernt, doch beim Bruder Boris sind ganz in der Nähe auch Pferde vorhanden.
Speisen: Aufschnitt, Klobasse, Haussalami, Verhackert, Essiggemüse, Gemüse, Stelze, **Budžola** (=geräucherter Schopfbraten), Bauernbrot, Gibanica (am Wochenende)
Weine: gemischter Satz - weiß, Rheinriesling, Welschriesling, Weißburgunder (Flasche)
Edelbrände: Slibowitz
Fruchtsaft: Holundersaft

VINOTOČ ŠFILIGOJ (41)

Inhaber: Dušan **Šfiligoj**
Vulgoname: **Spodni Marin**
Adresse: Hrastje 84, **62341 Limbuš**
Telephon: 062/63 32 00
Busverbindung: Nr. 4, Maribor-Ruše, Haltestelle Limbuš Zentrum
Nächster Bahnhof: Limbus, ca. 2,5 km
Öffnungszeiten: von Januar bis Dezember; Mo, Di, Mi, Do, Fr, Sa, So; von 10 Uhr bis 22 Uhr
Ab-Hof-Verkauf: Pfirsiche
Ausstattung: Innen 15 Plätze, außen 15 Plätze
Anbaufläche (ha): 1,2
Besonderheiten: Hier war es schon immer so, daß die Leute auf einen Trunk vorbeikamen, sich das Essen mitnahmen und so wird es auch beibehalten. Neben dem Bauernhof betreibt das Ehepaar seit 10 Jahren eine Buschenschank, wo nur Wein ausgeschenkt wird. Im Haus aus 1868, von der Familie Pachernigg gebaut, von der Familie Šfiligoj um

Bild unten: Haus bei Litmerk

1940 erworben, befindet sich ein hoher Gurtbogenkeller mit einem Faß noch aus Monarchiezeiten. Dieses Weinbaugebiet ist übrigens berühmt für seine Lagen. Das Mustergut Meranovo, von Erzherzog Johann gegründet, befindet sich wenige Kilometer entfernt. Zu erreichen über Maribor die Schnellstraße Richtung Ljubljana, nach der großen Ampelkreuzung, nach der Tankstelle rechts der Tafel zum Schloß Betnava, dort vorbei bei der Gabelung rechts, weiter geradeaus, bei der nächsten Kreuzung wieder geradeaus,

durch den Ort Pekre, in Limbuš über die Brücke links, gleich wieder links, dem Schild „Meranovo" nach kommt man nach ca. 2 km zum Holzschild „Vinotoč", nach dem ein Stück oberhalb das Haus liegt.
Speisen: Jause selbst mitnehmen
Weine: Rheinriesling, Sauvignon blanc
Obst: Pfirsiche

VINOTOČ ŽIŽEK (42)

Inhaber: Mirko **Žižek**
Adresse: Šafarsko 10, **69240 Ljutomer**
Telephon: 069/89 00 1
Öffnungszeiten: von Januar bis Dezember; Fr, Sa, So, Feiertag; von 10 Uhr bis 22 Uhr; andere Tage gegen Voranmeldung
Ab-Hof-Verkauf: ja; Wein (Faß), Äpfel, Apfelsaft
Ausstattung: Innen 60 Plätze, außen 30 Plätze
Anbaufläche (ha): 2,5
Wege: Wandermöglichkeiten
Busse: Busse und Gruppen gegen Voranmeldung
Spielplatz: ja
Sturm: ja
Kastanien: ja
Besonderheiten: Hierher kommt man über G.Radgona Richtung Zagreb, Ljutomer. Nach Ljutomer weiter Richtung Lendava, links halten in Stročja Vas, weiter geradeaus, dann rechts Richtung Gibina, Richtung Kroatien - Čakovec und links beim Schild „Vinotoč" die Kirschallee hinein. Neben Obst-/Weinbau und Schweinezucht gibt es auch die Möglichkeit zum Fischen. In absoluter Ruhe wird man von der ganzen Familie im neugebauten Buschenschankhaus bestens betreut. Die Weingärten liegen in Kroatien, wo auch gepreßt wird, verarbeitet wird in Slowenien, verwertet wird

auch das Obst zu einem herrlichen Apfelsaft. Herr Žižek erzählt, daß er in der Schweiz die Obstbauschule besuchte und erst 1960 aus der Schweiz zurückkam, um den Hof Šuman von den Eltern der Frau zu übernehmen. Der sehr bemühte, freundliche und bestens Deutsch sprechende Hausherr wird von Sohn und Schwiegertochter unterstützt. Die Tochter kommt in Kürze nach Hause, sie besucht die Weinbauschule in Maribor und macht Praxis beim Weinbau Narrath in Leutschach.
Speisen: Aufschnitt, Kübelfleisch, Verhackert, Haussalami, Klobasse, Gemüse, Essiggemüse, Bauernbrot, Gibanica, Nußpotitze
Weine: Chardonnay, Rheinriesling
Fruchtsaft: Apfelsaft
Obst: Äpfel

VINOTOČ PODLESNIK (43)

Inhaber: Rudi u. Albina **Podlesnik**
Vulgoname: **Na Jožefu**
Adresse: Devina 1, **62310 Slovenska Bistrica**
Telephon: 062/81 22 40 oder 062/81 22 41 (privat)
Busverbindung: Maribor-Slov.Bistrica oder Celje od. Rog. Slatina, Haltestelle beim Haus
Nächster Bahnhof: Pragersko, ca. 6 km
Öffnungszeiten: von Januar bis Dezember; Fr, Sa; von 15 Uhr bis 22 Uhr; Mo, Di, Mi, Do gegen Voranmeldung
Ab-Hof-Verkauf: ja; Wein (Faß), Milch

Musik: Sohn spielt Ziehharmonika
Ausstattung: Innen 80 Plätze (2 Räume)
Anbaufläche (ha): 0,5
Pachtfläche (ha): 0,2
Wege: viele Wandermöglichkeiten (bis zum Pohorje)
Busse: Busse und Gruppen gegen Voranmeldung

Sturm: ja, auf Bestellung
Kastanien: ja, auf Bestellung
Parkplatz:ja
Besonderheiten: Gleich beim Ortsschild von Slov.Bistrica, gegenüber der Kirche von Sv.Jožef, auf der alten Straße von Maribor nach Celje kommend, steht diese beschilderte **Vinotoč**. Das Haus aus dem Jahre 1861 wurde behutsam renoviert und die Inneneinrichtung vom Hausherrn geschmackvollst selbst gezimmert. Kirchenbesichtigungen der gegenüberliegenden Sv.Jožef-Kirche sind möglich. Eine Spezialität der Hausfrau sind ihre gefüllten Potizen. Übrigens befindet sich die seit einem Jahr bestehende Buschenschank an dem Platz, wo vor Jahrzehnten ein berühmtes Gasthaus mit einer Pferdestation war. Auch der Landwirtschaftsminister war hier schon zu Gast. Ein Degustationsraum ist im alten Gewölbekeller geplant.
Speisen: Aufschnitt, Bunka, Bauernbrot, Gibanica, Potitze
Weine: gemischter Satz
Edelbrände: Slibowitz

VINOTOČ ZALOŽNIK (44)

Inhaber: Jožica u. Andrej **Založnik**
Adresse: Škalce 18a, **63210 Slovenske Konjice**
Telephon: 063/75 49 16
Busverbindung: Maribor-Celje, Haltestelle Zentrum Slov. Konjice, ca. 1,5 km
Nächster Bahnhof: **Poljčane**, ca. 16 km
Öffnungszeiten: nur gegen Voranmeldung
Ab-Hof-Verkauf: ja; Wein, Äpfel, Erdbeeren
Weinkost: ja, gegen Voranmeldung
Ausstattung: Innen 30 Plätze, außen 10 Plätze

Anbaufläche (ha): 1
Besonderheiten: Herr **Založnik** beschäftigt sich mit Wein- und Obstbau und öffnet gegen Voranmeldung für Degustationen und Weinkäufer. Die Buschenschank ist für 1996 geplant. Zu erreichen über Maribor, Slov.Bistrica und Slov.Konjice, dort bei der 2. Ampel rechts, beim Market beim Schild „Vinska Cesta **Grič**" den Berg ca. 2 km hinauf, beim Schild „**Vinotoč**" weiter, links ca. 300 m, wieder links ca. 200 m, nochmals links ist es das 3. Haus, weißgestrichen mit Balkon.
Speisen: Aufschnitt, Haussalami, Bunka, Sir
Weine: Welschriesling, gemischter Satz - weiß, Rheinriesling, Chardonnay
Obst: Äpfel, Erdbeeren

VINOTOČ KIRALY (45)

Inhaber: Vera u. Tone **Kiraly**
Vulgoname: **Tony**
Adresse: Partizanska Ulica 54 (privat), **69220 Lendava**
Telephon: 069/75 89 0
Busverbindung: Maribor-Murska Sobota, Haltestelle
Öffnungszeiten: Mo, Di, Mi, Do, Fr, Sa So; nur gegen Voranmeldung; von 16 Uhr bis 22 Uhr
Ab-Hof-Verkauf: ja; Wein
Weinkost: auf Anfrage
Musik: Tonband
Ausstattung: Innen ca. 50 Plätze, außen 15 Plätze (im Faß)
Anbaufläche (ha): 0,6
Busse: Busse und Gesellschaften gegen Voranmeldung
Sturm: ja
Besonderheiten: Auf Drängen vieler Freunde hat er nach langjährigem Weinbau eine Buschenschank aufgemacht. Für seine Gäste stellt er einen speziellen Begrüßungsschnaps und Grammelpogatschen bereit, dann eine Weinverkostung, denn

der Wein steht für ihn im Vordergrund, das Essen kommt dazu. Stolz zeigt er sein Gästebuch mit den Eintragungen von Besuchern aus dem In- und Ausland. Als Sitzplatz hat er im Garten das größte Faß von Prekmurje aufgestellt, mit Blick auf Sv.Trojica. Zu erreichen über G.Radgona, Richtung Ungarn, Murska Sobota, im Ort Radenci über die Bahn Richtung Lendava, dort Richtung Ungarn, bei der 2. Kirche rechts den Holzschildern nach rechts den Berg hinauf, kommt man nach 1,2 km linker Hand zur Einfahrt

mit der Tafel „Vinotoč Tony“.
Speisen: Aufschnitt, Verhackert, Klobasse, Liptauer, Kübelfleisch, Pogatschen, Pereci, Gemüse, Salat, Bograč, warme Speisen auf Bestellung
Weine: Welschriesling
Edelbrände: Slibowitz

VINOTOČ ROŽMAN (46)

Inhaber: Stefan **Rožman**
Adresse: Dolga Vas 48 (Dolgovaške Gorice), **69220 Lendava**
Telephon: 069/75 95 6
Busverbindung: Sv.Katarina, ca. 2 km
Öffnungszeiten: von Januar bis Dezember; Fr, Sa, So, Feiertag; von 15 Uhr bis 22 Uhr; andere Tage gegen Voranmeldung
Ab-Hof-Verkauf: ja; Wein (Flasche)
Weinkost: ja, kommentierte Degustation
Ausstattung: Innen 45 Plätze, außen 30 Plätze
Zimmer: 1x1, 1x2, 1x3, ab Mitte 1996: 5 Betten
Anbaufläche (ha): 1
Wege: Wandermöglichkeiten
Busse: Busse und Gesellschaften gegen Voranmeldung
Sturm: ja

Kastanien: ja
Besonderheiten: Seinen Wein nennt er „Bükesi“, da er dort die Weingärten in Dolga Vas bei Lendava in besten Ost- und Südlagen hat. Eigentlich ist er gelernter Fernsehtechniker, doch durch die Krankheit des Vaters stand er vor der Wahl verkaufen oder übernehmen. So ist er leidenschaftlicher Weinbauer geworden, besuchte viele Kurse, so auch 1984 den für Kellertechnik und hat auch wieder 1995 seine Medaillen in Ljubljana bekommen. Alle aus seiner Familie und auch aus der seiner Frau waren Weinbauern. Seit 15 Jahren beschäftigt er sich nun intensiv mit Weinbau und hat viel vor, so auch den Bau der neuen Buschenschank ab 1996. Das zur Zeit bestehende Weingarten- und Wochenendhaus will er vermieten. In diese besondere Lendavaecke gelangt man über G.Radgona, im Ort Radenci über die Bahngeleise Richtung Lendava, dort Richtung Ungarn, bei der 2. Kirche rechts und bei den Holzschildern weiter rechts den Berg hinauf und steht nach ca. 2 km, ca. 150 m nach der Gabelung links vor dem bis 1996 beschilderten Neubau.
Speisen: Aufschnitt, Kübelfleisch, Verhackert, Klobasse, Bauernbrot, Langos, Perec, Pogatschen, Gibanica, Bograč (gegen Voranmeldung)
Weine: Ruländer, Chardonnay, Rheinriesling, Welschriesling

VINOTOČ LEVAČIČ (47)

Inhaber: Marijan **Levačič**
Adresse: Čentiba 111 (Wohnung: Tomšičeva 3), **69220 Lendava**
Telephon: 069/75 44 5 (privat)
Busverbindung: Lendava-Čentiba, Haltestelle bei Schule, ca. 500 m
Öffnungszeiten: von Januar bis Dezember; Sa, So, Feiertag;

von 12 Uhr bis 22 Uhr; andere Tage gegen Voranmeldung ab 16 Uhr
Ab-Hof-Verkauf: ja; Wein (Flasche), Slibowitz, Pfirsichschnaps
Weinkost: ja, gegen Voranmeldung
Musik: auf Bestellung
Ausstattung: Innen 50 Plätze, außen 50 Plätze
Anbaufläche (ha): 0,5
Wege: Wandermöglichkeiten
Sturm: ja
Besonderheiten: Hier in Čentiba lebt ein Weinbauer, der auch schon seit seiner Kindheit dem Weinbau verbunden ist. Seit 15 Jahren bewirtschaftet er alleine den Weingarten und

zeigt etliche Erfolge bei den Weinbewertungen. Ab 1996 eröffnet er in ruhigster Lage eine Buschenschank. Für Gäste gibt es auch in der Nähe Möglichkeiten zum Reiten und Kutschenfahren. Zu erreichen über G.Radgona Richtung Ungarn, im Ort Radenci Richtung Murska Sobota über die Bahn, weiter Richtung Lendava, dort Richtung Pince. Im Ort Čentiba beim Hinweisschild „Čentiba“ links, dann rechts, nach ca. 2 km bei der nächsten Gabelung rechts und bei der nächsten Gabelung links, so kommt man zu dem bis 1996 wahrscheinlich beschilderten Haus.
Speisen: Aufschnitt, Verhackert, Šunka, Kübelfleisch, Klobasse, Gemüse, Essiggemüse, Bauernbrot, Perec, Gibanica und Bograč (gegen Voranmeldung)
Weine: Furmint, Welschriesling, Chardonnay, Rheinriesling
Edelbrände: Slibowitz, Pfirsichschnaps

VINOTOČ BOMBEK (48)

Inhaber: Janko **Bombek**
Vulgoname: **Beli Breg**
Adresse: Vičanci 48a, **62274 Velika Nedelja**
Telephon: 062/71 84 00
Busverbindung: Maribor-Ormož, Haltestelle V. Nedelja-Ortsmitte, ca. 5 km
Nächster Bahnhof: V. Nedelja, ca. 5 km
Öffnungszeiten: von Mai bis November; Fr, Sa, So, Feiertag; von 9 Uhr bis 22 Uhr, andere Tage gegen Voranmeldung
Ab-Hof-Verkauf: ja; Wein (Faß)
Musik: auf Bestellung
Ausstattung: Innen 40 Plätze (2 Räume), außen 20 Plätze
Anbaufläche (ha): 1
Wege: Wandermöglichkeiten
Sturm: ja
Kastanien: ja
Besonderheiten: Diese Buschenschank am weißen Berg erreicht man über Maribor, Ptuj Richtung Ormož, in Velika Nedelja links, bei der Kirche vorbei, geradeaus weiter, bei

der Kapelle links, der Tafel „Senešči“ nach, bei Vinotoč Sonja vorbei bis zur Schotterstraße geradeaus, beim Schild „Vinotoč Beli Breg“ links noch 30 m. Der Name kommt von dem weißen Sand, der bei Sonnenbestrahlung braun wird, auch Muschelversteinerungen sind zu finden. Hier in völliger Ruhe, umgeben von Wein, weißem Sand, Vogelgezwitscher und schönster Fernsicht, wird seit 3 Jahren ausgeschenkt. Ein neuer Erdkeller wird neben dem Haus gerade errichtet.
Speisen: Aufschnitt, Klobasse, Verhackert, Kübelfleisch,

Bauernbrot, Gemüse, Essiggemüse, Gibanica, Nußpotitze (auf Bestellung), warme Speisen auf Bestellung
Weine: gemischter Satz - weiß
Edelbrände: Slibowitz

VINOTOČ SIRC (49)

Inhaber: Janko u. Kristina **Sirc**
Adresse: Podgorci 24, **62273 Podgorci**
Telephon: 062/71 21 32
Busverbindung: Maribor-Ormož, Haltestelle Podgorci-Ortsmitte, ca. 300 m
Nächster Bahnhof: Maribor-Ormož, Haltestelle Oslušcvci, ca. 2 km
Öffnungszeiten: von Januar bis Dezember; Mo, Di, Mi, Do, Fr, Sa, So; von 10 Uhr bis 22 Uhr; So nur gegen Voranmeldung
Ab-Hof-Verkauf: ja
Musik: auf Bestellung
Ausstattung: Innen 65 Plätze, außen 20 Plätze
Zimmer: im Ausbau
Anbaufläche (ha): 1,5
Wege: Wandermöglichkeiten
Busse: Busse und Gesellschaften gegen Voranmeldung
Sturm: ja
Kastanien: ja
Parkplatz:ja

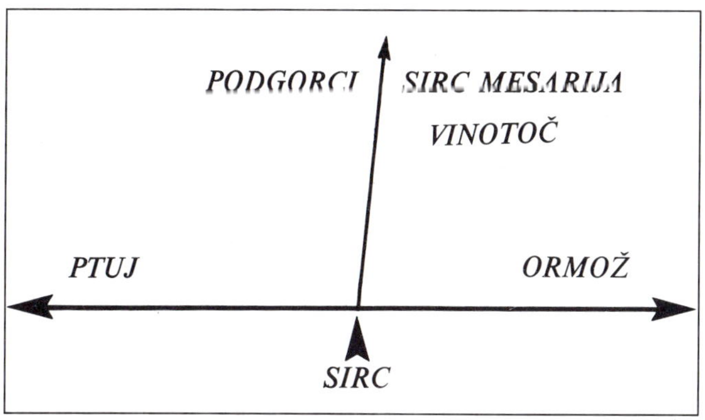

Besonderheiten: Gleich unterhalb der Kirche liegt der Fleischhauer und Weinbauer zugleich. Keine Frage, daß man hier gut ißt. Weinbau ist hier schon Tradition, die Buschenschank gibt es erst seit 8 Jahren. Die Weingärten liegen etwas oberhalb am Podgorski Vrh mit wunderschönem Ausblick. Hinter dem Wohnhaus steht schon das

neue Haus mit den zukünftigen Fremdenzimmern und dem neuen Weinkeller. Der Hausherr, eigentlich als Lebensmitteltechniker ausgebildet, wird im Weingarten kräftigst von seiner Frau unterstützt, der Sohn führt die Fleischerei, Tocher und Schwiegersohn haben die Gastronomieschule absolviert. So darf man sich freuen auf Spezialitäten wie Gänse oder Preßwurst im Peč gebraten. Hierher kommt man über Maribor, Ptuj, Richtung Ormož, in Oslušcvci links nach Podgorci, bei der Kapelle links und gleich unterhalb der Kirche liegt dieses Haus.
Speisen: Aufschnitt, Kübelfleisch, Verhackert, Haussalami, Klobasse, Leberpastete, Zunge, Sir, Bauernbrot, Gibanica, Gänsefleisch, Preßwurst (im Peč gebraten)
Weine: Welschriesling, Furmint, Sauvignon blanc, Kerner, gemischter Satz - weiß (=Podgorčan)
Edelbrände: Slibowitz, Schattenmorellenbrand
Fruchtsaft: Ribiselsaft, Holunderblütensaft, Kirschensaft, Erdbeersaft

VINOTOČ VIHER (50)

Inhaber: Ivan **Viher**
Adresse: Žerovinci 64, **62259 Ivanjkovci**
Telephon: 062/71 41 02
Busverbindung: Maribor-Ptuj- Ormož -Ljutomer, Haltestelle Žerovinci, ca. 1 km
Nächster Bahnhof: Žerovinci, ca. 1,5 km
Öffnungszeiten: von Januar bis Dezember; Mo, Di, Mi, Do, Fr, So; von 11 Uhr bis 22 Uhr; Sa nur für Gruppen gegen Voranmeldung
Ab-Hof-Verkauf: ja; Wein (Flasche)
Weinkost: gegen Voranmeldung
Musik: auf Bestellung
Ausstattung: Innen 30-35 Plätze, außen 10 Plätze
Anbaufläche (ha): 0,7

Busse: Busse und Gruppen gegen Voranmeldung
Sturm: ja
Kastanien: ja
Parkplatz:ja
Besonderheiten: Von Ljutomer Richtung Ormož, bei der Ortstafel „Žerovinci", bei der ersten Kreuzung links, steht das 1. Hinweisschild, bei der nächsten Gabelung halblinks und bei der nächsten Kreuzung der Beschilderung nach

rechts, kommt man zu dieser Buschenschank. Hier wird gerne gesungen und gefeiert, das Musizieren überläßt er anderen, erzählt der Hausherr. Wenn er lacht, sprühen seine braunen Augen und obwohl er nicht Deutsch kann, versteht er viel und kann gut mit Leuten umgehen. Der Großvater war ein bekannter Ziehharmonikaspieler und betrieb hier schon vor 60 Jahren eine Buschenschank. Herr Ivan betreibt seit über 25 Jahren selbst Weinbau und die Buschenschank

eröffnete er vor 3 Jahren, die Wände mit Weinsprüchen und dem Bild der Martinigans verziert. Die Lage auf dem Hügel bietet einen herrlichen Weitblick nach Svetinje und Jeruzalem und auf die Weingärten. Was früher nur Hobby war, ist nun zur Hauptbeschäftigung geworden.
Speisen: Aufschnitt, Verhackert, Kübelfleisch, Haussalami, Klobasse, Sir, Bauernbrot, Pogatschen
Weine: Chardonnay, gemischter Satz - weiß
Edelbrände: Slibowitz, Pfirsichschnaps

VINOTOČ CUK (51)

Inhaber: Doris **Cuk**
Vulgoname: **Doris**
Adresse: Cserhegy (Wohnung: Banuta 1), **69220 Lendava**
Telephon: 069/75 41 2

Busverbindung: Maribor-M.Sobota-Lendava, Haltestelle Lendava - Zentrum, ca. 2 km
Öffnungszeiten: von Januar bis Dezember; nur gegen Voranmeldung
Ab-Hof-Verkauf: ja; Wein (Flasche)
Ausstattung: Innen 30 Plätze, außen 30 Plätze
Anbaufläche (ha): 0,55
Wege: Wandermöglichkeiten

Sturm: ja
Besonderheiten: Über G.Radgona Richtung Ungarn und Murska Sobota, im Ort Radenci Richtung Lendava, dort Richtung Ungarn, bei der 2. Kirche rechts den Holzschildern „Čarda Bükes“ rechts den Berg hinauf, bei der Kreuzung rechts, bei **Vinotoč Rožman** und der schwarzen Holzpresse vorbei, vorbei an einigen „Kellerstöckeln“, steht nach einem Wegkreuz das Hinweisschild zu „Doris“ (zur Zeit noch nicht, ab 1996 hoffentlich). Am Cserhegy, nach den früheren Großgrundbesitzern aus Ungarn genannt, mit herrlichem Weitblick inmitten von Weingärten, liegt dieses ehemalige Wochenendhaus. Es wird von der jungen Doris geführt, die uns nach telefonischer Voranmeldung aufsperrt. Sie absolviert noch eine Ausbildung in Maribor, der Herr Papa ist für den Weinbau zuständig.
Speisen: Aufschnitt, Verhackert, Kübelfleisch, Klobasse, Speck, Bauernbrot, Pogatschen, Gibanica, Perec, Reteš
Weine: Welschriesling, Weißburgunder, gemischter Satz - weiß
Edelbrände: Trebernbrand

VINOTOČ ŠONAJA (52)

Inhaber: Marjeta u. Mirko **Šonaja**
Vulgoname: **Kosovi**
Adresse: Stari Trg 16, **69241 Veržej**

Telephon: 069/87 20 4
Busverbindung: Ljutomer-Murska-Sobota, Haltestelle beim Gasthaus Bobnjar, ca. 500 m
Nächster Bahnhof: Ljutomer, ca. 9 km
Öffnungszeiten: von Januar bis Dezember; Mo, Di, Mi, Do, Fr, Sa, So; von 10 Uhr bis 22 Uhr
Musik: Sohn spielt Ziehharmonika
Ausstattung: Innen 30 Plätze, außen 20 Plätze
Zimmer: 2x2, 1x3
Pachtfläche (ha): 0,5
Wege: Wandermöglichkeiten
Busse: nein, Gruppen gegen Voranmeldung
Besonderheiten: Nicht weit weg vom Kurbad Banovci, mitten in einem kleinen Dorf, steht dieser Bauernhof. Viele Kurgäste wandern hierher und länger verweilende Gäste bekommen noch einen Schnaps als Gastgeschenk. Eine Idylle ist bereits der Eingang, wo bei schönem Wetter Opa und Oma vor der Türe sitzen. Drei Generationen wohnen hier auf dem Hof. Das Hauptgewicht liegt auf der Pferdezucht und Trabrennen, auch den Gästen stehen 2 Pferde zum Reiten zur Verfügung. Den Weingarten betreiben sie erst seit einiger Zeit, er ist gepachtet. Ganz in der Nähe ist auch die unter Denkmalschutz stehende Mühle. Zu erreichen über G.Radgona, Richtung Murska Sobota, Ungarn, durch Radenci Richtung Ljutomer, im Ort **Križevci** links Richtung **Veržej**, Murska Sobota, in **Veržej** links Richtung **Bunčani** und bei der Tafel „Agroplac“ rechts hinein, nach ca. 150 m geradeaus kommt man zu diesem Anwesen mit Pferdestall.
Speisen: Aufschnitt, Verhackert, Kübelfleisch, Klobasse, Gemüse, Essiggemüse, Bauernbrot
Weine: gemischter Satz - weiß
Edelbrände: Slibowitz
Sonstige Getränke: Milch
Öl: Kernöl
Fleisch: Kübelfleisch
Sonstiges: Honig

VINOTOČ KRAJNC (53)

Inhaber: Branko **Krajnc**
Adresse: Grušova 21, **62230 Lenart**
Telephon: 062/72 10 50
Busverbindung: Maribor
Öffnungszeiten: von Januar bis Dezember; Di, Mi, Do, Fr, Sa, So; von 10 Uhr bis 22 Uhr
Ab-Hof-Verkauf: ja; Wein (Faß)
Musik: gegen Voranmeldung
Ausstattung: Innen 30 Plätze, außen 30 Plätze
Anbaufläche (ha): 1
Wege: Wandermöglichkeiten
Busse: Kleinbusse u. Gruppen gegen Voranmeldung
Sturm: ja
Kastanien: ja
Besonderheiten: Von Spielfeld Richtung Maribor, nach

Bild oben: Weinkeller Holer, Bild unten: Weinkeller Mukenauer

Pesnica Abzweigung Richtung G.Radgona, nach ca. 7 km rechts Richtung **Malečnik**, Celestrina, bei der Tafel „Agroklas“ bzw. „**Vinotoč**“ links hinein, und nach ca. 2 km rechts dem Holzschild nach, kommt man zum links an der Straße stehenden Haus. Die Frau betreibt neben der Landwirtschaft und dem Weinbau ihres Mannes noch einen Landwirtschaftshandel. Seit einem Jahr besteht hier die ruhig gelegene Buschenschank mit dem gegenüberliegenden Weingarten und einem idyllischen Nachbarhaus. Im Neben-

gebäude steht die Presse aus 1931, auch der kleine Keller ist aus demselben Jahr. Da sie alles noch nicht so lange von den Eltern geerbt haben, gibt es noch viel zu richten.
Speisen: Aufschnitt, Kübelfleisch, Verhackert, Klobasse, Liptauer, Gemüse, Bauernbrot, Gibanica (auf Bestellung)
Weine: Sauvignon blanc, Weißburgunder, gemischter Satz - weiß
Edelbrände: Slibowitz

VINOTOČ ŠKOFIČ (54)

Inhaber: Jožef **Škofič**
Vulgoname: **Schneider**
Adresse: Sp.Velka 10, **62213 Zg.Velka**
Telephon: in Kürze
Busverbindung: Maribor-Zg.Velka, ca. 3 km
Öffnungszeiten: von Januar bis Dezember; Fr, Sa, So, Feiertag; von 10 Uhr bis 22 Uhr
Ausstattung: Innen 50 Plätze, außen 50 Plätze
Anbaufläche (ha): 1
Wege: Wandermöglichkeiten
Busse: Busse und Gruppen gegen Voranmeldung
Sturm: ja
Kastanien: ja
Besonderheiten: Diese noch neue Buschenschank im alten Haus finden Sie über Mureck, Grenzübergang, die Straße Richtung Maribor rechts, bei der nächsten Kreuzung wieder

rechts Richtung **Šentilj**, Maribor, die erste Asphaltstraße Richtung Zg.Velka, links Richtung Marija **Snežna**, an der Kirche vorbei und nach ca. 1,5 km steht unübersehbar rechts das Herrenhaus mit dem Kreuz an der Hausfront. Das

Haupthaus war einst Pfarrhaus, der seitliche Anbau erfolgte später. Der Vulgoname Schneider rührt von der Mutter, denn es war ihr Elternhaus, in dem sie heute, wie auch im Weingarten, von früh bis abends arbeitet. Ihr Vater hatte hier schon eine Buschenschank in diesem so schön gepflegten und Ruhe ausstrahlendem Ensemble. Im Inneren sitzt man im hochgewölbten Raum oder im Freien unter den Bäumen mit herrlichem Weitblick. Die Tochter lebt in Graz und der Sohn Herr **Jožef** betreibt die Buschenschank am Wochenende. Er ist ein Pendler, arbeitet zur Zeit noch in Deutschland, möchte sich aber in den nächsten Jahren ganz auf Weinbau und Buschenschank konzentrieren. Die 94er Weinernte war durch Hagel beeinträchtigt, doch der 95er schaut gut aus. Er beschäftigt sich außerdem seit Jahren mit Pflanzenheilkunde. Er lernte an den langen, einsamen Abenden nach der Baustelle und kann auf viele Erfolge verweisen. Der Großvater von Herrn **Škofič** hatte eine große Schnapsbrennerei. Der Vater war Koch, kannte alle Kräuter und hat dieses Wissen seinem Sohn weitergegeben. Die Geheimnisse lernte er bei einem jetzt schon verstorbenen Mann, der bei der Kirche Marija **Snežna** wohnte. Im Volksmund heißt es, daß es in der Nähe der Kirche immer einen heilenden Mann geben wird. Auch über Spielfeld/**Šentilj** links über Sladki Vrh kommt man nach ca. 10 km zur Abzweigung rechts nach Zg.Velka (M. **Snežna**).
Speisen: Aufschnitt, Kübelfleisch, Verhackert, Klobasse, Gemüse, Bauernbrot, Gibanica
Weine: gemischter Satz - weiß
Obst: Äpfel, Pfirsiche

VINOTOČ SENEKOVIČ (55)

Inhaber: Milan **Senekovič**
Adresse: Lomanoše 25, **69250 Gornja Radgona**
Telephon: 069/61 96 2
Busverbindung: Maribor-G.Radgona, Haltestelle gegenüber der **Vinotoč**
Nächster Bahnhof: Bad Radkersburg, ca. 4 km
Öffnungszeiten: von Mai bis September; Mo, Di, Mi, Do, Fr, Sa; von 10 Uhr bis 22 Uhr; So geschlossen
Ab-Hof-Verkauf: ja; Wein (Flasche), Schnaps
Weinkost: ja, kommentiert
Ausstattung: Innen 30 Plätze (2 Räume), außen 50 Plätze
Anbaufläche (ha): 3
Busse: keine, Gruppen max. 15 Leute gegen Voranmeldung
Sturm: ja
Besonderheiten: Von Gornja Radgona Richtung Maribor wird in Lomanoše ein Schild stehen für die Zufahrt zur links ca. 50 m auf der Anhöhe stehenden, mit Spannung erwarteten Buschenschank, die im Sommer 1996 eröffnet werden soll. Schon heuer kamen Minister zur Weinverkostung, mit dem Bruder von Herrn Milan, der Dolmetscher für die Regierung ist. Auch der Hausherr hat über den Winter vor Deutsch zu lernen. Früher war er in der Weinkellerei von G.Radgona beschäftigt und nun seit 1 Jahr als selbständiger Weinbauer mit dem Aufbau eines interessanten Buschenschankhauses. Mit einem Freund zusammen betreibt er eine Weinfirma, bei der Herr **Frangež** für den Sekt nach Champagnermethode und Herr **Senekovič** für den Wein zuständig ist, für den er auf den Weinmessen viele Medaillen bekam. Sein Interesse gilt dem Verkosten des Weines. Im Zentralkeller lagern die Fässer, im linken Raum ist die Abfüllung und rechts der Degustationsraum, wo als Besonderheit zu den Weinen dazupassende frische Früchte serviert werden. Einen mystischen Stein will er dort

installieren, wo im Degustationsraum das Licht bei der Sommersonnenwende durch einen Spalt hineinscheint. Seine Weingärten liegen in Police, Aženski Vrh, Plitvica Vrh, wohin er auch Kutschenfahrten plant.
Speisen: Aufschnitt, Kübelfleisch, Klobasse, Sterz, Bauernbrot, Gibanica, Spezialitätenwochen
Weine: Sauvignon blanc, Rheinriesling, Chardonnay, Welschriesling, Müller Thurgau, Ruländer, Furmint, Sekt (=Frangeževa Penina), gemischter Satz - weiß (=Radgončan)
Edelbrände: Quittenbrand

VINOTOČ ZORKO (56)

Inhaber: Majda u. Miroslav **Zorko**
Vulgoname: **Fric**
Adresse: Strjanci 24, **62273 Podgorci**
Telephon: 062/70 80 32 (privat)
Öffnungszeiten: von April bis November; Fr, Sa, So, Feiertag; von 12 Uhr bis 22 Uhr
Ab-Hof-Verkauf: ja; Wein (Faß), Slibowitz
Musik: auf Bestellung
Ausstattung: Innen 45 Plätze, außen 50 Plätze
Anbaufläche (ha): 1
Busse: Busse und Gesellschaften gegen Voranmeldung
Sturm: ja

Kastanien: ja
Besonderheiten: Zu dieser seit 6 Jahren bestehenden Buschenschank gelangt man über Maribor, Ptuj, über die Bahngeleise Richtung Ormož in Oslušević links nach Podgorci, nach der Ortsendetafel die Asphaltstraße rechts den Berg hinauf, der Hinweistafel nach. Hier kann man die Ruhe, Aussicht und die gegenüberliegenden Weingärten genießen. Herrn Miroslav war schon zu Lebzeiten seines Vaters der Weinbau vertraut und nach seinen Deutschlandaufenthalten, daher auch deutschsprechend, ist er hierher zurückgekehrt. Sein Sohn wollte lieber Bäcker statt Dreher lernen, also eröffnete der Papa für den Sohn eine Bäckerei. Er betreibt auch einen privaten Fußballclub, von dem viele Pokale im Buschenschankraum zu sehen sind. Mit den Nachbarn hat er ein gutes Verhältnis und so gibt es so manchen weinfachmännischen Erfahrungsaustausch und Nachbarschaftshilfe.
Speisen: Aufschnitt, Klobasse, Verhackert, Kübelfleisch, Sir, Bauernbrot, Gibanica
Weine: Gelber Muskateller, gemischter Satz - weiß
Edelbrände: Slibowitz, Obstler

VINOTOČ VERLE (57)

Inhaber: Tone **Verle**
Vulgoname: **Kolarek**
Adresse: Laporska Cesta 26, **62319 Poljčane**
Telephon: 062/82 51 86
Fax: 062/82 51 86
Busverbindung: Maribor-Slov.Bistrica-G.Radgona, Haltestelle Zentrum-Poljcane - 500 m
Nächster Bahnhof: Poljčane
Öffnungszeiten: von Januar bis Dezember; Mo, Di, Mi, Do, Fr, Sa, So; von 17 Uhr bis 23 Uhr; Fr, Sa, So von 9 Uhr bis 23 Uhr
Ab-Hof-Verkauf: ja; Wein (Flasche)
Musik: auf Bestellung
Ausstattung: Innen 40 Plätze, außen 20 Plätze
Anbaufläche (ha): 1
Busse: Busse und Gesellschaften gegen Voranmeldung
Sturm: ja
Kastanien: ja

Besonderheiten: Der Weingarten war schon immer beim Haus, auch die Frau hat etwas entfernt einen Weingarten. So ergab es sich, daß das pensionierte Lehrerehepaar eine

Bild unten: bei Tremel

Buschenschank eröffnete. Viele Einheimische, aber auch Kurgäste von Rog. Slatina lassen sich hier verwöhnen. Herr Tone macht mit seinen Weinen Preise. Die Frau und die Tochter nutzen die kalte Jahreszeit zum Stricken von Pullovern, die man in einer Vitrine bewundern kann. Ein Weg hierher führt über Maribor, Slov.Bistrica, Richtung Rog. Slatina, im Zentrum von Poljčane links den Berg hinauf.
Speisen: Aufschnitt, Verhackert, Klobasse, Kübelfleisch, Liptauer, Gemüse, Essiggurkerl, Gibanica (auf Bestellung), warme Speisen auf auf Bestellung, Klassische Küche
Weine: Welschriesling, Rheinriesling, Furmint, Traminer
Edelbrände: Slibowitz, Heidelbeerschnaps
Obst: Erdbeeren

VINOTOČ JURGEC (58)

Inhaber: Familie **Jurgec**
Adresse: Gradišča, **62282 Cirkulane**
Telephon: 062/76 00 22
Besonderheiten: Hier soll ab Ende 1996 eine Buschenschank eröffnet werden, noch wird fleißig gebaut. Die Lage hoch über der Drau, mit herrlichem Weitblick, im Weinbaugebiet Haloze gelegen, bietet sich an. Leider war niemand für nähere Angaben erreichbar. Die Zufahrt erfolgt über Maribor, Ptuj, Richtung Varaždin, über die Drau, vor dem Schloß Borl rechts nach Cirkulane, rechts über die Brücke und ca. 1km nach der Buschenschank Emersič steht links an der Straße das Haus.

VINOTOČ BOGDAN (59)

Inhaber: Viktor **Bogdan**
Adresse: Lendavske Gorice (neben Hausnr. 128), **69220 Lendava**

Telephon: 069/76 03 3 (privat)
Besonderheiten: Zu erreichen über G.Radgona, Richtung Ungarn, Murska Sobota, im Ort Radenci über die Bahngeleise nach Lendava, dort Richtung Ungarn, bei der 2. Kirche rechts den Berg hinauf, kommt nach wenigen hundert Metern rechts das Haus mit herrlichem Ausblick. Leider war niemand erreichbar und daher sind die Angaben spärlich.
Speisen: Aufschnitt, Kübelfleisch, Verhackert
Weine: gemischter Satz - weiß

VINOTOČ VORSIČ (60)

Inhaber: Romana **Vorsič**
Adresse: Polanska 151, **62311 Zg.Hoče**
Telephon: 062/61 10 54

Öffnungszeiten: von Januar bis Dezember; August geschlossen; nur gegen Voranmeldung
Musik: Tonband, Tanzfläche im Untergeschoß
Ausstattung: Innen 35 Plätze (2 Räume), außen einige Plätze
Anbaufläche (ha): 0,5
Busse: Busse und Gesellschaften gegen Voranmeldung
Besonderheiten: Was zuerst als kleines Wohnhaus gedacht war, wurde nach 12jährigem Deutschlandaufenthalt umgewandelt. Es wurde mit Weinbau und einer Champignonzucht begonnen und führte zu einer Buschenschank. Die Atmosphäre des Privathauses wurde beibehalten, das Erdgeschoß wird von den Gästen genutzt, auch das Untergeschoß mit der Tanzfläche. Auch im gepflegten Garten gibt es lauschige Plätze. Meist wird nur für Gesellschaften geöffnet und diese sind nicht an einen Raum gebunden. Das besondere hier ist nicht der Weinbau sondern die Champignonzucht. Der Erdkeller ist zur einen Hälfte Champignonkeller, zur anderen Weinkeller mit einer alten Presse. Die Gäste sind begeistert von der Vielfalt der

Champignonküche von Frau Romana, die bestens Deutsch spricht und auch bei den Soroptimisten aktiv ist. Eine ganz andere Buschenschank. Zu erreichen über Maribor, Richtung Ljubljana, in Sp.Hoče rechts abbiegend, bei der Verkehrsampel Richtung Pohorje, Areh, die Hauptstraße weiter nach Hočko Pohorje zum Gasthaus Merlin, dort links, nach ca. 1 km den Weg hinein, kommt man zu besagtem gepflegten Wohnhaus - ohne Beschilderung.
Speisen: Pogatschen, Topfenpalatschinken, gespicktes Rindfleisch, gefüllte Kalbsbrust und vielerlei Champignonspezialitäten
Weine: gemischter Satz - weiß

VINOTOČ VRECL (61)

Inhaber: Bogomir **Vrecl**
Adresse: Zg.Hoče 19, **62311 Zg.Hoče**
Telephon: 062/61 11 44
Busverbindung: Nr. 13, Maribor-Pohorje, Haltestelle bei

Kapelle - 50 m
Nächster Bahnhof: Maribor, ca. 8 km
Öffnungszeiten: von Januar bis Dezember; Fr, Sa, So, Feiertag; von 12 Uhr bis 22 Uhr; andere Tage gegen Voranmeldung
Ab-Hof-Verkauf: ja; Wein (Flasche), Milch, Kübelfleisch, Fische
Musik: auf Bestellung
Ausstattung: Innen 50 Plätze, außen 50 Plätze
Anbaufläche (ha): 2,5
Wege: Wanderwege auch zum Pohorje
Busse: Busse und Gruppen gegen Voranmeldung
Besonderheiten: Zu diesem bekannten Bauernhof und Weinbaubetrieb gelangt man über Maribor Richtung Ljubljana, in Sp.Hoče bei der Ampel rechts Richtung Pohorje und in Zg.Hoče vor der Kapelle rechts über die kleine Brücke zum großen Bauernhof. Hier wird ab 1996 oberhalb des alten Kellers eine Buschenschank eröffnet. Dieser Bauernhof hat neben vielen Tieren auch einen Fischteich mit Forellen, auch für die Gäste zum Fischen. Der Weingarten wird nur mehr mit Stallmist gedüngt und weitgehend auf Herbizide verzichtet. Bogomir III. führt nun schon den Betrieb, noch fest unterstützt vom Vater, der die Tradition des Weinbaues von seinem Vater Gottfried übernahm. Dieser besuchte 1914-18 die Landwirtschaftliche Schule in Grottenhof und heiratete 1942 hier in Zg.Hoče ein. Früher war auch noch ein Sägewerk und Holzhandel dabei. Im Weinbau können sie schon auf einige Medaillen verweisen, bei den Geschmacksrichtungen bevorzugt der Vater die trockene, der Sohn aber die süße Linie. Der Vater, die Frau und die Schwester sprechen alle Deutsch. Übrigens gibt es auch schon Bogomir IV., der die ersten Gehversuche im Weingarten macht.
Speisen: Aufschnitt, Kübelfleisch, Verhackert, Klobasse, Haussalami, Bauernbrot, Gibanica (auf Bestellung) Koline, Fische
Weine: Sauvignon blanc, Müller Thurgau, Welschriesling, Grüner Sylvaner

VINOTOČ URANJEK (62)

Inhaber: Bogomir **Uranjek**
Vulgoname: **Pri Baronu**
Adresse: Planica 6, **62313 Fram**
Telephon: 062/60 14 45
Busverbindung: Maribor-Fram-Slov.Bistrica, Haltestelle bei Kirche - 6 km
Nächster Bahnhof: Maribor, ca. 18 km
Öffnungszeiten: von Januar bis Dezember; Di, Mi, Do, Fr, Sa, So, Feiertag; von 16 Uhr bis 22 Uhr; Sa, So von 12 Uhr bis 22 Uhr
Musik: auf Bestellung
Ausstattung: Innen 50 Plätze (2 Räume), außen 50 Plätze
Anbaufläche (ha): 0,35
Wege: Wandermöglichkeiten
Busse: Busse und Gesellschaften gegen Voranmeldung
Besonderheiten: Über Maribor Richtung Ljubljana, in Hoče nicht auf die Schnellstraße, der gelben Beschilderung nach Richtung Ljubljana, die Abzweigung rechts Richtung Planica, Fram und nach ca. 3,5 km bei der Kreuzung rechts Richtung Planica, nach ca. 2 km den Berg hinauf bis zum Schild „Vinotoč", die Straße links hinein. Man steht vor einem blitzsauberen Hof, der ruhig gelegen ist, umgeben von Wald und Weingarten. Schon lange wird hier Weinbau betrieben, die Buschenschank seit 5 Jahren. Viele Gäste, auch aus Österreich, kommen nach dem Beeren- und

Pilzesuchen hierher. Auch Reitmöglichkeiten sind gegeben. Der Schäferhund Medo spielt gerne und ist friedlich. Die

Tochter spricht etwas Deutsch, doch bei der liebenswürdigen Art der Hausfrau ist die Sprache kein Problem.
Speisen: Aufschnitt, Klobasse, Haussalami, Verhackert, Gemüse, Topfenaufstrich, Bunka, Kübelfleisch, Geselchtes, Bauernbrot, Essiggemüse, Gibanica, Nußpotitze, Buchteln (auf Bestellung) Koline
Weine: Welschriesling
Edelbrände: Trebernbrand
Angesetzte Schnäpse: Heidelbeerschnaps

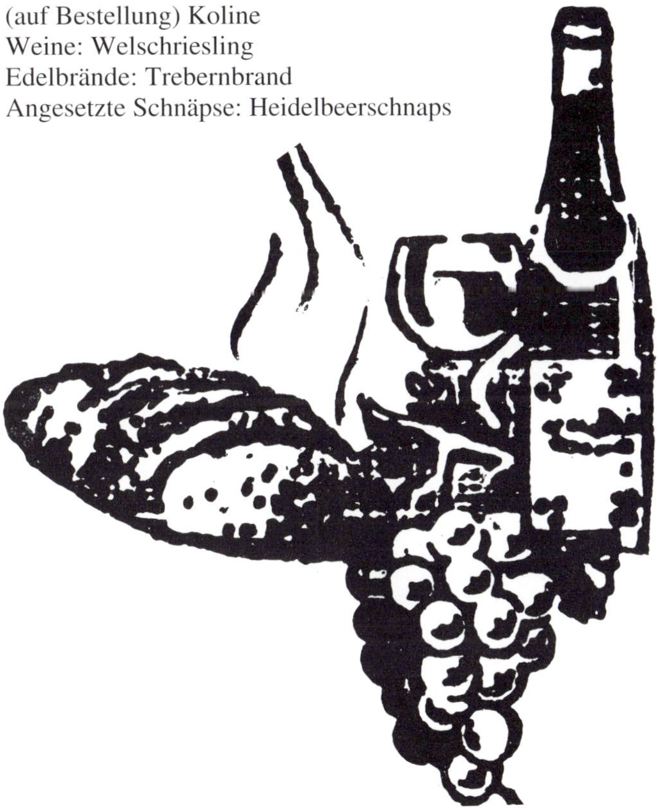

WEINBAUBETRIEB = VINOGRADNIŠTVO

VINOGRADNIŠTVO LEBER (700)

Inhaber: Franc **Leber**
Adresse: Jedlovnik 28, **62201 Zg.Kungota**
Telephon: 062/65 63 71
Ab-Hof-Verkauf: ja; Flaschen- u. Faßwein
Anbaufläche (ha): 3

Besonderheiten: Am Sonntag ist der Tag des Herrn, da wird nicht gearbeitet, daher gibt es auch keine Buschenschank, meint der Hausherr in bestem Deutsch. Dafür gehört der Rest der Woche der Landwirtschaft und dem Weinbau. Seit 1806 ist dieser Hof im Besitz der Familien Leber. Rinder, Schweine, Pferde und der Schäferhund Ali gehören dazu. Im schönen Keller mit über 60 Jahre alten Fässern und Stahltanks lagern Weine aus dem 3 ha großen Weingarten. 2 Familien alt und jung - leben auf diesem Hof, wobei auch die engagierte Tochter Alenka erwähnt sei, die die Winterzeit für besonders kreative Gestecke nützt und mit ihrem Mann fleißigst im Weinbau mithilft. Herr Leber weiß viel von der Gegend, war er doch 1951 der erste Bürgermeister des Ortes und über 30 Jahre in der Gemeinde tätig. Er erzählt auch von den Plänen über die Weinstraßen Plač, Svečina, Sv.Križ und Sv.Urban. Man spürt, daß er seine Heimat liebt. Er führt mich zu den schönsten Aussichtspunkten. So lerne ich auch das in der Nähe liegende markante Haus mit dem Turm kennen, das als Weinmuseum genützt und vom Weinbauern Kren verwaltet wird. Zu erreichen ist er über Spielfeld Richtung Jurij und bei einer Autobushaltestelle gegenüber der Abzweigung Richtung Gaj rechts die Straße hoch und vor einer kleinen Brücke rechts die Schotterstraße wenige Meter bis zum Hof.
Weine: Welschriesling, Rheinriesling, Chardonnay, Weißburgunder, Ruländer, Kerner, Müller Thurgau, Sämling

VINOGRADNIŠTVO GAUBE (701)

Inhaber: Alojz u. Anica **Gaube**
Adresse: Špičnik 17, **62201 Zg.Kungota**
Telephon: 062/65 63 51
Anbaufläche (ha): 6
Besonderheiten: Nähere Angaben über diesen Weinbaubetrieb finden Sie im Artikel „Gaubes 'grenzüberschreitender' Weinkeller".

Weine: Welschriesling, Rheinriesling, Gelber Muskateller, Ruländer, Kerner, Sämling, Chardonnay, Müller Thurgau, Grüner Sylvaner

VINOGRADNIŠTVO HLADE (702)

Inhaber: Dušan **Hlade**
Vulgoname: **Pri Klemenu**
Adresse: Šober 15, **62351 Kamnica**
Telephon: 062/62 14 64
Busverbindung: Nr. 7, Maribor bis Zentrum Kamnica
Nächster Bahnhof: Maribor, ca. 9 km
Öffnungszeiten: von Januar bis Dezember; für Weinkäufer täglich
Ab-Hof-Verkauf: ja; Wein (Flasche und Faß), Äpfel
Anbaufläche (ha): 3
Besonderheiten: Auf einem Hügel mit herrlicher Fernsicht,

dem Pohorje gegenüber, liegt ein gepflegtes Hofensemble. Ein Lindenbaum und ein alter Brunnen stehen vor dem mit wildem Wein bewachsenen Wohnhaus. Ganz verdeckt steht

ein denkmalgeschütztes Holzhaus aus dem Jahre 1894. Neben der Viehzucht wird hier schon seit über 100 Jahren Weinbau betrieben. Auch der Klapotec im Weingarten fehlt nicht. Die Trophäen des jagdbegeisterten Hausherrn sind zu bewundern. Für Weinkäufer gibt es fallweise eine Jause, doch zu einer Buschenschank konnten sie sich noch nicht entschließen. Von Kamnica den Weg wie zu Dobaj-Bobič, nur beim Wegkreuz links, dann 1. Straße rechts, weiter rechts, noch ca. 1 km bis zum Bauernhof.
Speisen: Kübelfleisch, Leberpastete
Weine: Gelber Muskateller, Rheinriesling, Müller Thurgau, Weißburgunder, Kerner
Obst: alte Apfelsorten

VINOGRADNIŠTVO MUKENAUER (703)

Inhaber: Alojz **Mukenauer**
Adresse: Svečina 20, **62201 Zg.Kungota**

Telephon: 062/65 64 91
Anbaufläche (ha): 3,5
Besonderheiten: Dieser Hof mit dem Wohnhaus aus 1873 und dem schönen hohen Keller hat eine lange Obst- und Weinbautradition. Die Oma dieses Hauses wurde in Graz geboren, von den Nachbarn in **Svečina** adoptiert und hat später hier auf diesen Hof geheiratet. Herr Mukenauer spricht natürlich auch Deutsch und verweist stolz auf seine beiden Söhne, wovon einer Kellermeister ist. In dieser herrlichen Lage, direkt unterhalb des „Witscheiner Herrenberges" gelegen, gedeihen beste Weine, wie auch der Nachbar Valdhuber beweist. Klaus Prünte aus Graßnitzberg hat angrenzend einige Weinhänge gepachtet. Die Mukenauers wollen 1996 in Flaschen abzufüllen beginnen. Sie sehen sich als Familienbetrieb und vielleicht gibt es bei den „Jungen" einmal eine Buschenschank. Für Weinkäufer gibt es auch was zum Dazuessen. Die Zufahrt erfolgt über Langegg oder **Šentilj** und im Ort Kungota Richtung **Svečina**, durch den Ort, bei der Kirche rechts halten, beim Schloß vorbei, über eine kleine Brücke und nach wenigen Metern beim Holzschild „Jamnik" nach links, bei der nächsten Kreuzung beim Wegkreuz rechts, bei Valdhuber vorbei und weiter den Berg hinauf bis zum nächsten Bauerngehöft.
Weine: Furmint, Sauvignon blanc, Chardonnay, Weißburgunder, Rheinriesling, Welschriesling, Grüner Sylvaner
Obst: Äpfel

VINOGRADNIŠTVO JOŠT (704)

Inhaber: Stanko **Jošt**
Vulgoname: **Ambroz**
Adresse: Rošpoh 207, **62351 Kamnica**
Telephon: 062/62 15 61
Ab-Hof-Verkauf: ja; Wein (Faß)
Weinkost: auf Anfrage
Musik: Hausherr spielt Ziehharmonika
Anbaufläche (ha): 1
Wege: Wandermöglichkeiten nach Sv.Urban
Besonderheiten: In 450 m Höhe mit einem herrlichen Blick über Kozjak, Sp.Kungota und Slovenske Gorice, liegt dieser Bauernhof. Derzeit gibt es hier nur Weinverkauf, doch

oberhalb des über 300 Jahre alten Weinkellers wird ein Raum für eine später geplante Buschenschank gerichtet. In der Küche zeigt ein Bild den Hausherrn als Harmonikaspieler, denn der Weinbau und das Ziehharmonikaspielen haben hier schon lange Tradition. Ein Weg hierher führt über Spielfeld, in Pesnica vor der Auffahrt zur Schnellstraße rechts Richtung Jurij, Kungota, nach ca. 2 km links, vor einer Brücke bei einer Bushaltestelle und dem Haus Rošpoh 148, die Asphaltstraße hinein, bei nächster Weggabelung halb rechts weiter, nicht nach Kamnica, bis zu einer kleinen Brücke, die erste Straße, eine Schotterstraße links hinein, rechts haltend den Berg hinauf, bei der nächsten Gabelung links und bis ans Ende dieses Weges.
Weine: Welschriesling, Gelber Muskateller, Furmint (Faß), Weißburgunder,

VINOGRADNIŠTVO DRUZOVIČ (705)

Inhaber: Janez **Druzovič**
Adresse: Drbetinci 13, **62255 Vitomarci**
Telephon: 062/75 75 31
Ab-Hof-Verkauf: ja; Wein
Weinkost: gegen Voranmeldung
Anbaufläche (ha): 5
Besonderheiten: Von Mureck oder Bad Radkersburg kommend, fährt man in Lenart vor der Kirche links (von Marburg nach der Kirche rechts), Richtung Ptuj, nach 500 m bei der Gabelung links halten, vom Ortsendeschild „Lenart" ca. 8,5 km bis Trnovska Vas hier bei der Kirche links nach Vitomarci, nach 800 m wieder links, nach ca. 3 km nach einer kleinen Brücke bei einer Kapelle links hinein zum ersten Bauernhof. Dieser Betrieb blickt auf eine über

50jährige Weinbautradition zurück. Die ersten Weinstöcke pflanzte man zur Zeit der Erbauung des über 150 Jahre alten Bauernhofes. Im schönen Gewölbekeller lagern viele mit Medaillen ausgezeichnete Weinflaschen. Er verkauft vorweigend an Gasthäuser, natürlich auch an Privatkunden. Sogar ein Italiener aus Wien kauft immer wieder von ihm. Die Weinlese setzt Herr Druzovič nicht zu früh, meist Mitte Oktober an. So ist er beim 94er Wein mit Weißburgunder und Chardonnay hochzufrieden, beim Welschriesling schien ihm das Jahr 1993 optimaler. So kümmert er sich intensiv

um seinen Weingarten und sieht, daß die Mengenbeschränkung auch die Qualität bringt. Seine Weingärten haben eine besondere Kessellage. Hatte sein Vater früher das Obst unten und den Wein oben angebaut, pflanzte er nun seine Weinstöcke in der Kesselsohle und hatte dadurch den letzten Frost 1978. Die Weinflächen sind verteilt auf die Riede Sv.Anton und die Riede Sv.Andraž.
Weine: Sauvignon blanc, Kerner, Welschriesling, Rheinriesling, Furmint, Blaufränkischer, Gelber Muskateller, Chardonnay, „Stajerčan" - Cuveé, Traminer, Weißburgunder, Ruländer

VINOGRADNIŠTVO KUPLJEN (706)

Inhaber: Franc u. Vlado **Kupljen**
Adresse: Okoslavci 8, **69244 Videm ob Ščavnici**
Telephon: 069/68 78 3 oder 069/68 59 8
Anbaufläche (ha): 7
Besonderheiten: Diesen bekannten Weinbaubetrieb erreicht man über G.Radgona Richtung Murska Sobota, in Radenci geradeaus weiter, nach ca. 500 m über die Brücke rechts nach Kapela, an der Kirche vorbei, Richtung Videm und im Ort Okoslavci sieht man rechts das Schild das den links gelegenen Hof, aus mehreren Häusern bestehend, anzeigt. Aus einer bekannten Weinbauernfamilie stammen die Brüder Franc und Vlado und sie führen den Betrieb mit

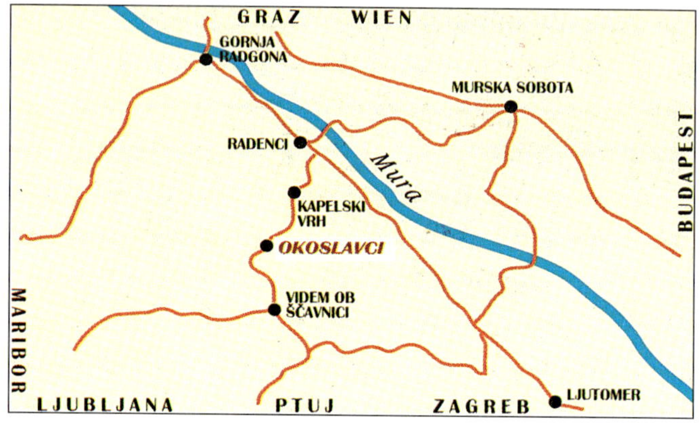

Traditionsbewußtsein und sammeln Medaillen für ihre Weine. Auch einen Preis für den schön renovierten Bauernhof im Gebiet G.Radgona bekamen sie von kurzem. Ihr Weinetikett ziert ein besonderer Vogel - Stinkvogel oder Wiedehopf genannt, der als Schutzpatron für diesen Ort gilt.

In 3 Weinkellern lagern Fässer und Flaschen, der älteste Gewölbekeller ist 120 Jahre alt. Im Verkostraum mit Kachelofen werden Weinkäufer auch mit Aufschnitt oder einer Gibanica verwöhnt.
Weine: Rheinriesling, Welschriesling, Weißburgunder, Chardonnay, Traminer, Sauvignon blanc, Furmint, Grüner Sylvaner

VINOGRADNIŠTVO JAUNIG (707)

Inhaber: Dušan **Jaunig**
Adresse: Ob Blažovnici 76, **62341 Limbuš**
Telephon: 062/63 21 09
Ab-Hof-Verkauf: ja; gegen Voranmeldung
Anbaufläche (ha): 1
Besonderheiten: Schon das Weinetikett weist auf seinen eigentlichen Beruf - das Schifahren. Hier finden wir den

Skitrainer der Slowenischen Nationalmannschaft als Weinbauern. Er zeigt Fotos von der Weinlese mit seinen Skifreunden, auch Bojan Križaj ist mit dabei. Neben Meranovo, in herrlicher Lage, bestem Boden und Klima, möchte er auch beim Wein Medaillen machen. Vielleicht kommt auch eine Buschenschank im 300 Jahre alten Haus der Mutter, mitten im Ort Limbuš. Zu erreichen von Marburg die Schnellstraße Richtung Ljubljana, nach einer Tankstelle rechts zum Schloß Betnava, dort vorbei, bei der Gabelung rechts, weiter geradeaus, auch bei der nächsten Kreuzung gerade, durch den Ort Pekre, in Limbuš links über die Brücke, wieder links Richtung Meranovo, liegt nach knappen 2 km rechts beim Wald das Haus mit Terrasse, daneben der Weingarten.
Weine: Rheinriesling, gemischter Satz - weiß

VINOGRADNIŠTVO ČURIN (708)

Inhaber: Stanko **Čurin**
Adresse: Kog 15, **62276 Kog**
Telephon: 062/71 60 46 oder 062/71 70 39
Fax: 062/71 70 37
Öffnungszeiten: von Januar bis Dezember; nur gegen telephonische Voranmeldung
Ab-Hof-Verkauf: ja
Weinkost: gegen Voranmeldung
Anbaufläche (ha): 10
Besonderheiten: Diesen, zu den mit größten und bekanntesten privaten Weinbauern gehörenden Betrieb, erreicht man entweder über Maribor, Ptuj, Ormož, Richtung Ljutomer, weiter rechts die Straße über Miklavž, Vuzmetinci, nach ca. 1 km rechts nach Kog, wo der Weinkeller beschriftet ist. Eine andere Möglichkeit hierher zu kommen besteht über G.Radgona, Radenci, Ljutomer, Richtung Lendava, nach ca. 4 km bei Stročja Vas rechts Richtung Središče ob Dravi. Er ist der Vorreiter des privaten Weinbaues, besonders in dieser Region war er der erste, der in Flaschen füllte. Seit einigen Jahren führt er den Weinbaubetrieb mit seinem Schwiegersohn, daher Čurin-Prapotnik. Alle sprechen etwas Deutsch, Herr Čurin bestens. Weiteres lesen Sie in einem gesonderten Artikel in diesem Buch.
Weine: Welschriesling, Furmint, Rheinriesling, Sauvignon blanc, Weißburgunder, Traminer, Gelber Muskateller, Ruländer, Blauburgunder, Bouvier, Ranina
Fruchtweine: Sauerkirschenwein

VINOGRADNIŠTVO JANEŽIČ (709)

Inhaber: Gustek **Janežič**
Adresse: Vinski Vrh 38, **62275 Miklavž**
Telephon: 062/71 61 07
Ab-Hof-Verkauf: ja
Weinkost: gegen Voranmeldung
Anbaufläche (ha): 4
Besonderheiten: Ein allseits bekanntes Weingut auf einem wunderschönen Kogel gelegen, mit einem alten Weinkeller. Beste Weine lagern in den Fässern, wobei er lieber unfiltrierten Faßwein verkauft als Flaschen. Die vielen Auszeichnungen sprechen für seine sortentypischen Weine. Zu erreichen über Maribor, Ptuj, Ormož, Richtung Ljutomer über die Bahngeleise und rechts nach Miklavž geht nach ca. 3 km vor einer Kurve links die Straße auf den Hügel. Mehr über Gustek Janežič erfahren Sie im Sonderartikel in diesem Buch.
Weine: Furmint, Welschriesling, Weißburgunder, Sauvignon blanc

VINOGRADNIŠTVO VREZNER (710)

Inhaber: Franc **Vrezner**
Adresse: Grušena 12b, **62201 Zg.Kungota (Jurij ob Pesnici)**
Telephon: 062/31 35 9
Ab-Hof-Verkauf: ja; Wein (Flasche)

1921

Weinkost: auf Anfrage
Anbaufläche (ha): 2
Besonderheiten: Als Chef des Weinbauverbandes Maribor bestens bekannt, bewirtschaftet er selbst 2 ha Weingarten in Grušena. Aus einer alten Weinbauernfamilie stammend, trat er in die Fußstapfen der Eltern, obwohl sein Beruf Maschinentechniker ist. Er begann vor fast 5 Jahren mit der Flaschenfüllung und kann auf einige Medaillen verweisen. Ebenfalls bekannte Weinbauern sind seine Cousins Danilo Vračko und Jurij Hlupič. Ganz einfach zu finden von Spielfeld Richtung Maribor, Abfahrt Kungota/Jurij und in Jurij beim Gasthof Vračko ca. 1 km den Berg hinauf.
Weine: Welschriesling, Rheinriesling, Sauvignon blanc, Weißburgunder, Sämling (Flasche)

VINOGRADNIŠTVO KUPLJEN (711)

Inhaber: Jože **Kupljen**
Vulgoname: **Mon Royal**
Adresse: Svetinje-Mihalovci, **62259 Ivanjkovci**
Telephon: 062/71 41 28 oder 062/71 40 15 (Taverna)
Fax: 062/71 41 28
Öffnungszeiten: von Januar bis Dezember; nur gegen Voranmeldung
Ab-Hof-Verkauf: ja; Vinothek
Weinkost: ja, besondere Degustationen (auch in Deutsch)
Zimmer: 12 im Restaurant „Taverna" (D,H,G), Gästewohnung: 3 Zimmer - „Mon Royal"
Anbaufläche (ha): 11
Busse: gegen Voranmeldung
Parkplatz:ja
Besonderheiten: Er gehört unbestritten mit zu den größten privaten, slowenischen Weinbauern. Er bewirtschaftet 11 ha Weingarten, führt ein Lokal Taverna, eine Vinothek, einen großen Weinkeller, ein Weinarchiv, eine Weinakademie, eine Weinbank und eine Art Weinkathedrale. Doch näheres erfahren Sie im Sonderartikel. Zu erreichen entweder über Maribor, Ptuj, Ormož, Richtung Ljutomer über die Bahn links, nach ca. 3,5 km rechts nach Mihalovci und Svetinje rechts oder über G.Radgona, Ljutomer, Jeruzalem, bei der Taverna Kupljen vorbei nach Svetinje, kommt man zu diesem unübersehbaren Besitz.
Weine: Rheinriesling, Chardonnay, Welschriesling, Furmint, Weißburgunder, Sauvignon blanc, Kerner, Gelber Muskateller, Ruländer, Blauburgunder

BAUERNTOURISMUS = KMEČKI TURIZEM

KMEČKI TURIZEM MAK (1100)

Inhaber: Vlado u. Majda **Mak**
Adresse: Vodole 3, **62000 Maribor**
Telephon: 062/51 49 78
Busverbindung: ab Bhf. Maribor - Haltestelle Pizzeria „Črni Baron" - 2 km
Nächster Bahnhof: Maribor - 4 km
Öffnungszeiten: von Januar bis Dezember; Fr, Sa, So, Feiertag; von 15 Uhr bis 22 Uhr
Ab-Hof-Verkauf: ja; Wein, Fleisch, Würste, Mehlspeisen
Weinkost: ja, gegen Voranmeldung
Musik: auf Bestellung
Ausstattung: Innen 90 Plätze, außen 30 Plätze
Anbaufläche (ha): 5
Wege: viele Wandermöglichkeiten
Busse: gegen Voranmeldung
Sturm: ja

Kastanien: ja
Parkplatz:ja
Besonderheiten: Obwohl Mak auf Deutsch Mohn heißt, pflanzt er diesen nicht an, sondern ist seit 17 Jahren mit Leib und Seele Weinbauer. Seine Spezialitäten sind der gelbe Muskateller und der Meßwein, von der Geistlichkeit selbst ausgewählt - auch in Marburg in der wahrscheinlich einzigen „Weinbuchhandlung" Sloweniens zu kaufen. Zu den Spezialitäten der Hausfrau gehören die Gibanica und das im Kachelbrotbackofen gebackene Brot. Der Bauernhof ist auf einem Kogel mit herrlicher Rundumsicht gelegen. Die Zufahrt erfolgt über die Schnellstraße Maribor, Abfahrt Maribor Center, links über die Draubrücke Richtung

Ljubljana, Zagreb, 1. Abfahrt rechts, weiter rechts die Drau entlang, beim „Gasilski Dom“ (Feuerwehrhaus) links dem Schild nach über die Brücke, dann rechts bis zur Pizzeria, dort links Richtung Gorca und links den Schildern „Vinska Cesta“ nach.
Speisen: Klobasse, Verhackert, Kübelfleisch, Gibanica, Aufschnitt, Bauernbrot
Weine: Rheinriesling, Welschriesling, Weißburgunder, gemischter Satz - weiß (Faß)
Edelbrände: Slibowitz
Fruchtsaft: Apfelsaft

KMEČKI TURIZEM BRAČKO (1101)

Inhaber: Anton u. Frida **Bračko**
Adresse: Vodole 5, **62000 Maribor**
Telephon: 062/51 42 43 oder 51 44 64
Busverbindung: ab Bhf. Maribor - Haltestelle Pizzeria „Črni Baron“ - 2 km
Nächster Bahnhof: Maribor - 5 km
Öffnungszeiten: von Januar bis Dezember; Fr, Sa, So, Feiertag; von 15 Uhr bis 22 Uhr; Mo, Di, Mi, Do auch gegen Voranmeldung
Ab-Hof-Verkauf: ja; Wein, Fleisch, Würste, Obst
Weinkost: ja, kommentiert, gegen Voranmeldung
Musik: auf Bestellung
Ausstattung: Innen 90 Plätze, außen 40 Plätze
Zimmer: 2x1, 2x2; NF, HP
Anbaufläche (ha): 3,5
Wege: viele Wandermöglichkeiten
Busse: und Gruppen gegen Voranmeldung
Spielplatz: ja
Sturm: ja
Kastanien: ja
Parkplatz:ja
Besonderheiten: Von Österreich kommend erreicht man diese Buschenschank am besten über die Schnellstraße Maribor, Abfahrt Maribor Center, dann vor der Kirche links Richtung Ljubljana, Zagreb über die Draubrücke, 1. Abfahrt rechts, weiter rechts die Drau entlang, beim „Gasilski Dom“ (Feuerwehrhaus) links dem Schild „Vinska Cesta“ nach über die Brücke, rechts bis zur Pizzeria „Črni Baron“, dann links Richtung Gorca und weiter links die Vinska Cesta, der Beschilderung nach. Viele Gäste aus Österreich, Deutschland und Slowenien, auch Vereine treffen sich auf diesem am „Vodolski Hrib“ gelegenen Familienbetrieb. Die Bračkos gehören mit zu den ältesten Familien dieser Gegend, der

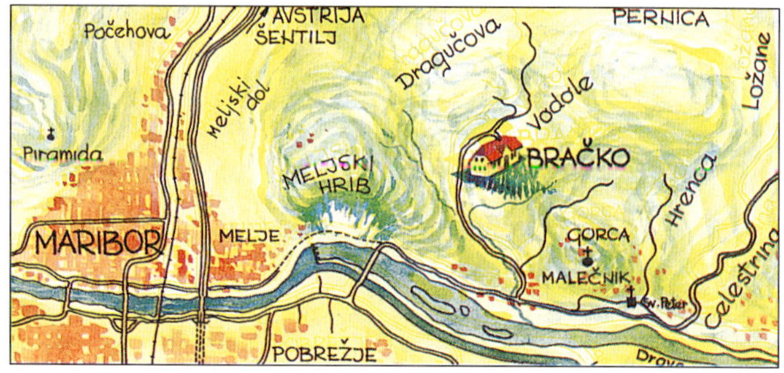

Großvater war Bürgermeister. Herr Bračko, der übrigens bestens deutsch spricht, ist stolz auf seine vielen Medaillen der diversen Weinmessen. Kein Wunder, hat er doch viele Jahre bei Lenz Moser im Keller gearbeitet. Auch Frau

Bračko kann mit einer Besonderheit aufwarten - sie wurde Vizemeisterin im Potizenbacken beim Slowenischen Bundeswettbewerb.

Speisen: Aufschnitt, Klobasse, Verhackert, Gibanica, Haussalami, Sir, Bauernbrot, warme Speisen, Klassische Küche, Bratwurst mit Sauerkraut
Weine: Rheinriesling, Welschriesling, Kerner, Weißburgunder, Gelber Muskateller, Chardonnay
Obst: Äpfel, Pfirsiche, Marillen
Fleisch: Kübelfleisch, Schweinefleisch
Wurst: Klobasse

KMEČKI TURIZEM PROTNER (1102)

Inhaber: Franc **Protner**
Adresse: Dragučova 65, **62231 Pernica**
Telephon: 062/51 22 76
Nächster Bahnhof: Marburg - 5 km
Öffnungszeiten: von Januar bis Dezember; Fr, Sa, So, Feiertag; von 15 Uhr bis 22 Uhr; wochentags gegen Voranmeldung
Ab-Hof-Verkauf: ja; Wein, Fleisch, Obst, Fruchtsaft, Edelbrände
Weinkost: ja, gegen Voranmeldung
Musik: auf Bestellung
Ausstattung: Innen 100 Plätze, außen 50 Plätze (Terrasse)
Anbaufläche (ha): 7
Wege: Wandermöglichkeiten
Busse: Busse und Gruppen gegen Voranmeldung, auch wochentags
Spielplatz: ja
Sturm: ja
Kastanien: ja

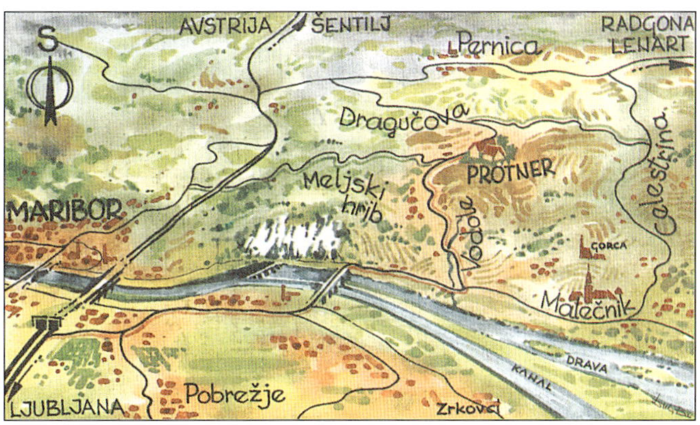

Besonderheiten: Das Bauerngehöft Protner liegt in einer idyllischen Landschaft mit herrlicher Aussicht auf das Drautal, Donačka Gora, Pohorje und Urban. Sie betreiben seit Generationen Weinbau, seit 25 Jahren intensiv und hatten die erste Buschenschank in dieser Gegend. Auf 1,5 ha werden zusätzlich noch Äpfel und Pfirsiche angebaut. In dieser fleißigen Familie sind - wie meist - die Frauen für die Küche und die Männer für den Wein- und Obstbau zuständig - doch wenn es darauf ankommt machen alle alles. Vater Protner ist ein äußerst kommunikativer Mensch und weiß viele Geschichten zu erzählen, auch auf Deutsch. Zu erreichen von Österreich über die Schnellstraße Maribor, Abfahrt Maribor Center, vor der Kirche links Richtung Ljubljana, Zagreb über die Draubrücke, 1. Abfahrt rechts, wieder rechts die Drau entlang, beim „Gasilski Dom" (Feuerwehrhaus) links dem Schild „Vinska Cesta" nach über die Brücke, rechts bis zur Pizzeria, dann links Richtung Gorca, weiter links die Vinska Cesta, der Beschilderung nach.
Speisen: Kübelfleisch, Verhackert, Aufschnitt, Klobasse, Rohschinken, Gibanica, Bauernbrot
Weine: Kerner, Welschriesling, Chardonnay, Ruländer, Sauvignon blanc, Rheinriesling, Muskat Ottonel
Edelbrände: Slibowitz, Trebernbrand
Fruchtsaft: Apfelsaft
Obst: Äpfel, Pfirsiche
Fleisch: Verhackert

KMEČKI TURIZEM ANDERLIČ (1103)

Inhaber: Emanuel u. Sonja **Anderlič**
Adresse: Meljski Hrib 37a, **62000 Maribor**
Telephon: 062/29 22 5
Busverbindung: Bhf. Maribor - 3 km
Nächster Bahnhof: Maribor - 3 km
Öffnungszeiten: Fr, Sa, So, Feiertag; von 12 Uhr bis 23 Uhr; Mo, Di, Mi, Do gegen Voranmeldung
Ab-Hof-Verkauf: ja; Wein
Weinkost: gegen Voranmeldung
Musik: auf Bestellung
Ausstattung: Innen 40 Plätze (ab 1996 - 100 Plätze), außen 60 Plätze
Anbaufläche (ha): 6
Wege: Wandermöglichkeiten
Busse: ab 1996 gegen Voranmeldung
Sturm: ja
Kastanien: ja
Besonderheiten: Oberhalb von Maribor, auf einem Hügel, liegt dieser Wein- und Obstbaubetrieb, der seit 1970 als

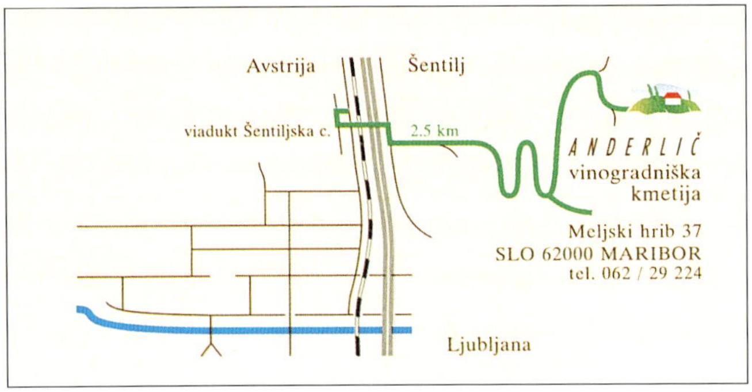

Familienbetrieb besteht und ständig erweitert wird. Gemütlich sitzt man in der hellen Holzstube oder im Freien neben dem Weingarten, mit herrlichem Rundumblick. Sollten einmal Flugzeuge tiefer fliegen, sind es sicher die Piloten der Swissair, die gerne hier zu Gast sind. Das eigene Buschenschankhaus ist im Ausbau, soll 1996 fertig werden und somit ist auch Platz für Busgäste. Zu erreichen von Österreich über die alte Einfahrt nach Maribor, vor dem Bahnhof rechts die Straße über ein Viadukt und die Bahn der Beschilderung nach ca. 2,5 km.
Speisen: Aufschnitt, Kübelfleisch, Verhackert, Klobasse, Sir, Bauernbrot, Gibanica, Liptauer, Zunge, Essiggurkerl, Essigpaprika, Essigpilze, Blutwurst (im Herbst), Klassische Küche (auf Bestellung)
Weine: Welschriesling, Rheinriesling, Grüner Sylvaner, Weißburgunder, Chardonnay, Muskateller, Kerner, Müller Thurgau
Edelbrände: Birnenschnaps, Trebernbrand, Weichselschnaps
Angesetzte Schnäpse: Heidelbeerschnaps, Weintraubenschnaps
Fruchtsaft: Apfelsaft, Traubensaft

KMEČKI TURIZEM ANDERLIČ (1104)

Inhaber: Franc u. Tamara **Anderlič**
Adresse: Meljski Hrib 37, **62000 Maribor**
Telephon: 062/29 22 4
Öffnungszeiten: von Januar bis Dezember; Di, Mi, Do, Fr, Sa, So, Feiertag; von 13 Uhr bis 22 Uhr
Ab-Hof-Verkauf: ja; Wein
Weinkost: ja, gegen Voranmeldung, kommentiert
Ausstattung: Innen 80 Plätze, außen 50 Plätze
Zimmer: im Ausbau (1996)
Anbaufläche (ha): 10
Wege: viele Wandermöglichkeiten
Busse: Busse und Gruppen gegen Voranmeldung
Spielplatz: ja
Sturm: ja
Kastanien: ja

Parkplatz:ja
Besonderheiten: Selten gibt es Städte wie Maribor, deren Weingärten bis ins Stadtgebiet reichen. In den Hügeln am östlichen Stadtrand am Meljski Hrib liegt das Weingut Anderlic. Sie erreichen es, von Spielfeld kommend, über die alte Stadteinfahrt (Abfahrt Jurij/Kungota/G.Radgona), dann Abzweigung Maribor. Kurz vor dem Bahnhof Maribor zweigt rechts eine Straße ab, die über ein Viadukt über die Bahn und die Autobahn in die Weinberge führt. Der Beschilderung folgend erreicht man nach ca. 2 km das Weingut, mit herrlichem Blick auf Stadt und Umgebung gelegen. Der Familienbetrieb bewirtschaftet 10 ha bestens gepflegte Weingärten am Meljski Hrib und in Pekel, 5 ha sind zusätzlich im Ausbau. Für Weinbau und Marketing sind Franc und Borut zuständig, Frau Karolina und Tochter Tamara für den kulinarischen Teil. Auch die deutsche Sprache ist hier kein Problem.
Speisen: Aufschnitt, Kübelfleisch, Verhackert, Bauernbrot, Liptauer, Klobasse, Sir, Gibanica, Essigpilze, Essiggemüse, Gemüse, Weinplatte (mit Prosciutto und Käse), warme Speisen auf Bestellung, Klassische Küche, Koline, Rohgemüseteller
Weine: Welschriesling, Rheinriesling, Weißburgunder, Ruländer, Sauvignon blanc, Chardonnay, Muskat Ottonel, Traminer
Edelbrände: Weinbrand, Trebernbrand, Weintraubenschnaps
Fruchtsaft: Apfelsaft

KMEČKI TURIZEM KMETEC (1105)

Inhaber: Dušan **Kmetec**
Adresse: Počehova 71, **62211 Pesnica**
Telephon: 062/65 55 05
Busverbindung: Maribor und Kungota/Jurij, Haltestelle Kapelle Počehova - 800 m
Nächster Bahnhof: Maribor - 6 km
Öffnungszeiten: von Januar bis Dezember; Fr, Sa, So; von 9 Uhr bis 23 Uhr
Ab-Hof-Verkauf: ja; Wein
Ausstattung: Innen 80 Plätze (2 Räume), außen 20 Plätze
Zimmer: im Ausbau
Anbaufläche (ha): 1
Wege: Wandermöglichkeiten
Busse: gegen Voranmeldung
Spielplatz: ja
Sturm: ja
Kastanien: ja
Besonderheiten: Seit 1 Jahr besteht hier die Buschenschank von Mutter Hermina aufgebaut und nun vom Sohn weitergeführt. Sie unterhält sich gerne mit den Gästen und ist stets gut gelaunt. Auf dem danebenliegenden Bauernhof findet man Schweine, Hühner, Gänse, Hund und Katzen. Zu erreichen über Spielfeld Richtung Maribor, Abzweigung Jurij, nach ca. 100 m bei der Kapelle links, die nächste Straße wieder links, weiter den Schildern nach.
Speisen: Aufschnitt, Kübelfleisch, Verhackert, Bauernbrot, Gibanica, Klobasse, Stelze, warme Speisen auf Bestellung, Klassische Küche
Weine: Welschriesling, Weißburgunder
Fruchtsaft: Apfelsaft, Traubensaft

KMEČKI TURIZEM LEBER (1106)

Inhaber: Jakob u. Poldika **Leber**
Adresse: Podigrač 19, **62201 Zg.Kungota**
Telephon: 062/65 13 07
Busverbindung: Bhf. Maribor - Plač - 2 km
Öffnungszeiten: von Januar bis Dezember; Mo, Di, Mi, Do, Fr, Sa, So; von 14 Uhr bis 23 Uhr
Ab-Hof-Verkauf: ja; Wein
Weinkost: gegen Voranmeldung
Ausstattung: Innen 50-60 Plätze (2 Räume), außen 20 Plätze
Anbaufläche (ha): 3
Sturm: fallweise
Kastanien: fallweise
Besonderheiten: Seit vielen Jahrzehnten wird hier Weinbau betrieben. Beim Vater lag das Schwergewicht beim Obstbau, doch der Sohn stellte mehr auf Weinbau um. Die herrliche Lage, inmitten von Weingärten mit Blick auf Plač und die südsteirische Weinstraße, verleitet zum Sitzenbleiben und genießen. Zu erreichen über Spielfeld, Pesnica, Abzweigung Kungota, im Ort rechts Richtung Krasnica, Schild „Buschenschank Holer", dort vorbei und nach der Buschenschank Polc die nächste Straße links nach Plač, nach ca. 1km rechts die Straße zum Bauernhof hinein.
Speisen: Aufschnitt, Kübelfleisch, Verhackert, Bauernbrot, Rohgemüseteller, Preßwurst, Haussalami, Leberpastete, luftgetrocknetes Schweinsfischerl, Gibanica, Nußpotitze, Buchteln (am Wochenende), warme Speisen auf Bestellung, Klassische Küche, Strudel
Weine: Welschriesling, Weißburgunder, Sauvignon blanc, Rheinriesling
Fruchtsaft: Apfelsaft

KMEČKI TURIZEM BRUNČEK (1107)

Inhaber: Franc **Brunček**
Adresse: Rošpoh 212, **62351 Kamnica**

Telephon: 062/62 14 42
Busverbindung: Linie 7 ab Bhf. Maribor, Haltestelle Rošpoh
Nächster Bahnhof: Maribor - 5 km
Öffnungszeiten: von Januar bis Dezember; Do, Fr, Sa, So, Feiertag; von 12 Uhr bis 23 Uhr; andere Tage gegen Voranmeldung
Ab-Hof-Verkauf: ja; Wein (Faß), Slibowitz
Musik: Hausherr spielt Ziehharmonika (auf Bestellung)
Ausstattung: Innen 130 Plätze, außen 60 Plätze
Anbaufläche (ha): 2,5
Wege: Markierte Wanderwege von Maribor Richtung Dravograd, 1 Stempelstelle für Wanderer

Busse: Busse und Gesellschaften gegen Voranmeldung
Spielplatz: im Ausbau
Sturm: ja
Kastanien: ja
Parkplatz:ja
Besonderheiten: Zu erreichen von Marburg Richtung Dravograd bis Kamnica, bei der Kirche rechts dem Schild Richtung Sv.Urban das Rošpoh Tal entlang, nach ca. 3 km links dem Schild zur Buschenschank nach, steil den Berg hinauf. Das junge Ehepaar mit dem kleinen Sohn Urban, am Fuße des „Heiligen Urban", führt seit 1985 die Familientradition des Weinbaues fort. Wein von Lagen über 50% Hangneigung lagert er im alten Faßkeller und im neuen Keller in Edelstahltanks. Beim 1 x im Monat stattfindenden Handwerksmarkt in Maribor ist er auch mit Wein, belegten Broten und Gibanica vertreten. Auch als Bergsteiger ist er aktiv und geht mit Freunden aus Österreich auf so manche Tour. Der Euroweg - Slovenska Planinska Transverzala von Maribor nach Koper geht bei ihm vorbei. Er spricht bestens Deutsch.

Speisen: Aufschnitt, Kübelfleisch, Klobasse, Verhackert, Leberpastete, Haussalami, luftgetrocknetes Fleisch, Gibanica, selbstgemachtes Eis, warme Speisen auf Bestellung, Klassische Küche
Weine: Furmint, Chardonnay, Gelber Muskateller, Rheinriesling
Verkaufstellen: 1 x im Monat Handwerksmarkt in Maribor (am Trg Svobode), 1 Woche lang
Edelbrände: Slibowitz
Angesetzte Schnäpse: Heidelbeerschnaps

KMEČKI TURIZEM GRIČ-VERDNIK (1108)

Inhaber: Milica **Verdnik** (früher **Klaneček**)
Vulgoname: **Pri Osetu**
Adresse: Rošpoh 71, **62351 Kamnica**
Telephon: 062/62 14 15
Busverbindung: Linie 7 ab Bhf. Maribor, Haltestelle Rošpoh
Nächster Bahnhof: Maribor - 5 km
Öffnungszeiten: von Januar bis Dezember; Mo, Di, Mi, Do, Fr, Sa, So; von 9 Uhr bis 22 Uhr
Ab-Hof-Verkauf: ja; Wein, getrocknetes Obst
Musik: auf Bestellung
Ausstattung: Innen 50 Plätze, außen 100 Plätze
Anbaufläche (ha): 1,6
Wege: Wanderwege (rot-weiß markiert)
Busse: Busse und Gesellschaften gegen Voranmeldung
Sturm: ja
Kastanien: ja
Besonderheiten: Seit Herbst 1994 führt die Bauernfamilie Grič dieses bisher unter Klaneček bekannte Haus. Ihr Anliegen ist es, slowenische Spezialitäten auf den Tisch zu bringen, aber auch „Röhrlsalat" oder Pilzgerichte. Sie versuchen die Natur zu nützen. Gleich beim Eingang steht die aus dem Jahre 1887 stammende Presse, die noch in

Verwendung ist. Bis zum Herbst 1995 sollen auch in der Stube die Holztäfelung und der Kachelofen fertig sein. Der Sohn spricht Deutsch. Die Lage auf einem kleinen Hügel bietet einen herrlichen Rundumblick von der Hl. Urban-Kirche zum Bacherngebirge bis zur Südsteirischen Weinstraße. Über Maribor, Richtung Dravograd, in Kamnica bei der Kirche rechts ca. 3 km bis zur Kapelle, rechts dem Schild „Klaneček-Grič" nach, zu erreichen.
Speisen: Bauernbrot, Kübelfleisch, Klobasse, Leberpastete,

Geselchtes, Rettichsalat (mit Kernöl), Gibanica, Nußpotitze (am Wochenende), warme Speisen auf Bestellung, Klassische Küche, Koline, Pilzsuppe mit Heidensterz
Weine: Gelber Muskateller, Rheinriesling, Chardonnay, Welschriesling, Traminer, gemischter Satz - weiß
Edelbrände: Slibowitz
Angesetzte Schnäpse: Heidelbeerschnaps
Fruchtsaft: Apfelsaft
Obst: getrocknetes Obst, Äpfel, Birnen, Marillen, Pfirsiche
Kräuter: für Tee (Kamille, Holunder, Hagebutten)

KMEČKI TURIZEM LORBEK (1109)

Inhaber: Familie **Lorbek**
Vulgoname: **Sabnik**
Adresse: Pod Urbanom 18, **62351 Kamnica**
Telephon: 062/62 13 03
Busverbindung: Nr. 7 - Haltestelle Krivec Urban, ca. 3 km
Nächster Bahnhof: Maribor, ca. 8 km
Öffnungszeiten: von Januar bis Dezember; Fr, Sa, So; von 15 Uhr bis 22 Uhr; Sa, So von 9 bis 22 Uhr; andere Tage gegen Voranmeldung
Ab-Hof-Verkauf: Apfelschnaps, Slibowitz

Musik: auf Anmeldung
Ausstattung: Innen 50 Plätze, außen 60 Plätze
Anbaufläche (ha): 1
Wege: viele Wandermöglichkeiten wie zu Sv.Urban oder
Busse: ja, gegen Voranmeldung, Anfahrt über Brestrnica
Spielplatz: ja
Sturm: ja
Kastanien: ja
Besonderheiten: Dieses schöne Hofensemble, um einen Innenhof gebaut, mit einem über 200 Jahre alten Preßhaus, steht unterhalb der Kirche mit überwältigendem Blick auf Maribor, Kamnica, Pohorje und Slov.Gorice. Der Weinbau ist seit dem 19.Jahrhundert bei dem Haus dabei. Am Bauernhof mit Schweinen, Rindern, Hühnern, 7 Katzen und einem Hund, in den Weingärten und in der Buschenschank arbeiten alle alles - wie Tochter Petra erzählt. Am 21. Mai wandern viele Gäste, auch prominente Marburger, zur Kirche Sv.Urban und kehren anschließend in dieser Buschenschank ein. Zu erreichen über Maribor Richtung Dravograd, im Ort Kamnica beim Kreisverkehr rechts nach Rospoh ca. 2km bis zur Bushaltestelle und dort den Holzschildern nach links den Berg hinan und kurz vor Sv.Urban liegt links dieser Hof.
Speisen: Aufschnitt, Kübelfleisch, Verhackert, Klobasse, Sir, Topfenaufstrich, Bauernbrot, Gibanica, Nußpotitze (am Wochenende), warme Speisen auf Bestellung, klassische Küche
Weine: gemischter Satz - weiß
Edelbrände: Slibowitz, Apfelschnaps
Most: Apfelmost

KMEČKI TURIZEM KRAMPL (1110)

Inhaber: Anica u. Janez **Krampl**
Vulgoname: **Janč**

Adresse: Šober 7, **62351 Kamnica**
Telephon: 062/62 18 82
Busverbindung: Nr. 7, Haltestelle Krivec Urban, ca. 4 km
Nächster Bahnhof: Maribor, ca. 9 km
Öffnungszeiten: von Januar bis Dezember; von 10 Uhr bis 22 Uhr; wochentags gegen Voranmeldung
Weinkost: auf Anfrage
Musik: auf Anfrage
Ausstattung: Innen 80 Plätze (2 Räume), außen 50 Plätze
Zimmer: im Ausbau
Anbaufläche (ha): 1,5
Wege: viele Wandermöglichkeiten, auch von Leutschach über Sv.Križ nach Sv.Urban
Busse: gegen Voranmeldung, Straße über Brestrnica und

Bild links: bei Berlinger, Bild rechts: St. Urban

Šober
Spielplatz: im Ausbau
Sturm: ja
Kastanien: ja
Besonderheiten: „Lustig geht es hier zu, wenn die Musik spielt und die Leute nach dem Kirchgang an den Wandertagen am 1. und 25. Mai hier einkehren", erzählt Frau Anica, die bestens Deutsch spricht. Im Freien genießt man einen herrlichen Weitblick. Im Inneren sitzt man gemütlich im Raum, aus alten Faßdauben gezimmert, oder beim grünen, mit Weinlaub verzierten Kachelofen. Zu erreichen von Maribor, Richtung Dravograd, in Kamnica beim Kreisverkehr rechts, bei der Bushaltestelle links den Berg hoch, den Holzschildern nach, unter der Kirche Sv.Urban weiter, liegt weithin sichtbar dieser Hof. Für Busse besteht eine Zufahrt über Brestrnica, Richtung Sv.Križ und bei der Kreuzung vor Sv.Križ nach rechts.
Speisen: Aufschnitt, Kübelfleisch, Verhackert, Klobasse, Leberpastete, Bauernbrot, Gibanica (am Wochenende), warme Speisen auf Bestellung, Klassische Küche, gefüllter Kalbsbraten, Backhuhn, Wildgerichte, Blutwurst
Weine: Weißburgunder, Rheinriesling
Edelbrände: Slibowitz

KMEČKI TURIZEM DOBAJ (1111)

Inhaber: Ivan **Dobaj**
Vulgoname: **Bobič**
Adresse: Šober 12, **62351 Kamnica**
Telephon: 062/62 10 02

Busverbindung: Nr. 7 Bhf. Maribor-Kamnica Zentrum, ca. 4 km
Nächster Bahnhof: Maribor, ca. 7 km
Öffnungszeiten: von Januar bis Dezember; Fr, Sa, So, Feiertag; von 10 Uhr bis 22 Uhr
Ab-Hof-Verkauf: ja; Wein
Ausstattung: Innen 40 Plätze, außen 40 Plätze
Anbaufläche (ha): 1
Wege: viele Wandermöglichkeiten
Busse: Kleinbusse u. Gesellschaften gegen Voranmeldung
Spielplatz: ja
Besonderheiten: Der Name Dobaj ist über 150 Jahre alt, das Haus über 100, das Alter des schönen Kastanienbaumes steht nicht fest. Bei diesem ruhig gelegenen Bauernhof mit Rindern, Schweinen und Hühnern gibt es seit 4 Jahren eine Buschenschank und sie ist seither ein beliebtes Ausflugsziel geworden. Übrigens, das „Örtchen" ist hier für nicht slowenischsprechende Besucher leicht durch die an den Türen montierten Damen- und Herrenschuhe zu finden. Zu erreichen über Maribor, Richtung Dravograd, in Kamnica nach der Ortsmitte rechts (Holzschild an Hausmauer) bei einer Weggabelung links, dem Bachbett entlang, bei Kapelle vorbei, bei einem Wegkreuz rechts (Schild „Bobič" links) und schon steht am Hügel das Hofensemble.
Speisen: Aufschnitt, Kübelfleisch, Klobasse, Verhackert, Bauernbrot, Gibanica, Nußpotitze, Strudel (auf Bestellung), warme Speisen auf Bestellung, Klassische Küche
Weine: gemischter Satz - weiß
Edelbrände: Slibowitz, Obstler

KMEČKI TURIZEM KOREN (1112)

Inhaber: Maria **Koren**
Vulgoname: **Korošec**
Adresse: Šober 23, **62201 Zg.Kungota**
Telephon: 062/65 60 69
Busverbindung: Maribor Gaj
Öffnungszeiten: von Januar bis Dezember; Fr, Sa, So, Feiertag; von 8 Uhr bis 22 Uhr
Weinkost: gegen Voranmeldung
Musik: gegen Voranmeldung
Ausstattung: Innen 45 Plätze, außen 60 Plätze (Innenhof)
Anbaufläche (ha): 0,5
Wege: viele Wandermöglichkeiten
Busse: Busse und Gesellschaften gegen Voranmeldung
Spielplatz: ja
Sturm: ja
Kastanien: ja
Besonderheiten: Eine Möglichkeit diese Buschenschank zu erreichen besteht über Leutschach, Langegg, Jurij, Abzweigung rechts nach Gaj und Sv.Križ. Die andere Variante führt über Maribor, Kamnica und in Brestrnica bei der gelben Tafel nach Gaj rechts (Holzschild „Koren-Korošec"), bei der Weggabelung links Richtung Gaj den

Berg, die Asphaltstraße hinauf, dann rechts halten nach Sv.Križ, bei der Kirche rechts vorbei, wo kurz danach eine Allee zum blitzsauberen Bauernhof führt. In der Mitte der Kastanienbaum und rechts das gepflegte Haus aus 1878. Die Einrichtung des Buschenschankraumes und auch das Geschirr im Glaskasten waren beim Haus „und so soll es auch bleiben", meint Frau Maria und erzählt, wie die Mutter

den Hof übernahm. Im Bild an der Wand verewigt die Großeltern, die hier vor über 110 Jahren ein Gasthaus hatten. Man fühlt sich wohl.
Speisen: Aufschnitt, Verhackert, Klobasse, Kübelfleisch, Sir, Topfenaufstrich, Leberpastete, Bauernbrot, Gibanica (am Wochenende), warme Speisen auf Bestellung, Klassische Küche, Koline, Kletzenbrot (im Winter)
Weine: gemischter Satz - weiß (Faß)
Edelbrände: Slibowitz
Angesetzte Schnäpse: Heidelbeerschnaps
Fruchtsaft: Apfelsaft

KMEČKI TURIZEM RANER (1113)

Inhaber: Familie **Raner**
Vulgoname: **Rožič**
Adresse: Srednje 11, **62351 Kamnica**
Telephon: 062/62 19 41
Öffnungszeiten: von Januar bis Dezember; Fr, Sa, So, Feiertag; von 10 Uhr bis 24 Uhr; wochentags gegen Voranmeldung
Ab-Hof-Verkauf: Slibowitz
Musik: auf Bestellung
Ausstattung: Innen 40 Plätze, außen 20 Plätze
Zimmer: 4x2
Anbaufläche (ha): 0,5
Wege: viele Wandermöglichkeiten
Busse: Kleinbusse und Gesellschaften gegen Voranmeldung
Sturm: ja
Kastanien: ja

Besonderheiten: Auf über 500 m Höhe liegt diese seit 1994 betriebene Buschenschank mit schönem Weitblick auf Sv.Urban, Maribor und Pohorje. Die Weingärten liegen im nahen Jurij. Das tüchtige junge Ehepaar hat noch vieles vor, so auch ein Damwildgehege zu errichten. Am 1. Mai gibt es hier ein Fest mit „Feuer und Musik". Diesen Bauernhof erreicht man über Maribor, Kamnica, in Brestrnica über die Brücke, danach sofort rechts beim Sägewerk vorbei den Berg hinauf, bei der Gabelung links, insgesamt ca. 3,5 km.
Speisen: Aufschnitt, Klobasse, Kübelfleisch, Verhackert, luftgetrocknetes Fleisch, Sir, Topfenaufstrich, Bauernbrot, Gibanica (auf Bestellung), warme Speisen auf Bestellung, Klassische Küche, Koline, Wildgerichte, Pilzsuppe mit Heidensterz
Weine: gemischter Satz - weiß (Faß)
Edelbrände: Slibowitz
Most: Apfelmost
Fruchtsaft: Weichselsaft, Heidelbeersaft

KMEČKI TURIZEM FUGINA (1114)

Inhaber: Vida **Fugina**
Adresse: Srednje 17, **62351 Kamnica**
Telephon: 062/62 15 44
Busverbindung: Nr. 15, Maribor-Brestrnica (Endstation)
Nächster Bahnhof: Maribor
Öffnungszeiten: von Januar bis Dezember; Fr, Sa, So, Feiertag; von 11 Uhr bis 24 Uhr; wochentags gegen Voranmeldung
Ausstattung: Innen 60 Plätze, außen 50 Plätze

Anbaufläche (ha): 0,6
Wege: viele Wandermöglichkeiten
Busse: Busse und Gruppen gegen Voranmeldung
Sturm: ja
Kastanien: ja
Besonderheiten: Dominierend steht der Kachelofen im Raum, der geschmackvoll mit Jogltischen und Holzstühlen

eingerichtet ist. Man spürt Frau Vidas Liebe zu alten Möbeln, getrockneten Blumen, Keramik und Glas. Das über 150 Jahre alte Haus wurde umgebaut. Beim Stallgebäude sieht man noch die alten Geräte und die Bilder der Hl.Maria, des Hl.Florian und des Hl.Martin. Zu erreichen ist diese Buschenschank über Maribor, Kamnica, weiter auf der Bundesstraße der Drau entlang nach Brestrnica, über die Brücke, danach sofort rechts beim Sägewerk vorbei und am Ende der Asphaltstraße sieht man rechts das mächtige Eingangstor.
Speisen: Aufschnitt, Kübelfleisch, Klobasse, Verhackert, Leberpastete, Topfenaufstrich, Gibanica (am Wochenende), warme Speisen auf Bestellung, Klassische Küche
Weine: Welschriesling, Blaufränkischer (Faß)
Edelbrände: Obstler
Most: Apfelmost
Sonstige Getränke: Holundertee, Lindenblütentee, Melissentee

KMEČKI TURIZEM HOLER (1115)

Inhaber: Marijan **Holer**
Adresse: Spodnje Vrtiče 28, **62201 Zg.Kungota**
Telephon: 062/65 61 69
Busverbindung: Maribor-Jurij-Svečina, von der Haltestelle Zg.Kungota - 2 km

Nächster Bahnhof: Spielfeld, ca. 7 km
Öffnungszeiten: von Januar bis Dezember; Mo, Di, Mi, Do, Fr, Sa, So; von 10 Uhr bis 22 Uhr
Ab-Hof-Verkauf: ja; Wein
Weinkost: ja, auf Anfrage
Musik: auf Bestellung

Ausstattung: Innen 50-60 Plätze, außen 40 Plätze
Anbaufläche (ha): 2
Wege: viele Wandermöglichkeiten
Busse: Busse und Gesellschaften gegen Voranmeldung
Spielplatz: ja
Sturm: ja
Kastanien: ja
Besonderheiten: Bei diesem Bauernhof mit allerlei Tieren wird auch schon seit 30 Jahren Weinbau betrieben und nun auch auf Qualität geachtet. Schon seit Generationen sitzt die Familie Holer auf diesem Hügel, das Wohnhaus wurde 1901 gebaut. Zum schönen Hofensemble gehört der Sitzplatz beim Lindenbaum genauso dazu, wie die russische Kegelbahn. Am Heiligen Jakobssonntag im Juli wird das Klapotecaufstellen auch hier gefeiert, mit Musik und Gesang und vielen Gästen, kein Wunder, bei diesen sympathischen und freundlichen Leuten. Zu erreichen über Spielfeld nach **Šentilj**, dort in der Ortsmitte bei der Kirche links nach Kresnica, nach ca. 500 m bei der Kreuzung links, Richtung Kungota bei der Schule vorbei, bei der Kapelle rechts halten, den Berg hinunter und man sieht gleich nahe der Straße linker Hand den Hof.

Links: bei Lendava

Speisen: Aufschnitt, Kübelfleisch, Verhackert, Klobasse, Bauernbrot, Preßwurst, Essiggemüse, Gibanica (am Wochenende), warme Speisen auf Bestellung, Klassische Küche (ab 1996)
Weine: Welschriesling, Sauvignon blanc, Rheinriesling, Weißburgunder, gemischter Satz - weiß (Faß und Flasche)
Edelbrände: Slibowitz

KMEČKI TURIZEM ELŠNIK (1116)

Inhaber: Ivan u. Anica **Elšnik**
Vulgoname: **Gašper**
Adresse: Slatina 16, **62201 Zg.Kungota**
Telephon: 062/65 61 39
Busverbindung: Maribor- Svečina, ca. 2,5 km
Nächster Bahnhof: Spielfeld
Öffnungszeiten: von Januar bis Dezember; Mo, Di, Mi, Do, Fr, Sa, So; von 12 Uhr bis 22 Uhr
Ab-Hof-Verkauf: ja; Wein
Weinkost: ja, gegen Voranmeldung

Musik: auf Bestellung
Ausstattung: Innen 60 Plätze, außen 50 Plätze
Zimmer: ab 1996
Anbaufläche (ha): 5
Wege: viele Wandermöglichkeiten - Jurij, Svečina, Spielfeld
Busse: Busse und Gesellschaften gegen Voranmeldung
Spielplatz: ja
Sturm: ja
Kastanien: ja
Besonderheiten: Die Bernhardiner scheinen in dieser Gegend sehr beliebt zu sein, der Vierte dieser Rasse in Zg.Kungota - vielleicht wird schon bald ein Bernhardinerdorf daraus. Zu diesem schönen Hof gelangt man von Langegg/Jurij oder Spielfeld/Šentilj nach Zg.Kungota, dort Richtung Svečina, bei Kirche und Schloß vorbei, nach der kleinen Brücke links, immer geradeaus, bei Gabelung rechts halten, Holzschild „Elšnik" nach 600 m. Auf einem kleinen Hügel mit herrlichem Rundumblick, wenige Meter bis zur „grünen Grenze" liegt das Ensemble, das über 250 Jahre alt ist. Die dritte Generation **Elšnik** lebt hier schon. Das Buschenschankhaus wurde dazugebaut und ab 1996 gibt es dann auch Urlaub am Bauernhof. Der Weinkeller mit der alten Presse liegt oberhalb. Die Kinder besuchen einschlägige Schulen, die Tochter Gastronomie, ein Sohn ebenfalls Gastronomie - der andere die Weinbauschule, um die Gäste weiterhin verwöhnen zu können.
Speisen: Aufschnitt, Klobasse, Verhackert, Kübelfleisch, Leberpastete, Topfenaufstrich, Bauernbrot, Essiggemüse, Gibanica (am Wochenende), warme Speisen auf Bestellung, Klassische Küche (ab 1996)
Weine: Welschriesling, Kerner, Rheinriesling, Gelber Muskateller, Chardonnay, Sauvignon blanc, Müller Thurgau
Fruchtsaft: Apfelsaft
Obst: Äpfel

KMEČKI TURIZEM DREISIEBNER (1117)

Inhaber: Ivan **Dreisiebner**
Adresse: Špičnik 1, **62201 Zg.Kungota**
Telephon: 062/65 80 01
Busverbindung: Maribor-Kungota, Jurij - Haltestelle Pesnica - 5 km
Nächster Bahnhof: Spielfeld
Öffnungszeiten: von Januar bis Dezember; Fr, Sa, So, Feiertag; von 10 Uhr bis 22 Uhr; andere Tage gegen Voranmeldung
Ab-Hof-Verkauf: ja; Wein, Äpfel, Kübelfleisch
Musik: auf Bestellung
Ausstattung: Innen 50 Plätze, außen 50 Plätze
Zimmer: im Ausbau
Anbaufläche (ha): 5,5
Busse: wegen der Straße gegen Voranmeldung
Spielplatz: ja
Sturm: ja
Kastanien: fallweise
Besonderheiten: Die Dreisiebners sind in der österreichischen Südsteiermark als Weinbauern bestens bekannt und hier in Slowenien gibt es noch einen weiteren. Als Doppelbesitzer haben er und der Nachbar den Schlüssel zum Aufsperren des Schlagbaumes. Die Gäste erreichen dieses gastliche Haus über Langegg/Jurij oder Spielfeld/Šentilj, Zg.Kungota und Svečina, dort bei der Kirche links, die Asphaltstraße weiter, den Obstbauernhof rechts lassend und nach dem Weingut Gaube bei Weggabelung geradeaus die Schotterstraße den Berg hinauf. An verschiedenen

lauschigen Plätzen, unter der Trauerweide oder beim Reiterdenkmal des St. Georgs - Ritters aus dem Jahre 1848, genießt man den herrlichen Blick auf die südsteirischen und slowenischen Hügel. Inmitten des Hauses steht die alte Presse und aus der Vorratskammer duften die geselchten Wildspezialitäten, da der Hausherr begeisterter Jäger ist. Ab 1996 wird auch warm gekocht.

Speisen: Aufschnitt, Kübelfleisch, Verhackert, Klobasse, Leberpastete, Haussalami, Bauernbrot, geselchte Wildspezialitäten, Essiggurkerl, ab 1996: warme Speisen auf Bestellung, Klassische Küche, Wildgerichte
Weine: Rheinriesling, Weißburgunder, Welschriesling, Gelber Muskateller, Müller Thurgau, Kerner, Sauvignon blanc, Chardonnay, Sämling, Ruländer
Edelbrände: Slibowitz
Fruchtsaft: Apfelsaft, Traubensaft
Obst: Äpfel
Fleisch: Kübelfleisch

KMEČKI TURIZEM POJBIČ (1118)

Inhaber: Angela **Pojbič**
Adresse: Sladki Vrh 53, **62214 Sladki Vrh**
Telephon: 062/64 42 28
Busverbindung: Maribor-Bad Radkersburg, Haltestelle Svečane, 1,5 km
Nächster Bahnhof: Šentilj od. Mureck ca. 11 km entfernt
Öffnungszeiten: von Januar bis Dezember; Fr, Sa, So, Feiertag; von 9 Uhr bis 23 Uhr; wochentags gegen Voranmeldung
Musik: auf Bestellung
Ausstattung: Innen 80 Plätze (3 Räume), außen 50 Plätze
Zimmer: 3 (im Ausbau)
Anbaufläche (ha): 0,6
Wege: viele Wandermöglichkeiten, der Radwanderweg Nr. 24a führt vorbei
Busse: Busse und Gesellschaften gegen Voranmeldung
Sturm: ja
Kastanien: ja
Parkplatz:ja
Besonderheiten: Hierher gelangt man von Spielfeld/Šentilj kommend, links nach Sladki Vrh, bei der nächsten Kreuzung geradeaus (nicht nach Ceršak), durch den Ort Selnica ob Muri, in Sladki Vrh bei der Fabrik vorbei, durch den Ort, nach ca. 10 km (von der Abzweigung nach Sladki Vrh) bei der Autobushaltestelle rechts dem Schild „Kmečki Turizem", ca.1,5 km, nach Kvid Market rechts, die Schotterstraße den Berg hinauf. Hier betreibt das Ehepaar **Pojbič** außer der Landwirtschaft seit 13 Jahren Weinbau. Er hat sich als gelernter Tischler für seine Pension eine Buschenschank aufgebaut. Kein Problem mit einer gelernten Köchin als Frau. Übrigens sprechen beide gut Deutsch. Sie haben gerne Gäste, bieten außerdem noch einen Fischteich, in der Nähe einen Badeteich und beim Nachbarn die Möglichkeit zum Reiten. Jäger und Schwammerlsucher kommen gerne hierher, denn die Natur ist hier noch in Ordnung.
Speisen: Aufschnitt, Leberpastete, Topfenaufstrich, Verhackert, Klobasse, Bauernbrot, Gibanica, warme Speisen auf Bestellung, Klassische Küche, Sterz, Pilze, Pilzsuppe mit Heidensterz, Wild, Fische, Stierhoden

Weine: gemischter Satz - weiß
Edelbrände: Slibowitz
Angesetzte Schnäpse: Heidelbeerschnaps, Kirschschnaps, Ribiselschnaps
Fruchtweine: Ribiselwein
Fruchtsaft: Ribiselsaft, Heidelbeersaft

KMEČKI TURIZEM PERKO (1119)

Inhaber: Ivan **Perko**
Adresse: Zg.Gradišče 3, **62213 Zg.Velka**
Telephon: 062/64 65 16
Busverbindung: Maribor-Zg.Velka, Maribor-Cmurek, Haltestelle Gradišče
Nächster Bahnhof: Cmurek, ca. 10 km
Öffnungszeiten: von Januar bis Dezember; Mo, Di, Mi, Do, Fr, Sa, So; nur gegen Voranmeldung
Ab-Hof-Verkauf: ja; Wein, Slibowitz, Obstler, Kernöl

Weinkost: nur gegen Voranmeldung
Musik: auf Bestellung
Ausstattung: Innen 120-150 Plätze, außen 20 Plätze
Zimmer: 4x2
Anbaufläche (ha): 3
Wege: viele Wandermöglichkeiten, Radweg 24 a und b
Busse: Busse und Gesellschaften gegen Voranmeldung
Spielplatz: im Ausbau
Sturm: ja
Kastanien: ja
Besonderheiten: Zu erreichen von Spielfeld/Šentilj, links nach Sladki Vrh, ca. 10 km immer geradeaus, dann rechts nach Zg.Velka, dort rechts halten ca. 1,5 km, nicht Richtung Lenart, bei der nächsten Weggabelung links nach Zg.Gradišče kommt man nach ca. 2 km zu dem an der linken Straßenseite gelegenen großen Haus mit Stallgebäude. Hier liegt das beliebte Ausflugsziel von Senioren und Reisebüros. Im Haus aus dem Jahre 1939 ist das alte holzgetäfelte Zimmer des früheren Besitzers Fürst noch im Original erhalten. Herr Perko kaufte 1977 das Anwesen und baute es aus. Er betreibt seit 10 Jahren Weinbau, seine Weingärten liegen bei Šentilj. Er spricht übrigens bestens Deutsch und scheint auch ein guter Unterhalter zu sein.
Speisen: Aufschnitt, Kübelfleisch, Klobasse, Verhackert, Leberpastete, Gibanica, warme Speisen auf Bestellung, Klassische Küche, Wild, Koline
Weine: gemischter Satz - weiß, Rheinriesling, Welschriesling
Öl: Kernöl

KMEČKI TURIZEM HAMERŠAK (1120)

Inhaber: Frieda u. Janez **Hameršak**
Adresse: Ročica 57, **62222 Jakobski Dol**
Telephon: 062/64 04 22
Busverbindung: Maribor-Cmurek, Maribor-Zg.Kungota
Nächster Bahnhof: Cmurek - 8 km
Öffnungszeiten: von Januar bis Dezember; Fr, Sa, So, Feiertag; von 12 Uhr bis 23 Uhr
Ab-Hof-Verkauf: ja; Wein, Essig, Kernöl, Slibowitz
Musik: auf Bestellung
Ausstattung: Innen 50 Plätze
Anbaufläche (ha): 2
Wege: viele Wandermöglichkeiten
Busse: Busse und Gesellschaften gegen Voranmeldung
Spielplatz: im Ausbau
Sturm: ja
Kastanien: ja
Parkplatz:ja
Besonderheiten: Hier trifft man auf ein sehr bemühtes im Auf- und Ausbau der Vinotoč begriffenes Ehepaar, das seit 20 Jahren Weinbau betreibt, die Vinotoč erst seit kurzem. Früher hatten sie auf ihrem Bauernhof auch eine Hühnerfarm, doch nun wollen sie lieber die Gäste mit Köstlichkeiten aus der Küche verwöhnen. Auch ihr Apfel- und Weinessig ist eine Spezialität. Zu erreichen über Mureck/Cmurek, die Straße Richtung Maribor-Šentilj, nach ca. 3 km links nach Zg.Velka, dort rechts halten, nach ca. 1,5 km bei der nächsten Kreuzung links, nach ca. 4 km rechts den Weg hinein, gegenüber einer Autobushaltestelle, steht die Häusergruppe mit dem im Moment noch unverputzten Haus.
Speisen: Aufschnitt, Kübelfleisch, Haussalami, Klobasse, Verhackert, Leberpastete, Topfenaufstrich, Stelze, Bauernbrot, Gibanica, warme Speisen auf Bestellung, Klassische Küche, Koline, Hasenfleisch, viele Spezialitäten
Weine: gemischter Satz - weiß (Faß)
Edelbrände: Slibowitz

Bild links: Ein Storch bei Prekmurje   Rechts: Wolkenstimmung bei Jeruzalem

Fruchtsaft: Apfelsaft
Obst: Essig
Öl: Kernöl

KMEČKI TURIZEM MULEC (1121)

Inhaber: Roman **Mulec**
Adresse: Ročica 40, **62222 Jakobski Dol**
Telephon: 062/640444
Busverbindung: Maribor-Cmurek, Haltestelle Jakobski Dol - 2,5 km
Öffnungszeiten: von Januar bis Dezember; Fr, Sa, So, Feiertag; von 12 Uhr bis 23 Uhr
Ab-Hof-Verkauf: ja; Wein
Weinkost: auf Anfrage
Ausstattung: Innen 40-50 Plätze, außen 40-50 Plätze
Zimmer: 2x3 Appartements
Anbaufläche (ha): 2
Wege: Radwanderweg 24 a
Busse: gegen Voranmeldung
Besonderheiten: Eine Möglichkeit hierher zu fahren ist über Mureck/Cmurek die Straße Richtung Maribor-Šentilj, nach ca. 3 km links nach Zg.Velka, dort rechts halten, nach ca. 1,5 km bei der nächsten Kreuzung links, nach ca. 4 km rechts, gegenüber der Autobushaltestelle, den Weg hinein, die Buschenschank Hameršak links liegen lassen, die Schotterstraße den Berg hinauf nach ca. 1,5 km rechts auf

die Asphaltstraße und schon sieht man links die Kapelle und rechts das Anwesen. Die Kapelle, geschmückt mit dem Hl. Urban als Traubenpatron und Hl. Martin als Weinpatron war früher im Familienbesitz. Ein Onkel von Frau Mulec ließ sie auf Grund einer Erscheinung dort bauen - das erzählt die immer lachende Kärntnerin - auch von der Weinlese, nach der ein Schwein gebraten wird. Sie ist auch beim Weinbau dabei, jedenfalls bis zur Pressung. Seit über 200 Jahren hat der Weinbau hier Tradition und auf dem alten Keller steht schon das 3. Haus. Roman Mulec blickt stolz auf einige Prädikatsweine, wie auch auf die Pokale vom Tontaubenschießen. Seit 5 Jahren gibt es eine Damwildzucht - die Männer sind begeisterte Jäger. Auch Tennisplätze werden hier den Gästen angeboten, wie auch in Kürze Ferienwohnungen.
Speisen: Aufschnitt, Klobasse, Verhackert, Kübelfleisch, Damwildwürste, Gibanica, warme Speisen auf Bestellung, Klassische Küche
Weine: Chardonnay, Gelber Muskateller, Welschriesling, Rheinriesling, Sauvignon blanc
Edelbrände: Slibowitz
Fruchtsaft: Apfelsaft, Ribiselsaft

KMEČKI TURIZEM KOVAČIČ (1122)

Inhaber: Marta u. Mihael **Kovačič**
Vulgoname: **Visočnik**
Adresse: Meljski Hrib 41, **62000 Maribor**
Telephon: 062/51 11 00
Nächster Bahnhof: Maribor - 3 km
Öffnungszeiten: von Januar bis Dezember; Mo, Di, Mi, Do, Fr, Sa, So; von 10 Uhr bis 22 Uhr
Ab-Hof-Verkauf: ja; Wein, Eier
Musik: auf Bestellung
Ausstattung: Innen 200 Plätze, außen 100 Plätze
Anbaufläche (ha): 6
Wege: viele Wandermöglichkeiten
Busse: Busse und Gruppen gegen Voranmeldung
Parkplatz:ja
Besonderheiten: Auf einem Hochplateau liegt dieser Hof mit wunderschöner Aussicht auf Maribor, die umliegenden Hügel und die Weingärten. Man erreicht ihn von Spielfeld nach Maribor auf der Schnellstraße, dann Maribor Center, bei der Ampel links dem Schild „Vinska Cesta“ nach wieder links, bei Weggabelung rechts halten, den Berg hinauf und wieder rechts dem Schild „Kovačič“ nach, wo man zuerst von einer Pferdekoppel mit Prachtpferden begrüßt wird. Der engagierte Sohn betreibt neben Weinbau noch eine Pferdezucht, wo er mit seinen Trabern schon viele Preise heimbrachte. Er organisiert auch noch Reitkurse und Reiterfeste für Kinder, auch Reitutensilien gibt es hier zu kaufen. Seit 1981 betreiben sie hier die 1. offizielle Buschenschank Sloweniens, so erzählt die resolute Mutter in bestem Deutsch. Auch schwedisch spricht sie fließend, der Sohn noch englisch dazu. Sie führt mich durch die alte holzgetäfelte Stube, in der früher die Presse stand, zum

Anbau des „Salettls“ und zu den Sitzplätzen im Freien mit dem Traumblick.
Speisen: Aufschnitt, Kübelfleisch, Klobasse, Verhackert, Bauernbrot, Gemüse, Essiggurkerl, Gibanica (am Wochenende), warme Speisen auf Bestellung, Klassische Küche
Weine: Rheinriesling, Welschriesling
Angesetzte Schnäpse: Nußschnaps

KMEČKI TURIZEM CELCER (1123)

Inhaber: Ivan **Celcer**
Adresse: Stolni Vrh 51a, **62000 Maribor**
Telephon: 062/27 30 7
Busverbindung: Maribor
Nächster Bahnhof: Maribor, ca. 3,5 km
Öffnungszeiten: von Januar bis Dezember; Fr, Sa, So, Feiertag; von 15 Uhr bis 23 Uhr
Ab-Hof-Verkauf: ja; Wein, Bauernbrot, Äpfel, Slibowitz, Kübelfleisch
Ausstattung: Innen 120 Plätze (2 Räume), außen 30 Plätze
Zimmer: 1x2
Anbaufläche (ha): 3
Wege: viele Wandermöglichkeiten
Busse: Busse und Gesellschaften gegen Voranmeldung
Sturm: ja
Kastanien: ja
Besonderheiten: Der rührige, freundliche Chef, der neben dem Wohnhaus sein eigenes Buschenschankhaus errichtet hat, kommt eben aus dem Weingarten. Schon von Jugend an betrieb er Weinbau mit dem Vater, seit 15 Jahren hat er seinen eigenen Weingarten. Er baut auch in Kürze einen Weinkeller für Weindegustationen, was ihm als Baufachmann nicht schwer fällt. Ab 1996 werden ein Fischteich zum Fischen und Rudern und ein Tennisplatz angeboten. Früher war er auch in der Politik tätig und hat noch viel vor. Schade, daß er nicht Deutsch spricht, so könnte man noch

manch interessantes von ihm erfahren. Da der Hausherr auch Jäger ist, gibt es auf Anmeldung auch Wildspezialitäten. Zu erreichen über Spielfeld/**Šentilj** nach Maribor, Schnellstraßenabfahrt Maribor Center, bei der Ampel links, Schild „Vinska Cesta“, nächste Straße wieder links, bei Weggabelung rechts halten, den Berg hinauf, nicht rechts zu Kovačič abbiegen, weiter links der Vinska Cesta nach und wenige Meter nach der Buschenschank Mak links den Berg hinunter. Die Tafel steht an der Straße.
Speisen: Aufschnitt, Kübelfleisch, Klobasse, Verhackert, Stelze, Topfenaufstrich, luftgetrocknetes Fleisch, Bauernbrot, Gibanica, warme Speisen auf Bestellung, Klassische Küche, Wildspezialitäten, Fisch
Weine: Rheinriesling, Chardonnay, Welschriesling, Gelber Muskateller
Edelbrände: Slibowitz, Obstler, Weinbrand
Fruchtsaft: Apfelsaft
Obst: Äpfel
Fleisch: Kübelfleisch

KMEČKI TURIZEM KNUPLEŽ (1124)

Inhaber: Elizabeta **Knuplež**

Bild oben: Haus bei Hum, Bild unten: Haus bei Slov.Konjice

Adresse: Močna 10, **62231 Pernica**
Telephon: 062/721093
Busverbindung: Maribor-Močna, Haltestelle - 100 m
Nächster Bahnhof: Maribor 15 km
Öffnungszeiten: von Januar bis Dezember; Do, Fr, Sa, So, Feiertag; von 9 Uhr bis 21 Uhr
Ab-Hof-Verkauf: ja; Wein (Faß), Äpfel, Slibowitz
Ausstattung: Innen 60 Plätze, außen 60 Plätze (Terrasse)
Anbaufläche (ha): 1,6
Busse: Busse und Gruppen gegen Voranmeldung
Sturm: ja
Kastanien: ja
Parkplatz:ja
Besonderheiten: Leicht zu finden, an der Straße von Spielfeld nach Pesnica, links Richtung G.Radgona, Lenart, liegt ca. 3 km nach Pernica, nach einer Brücke und einem Supermarkt, rechts dieses Haus. Der Weingarten liegt in der Nähe. Die ganze Familie hilft zusammen bei dieser seit 4 Jahren bestehenden Buschenschank. Ebenso lange besteht der Keller, der im alten Stil dazugebaut wurde.
Speisen: Aufschnitt, Kübelfleisch, Verhackert, Klobasse, Bauernbrot, Bratwürstl, warme Speisen auf Bestellung, Gibanica, Šarlota (am Wochenende)
Weine: gemischter Satz - weiß (Faß)
Edelbrände: Slibowitz
Angesetzte Schnäpse: Kirschschnaps
Fruchtsaft: Apfelsaft
Obst: Äpfel

KMEČKI TURIZEM SKRLEC (1125)

Inhaber: Jože **Skrlec**
Adresse: Zg.Partinje 38, **62223 Sv.Jurij (Jurovski Dol)**
Telephon: 062/72 16 35
Busverbindung: Maribor-Lenart, Haltestelle Jurovski Dol
Nächster Bahnhof: Mureck, ca. 15 km
Öffnungszeiten: von Januar bis Dezember; Fr, Sa, So, Feiertag; von 9 Uhr bis 22 Uhr; andere Tage gegen Voranmeldung
Ab-Hof-Verkauf: ja; Wein (Faß u. Flasche)
Musik: auf Bestellung
Ausstattung: Innen 150 Plätze, außen 50 Plätze
Zimmer: 6
Anbaufläche (ha): 2
Wege: Wander-, Fahrrad- u. Trimmwege
Busse: Busse und Gesellschaften gegen Voranmeldung
Besonderheiten: Der frühere Bürgermeister von Lenart betreibt schon seit über 30 Jahren Weinbau, die Buschenschank erst seit kurzem, aber mit viel Schwung. Ein Bauernhof mit 14 ha gehört auch dazu, die Tiere werden naturgefüttert. Er erzählt gerne von der kinderreichen Familie, ein Sohn ist Koch im Casino Maribor und Frau Skrlec ist eine begehrte Hochzeitsköchin. Bei der alljährlichen Ausstellung von bäuerlichen Essensspezialitäten in Ptuj bekam sie unter 220 Bewerbern die Goldmedaille für das Kübelfleisch. Interessant ist, daß in der Gemeinde Lenart früher Wein- und Obstbau vorherrschte und erst 1965 wieder mehr Ackerbau dazukam. Zu erreichen ist dieses gastliche Haus folgendermaßen: Von Spielfeld Richtung Maribor, nach Pesnica Richtung G.Radgona, Lenart, im Ort Pernica beim See Pristava vorbei und bei der Kreuzung in Höhe des Schlosses Hrastovec links, bei Mercator Markt, ca. 2 km bis zur Weggabelung nach einer Brücke rechts bis zur Bergkuppe hinauf, wo linker Hand das neue Gebäude und bald schon eine Tafel grüßen.
Speisen: Aufschnitt, Verhackert, Kübelfleisch, Klobasse, Topfenaufstrich, Sir, Bauernbrot, Gibanica (am Wochenende), Essiggemüse, warme Speisen auf Bestellung, Klassische Küche, Rindfleisch mit Kren oder Weinsauce, verschiedene Schnitzel
Weine: gemischter Satz - weiß, Rheinriesling, Sauvignon blanc, Welschriesling, Kerner, Gelber Muskateller
Fruchtsaft: Traubensaft, Stachelbeersaft

1126 KMEČKI TURIZEM BAUMANN (1126)

Inhaber: Anna **Baumann**
Adresse: Ledinek 23, **62233 Sv.Ana**
Telephon: 062/72 12 05
Nächster Bahnhof: Mureck, ca. 8 km
Öffnungszeiten: von Januar bis Dezember; Do, Fr, Sa, So, Feiertag; von 15 Uhr bis 22 Uhr; andere Tage für Gruppen gegen Voranmeldung
Ab-Hof-Verkauf: Kernöl, Kübelfleisch, Leberpastete
Musik: auf Bestellung
Ausstattung: Innen 60 Plätze, außen 50 Plätze
Zimmer: im Ausbau
Anbaufläche (ha): 1
Wege: viele Wander- u. Radfahrmöglichkeiten
Busse: Busse und Gruppen gegen Voranmeldung
Sturm: ja
Kastanien: ja
Besonderheiten: Der quirligen Frau Anna hört man gerne zu wenn sie im besten Deutsch, das übrigens die ganze Familie spricht, erzählt: Sie hat gerne Gäste, singt und wenn sie nicht in der Küche gebraucht wird setzt sie sich zu den

Gästen. Die Tochter mit Servierausbildung, die Oma und der Mann, alle helfen zusammen. Er stammt aus einer traditionsreichen Kunstschmiedefamilie, ist in diesem Beruf auch noch tätig, wie man auch bei Gittern und Leuchten am Haus sehen kann. Bei den vielen Spezialitäten, die die Küche zu bieten hat, fällt die Wahl schwer. Bei der Jause ist z. B. ein 1 m Brett üblich. Bei den Mahlzeiten wird das Familiäre unterstrichen, die Suppe kommt im Topf auf den Tisch und das Fleisch im Ganzen - so wie es in der Großfamilie üblich ist. Zu erreichen am besten in Mureck über die Grenze, dort rechts den Berg hinauf, bei der nächsten Kreuzung links Richtung Lenart, nach ca. 6 km vor dem Gasthaus Šlamberger links, der Tafel nach den Berg hinauf und auf der

Kuppe rechts, da steht das grüne Haus mit der Weinpresse im Garten.
Speisen: Aufschnitt, Kübelfleisch, Leberpastete, Stelze, Topfenaufstrich, Verhackert, geräuchertes Verhackert, Jägeraufstrich, Grammelaufstrich, Sir, Klobasse, Speck, luftgetrocknetes Fleisch, warme Speisen auf (auf Bestellung), Klassische Küche, Putenfleisch, Pilzsuppe mit Heidensterz, Stefanibraten und vieles mehr
Weine: gemischter Satz - weiß, Welschriesling, Blaufränkischer
Fruchtsaft: Himbeersaft, Brombeersaft, Kirschensaft
Öl: Kernöl

KMEČKI TURIZEM MOLEH (1127)

Inhaber: Roman **Moleh**
Adresse: Krivi Vrh 19, **62233 Sv.Ana**
Telephon: 062/72 30 25
Busverbindung: Maribor-Lenart, Haltestelle Sv.Ana - Feuerwehrhaus
Nächster Bahnhof: Mureck, ca. 10 km
Öffnungszeiten: von Januar bis Dezember; nur gegen Voranmeldung
Ab-Hof-Verkauf: ja; Wein, Kernöl
Weinkost: auf Anfrage
Musik: auf Bestellung
Ausstattung: Innen 80 Plätze (3 Räume), außen 100 Plätze
Zimmer: 4x2
Anbaufläche (ha): 4
Wege: viele Wandermöglichkeiten
Busse: ja
Parkplatz:ja
Besonderheiten: Diese Buschenschank erreicht man am besten über Mureck, Richtung Trate, die Hauptstraße weiter nach Lenart, nach ca. 6 km links Richtung Sv.Ana, nach ca. 2 km weiter rechts Richtung Sv.Ana, dort nach Benedikt (gelbe Tafel), ca. 1 km vor der Ortsendetafel fährt man zu der rechts stehenden Häusergruppe, mit „Oljarna" beschriftet. Das Bistro und die Ölmühle gehören zusammen, doch die eigentliche Buschenschank liegt wenige Meter dahinter. Am Waldrand, neben den Weinreben, steht das neue Buschenschankhaus, da das alte Haus mit dem Strohdach zusammenfiel.
Speisen: Aufschnitt, Kübelfleisch, Klobasse, Verhackert, Gibanica, Koline, warme Speisen auf Bestellung, Klassische Küche, Fische, Salat
Weine: Weißburgunder, Furmint, Welschriesling, gemischter Satz - weiß

KMEČKI TURIZEM MOLEH (1128)

Inhaber: Roman **Moleh**
Adresse: Froleh, **62233 Sv.Ana**
Telephon: 062/72 30 25 (in 2. Haus Krivi Vrh)
Busverbindung: Maribor-Lenart, Haltestelle Sv.Ana - Feuerwehrhaus
Nächster Bahnhof: Mureck, ca. 10 km entfernt
Öffnungszeiten: von Januar bis Dezember; gegen Voranmeldung
Musik: auf Bestellung
Ausstattung: Innen 170 Plätze, außen 100 Plätze
Zimmer: 2x2
Busse: Busse und Gesellschaften gegen Voranmeldung
Spielplatz: Tennisplatz in Planung
Besonderheiten: Nach dem Ortsschild von Sv.Ana steht nach wenigen hundert Metern links das 2. neugebaute Buschenschankhaus der Familie Moleh. Davor kommt ein Bistro mit einem Steingewändekeller. Der Fischteich liegt gleich daneben. Zu erreichen gleich wie die Buschenschank Moleh (Nr.1127).

Speisen: Aufschnitt, Kübelfleisch, Klobasse, Verhackert, Gibanica, Koline, warme Speisen auf Bestellung, Klassische Küche, Fische, Salat
Weine: Weißburgunder, Furmint, Welschriesling, gemischter Satz - weiß

KMEČKI TURIZEM SLAČEK (1129)

Inhaber: Miha u. Slavica **Slaček**
Adresse: Zg.Bačkova 9, **62233 Sv.Ana**
Telephon: 062/73 21 02 (Wohnung)
Busverbindung: Cmurek-Maribor, Haltestelle bei Urbanič - 1km oder Bus G.
Nächster Bahnhof: Mureck, ca. 10 km
Öffnungszeiten: von Januar bis Dezember; Fr, Sa, So, Feiertag; von 15 Uhr bis 22 Uhr
Weinkost: gegen Voranmeldung
Musik: auf Bestellung
Ausstattung: Innen 100 Plätze, außen 40 Plätze
Zimmer: 2x2
Anbaufläche (ha): 0,5
Wege: viele Wandermöglichkeiten
Busse: Busse und Gesellschaften gegen Voranmeldung
Sturm: ja
Kastanien: ja
Besonderheiten: Seit 4 Jahren gibt es diese Buschenschank mit Blick auf die beruhigende Waldgegend und Sv.Ana, der Weingarten daneben. Weinbau wird schon seit 10 Jahren betrieben. Im neugebauten Ziegelgewölbekeller läßt der Chef direkt vom Faß kosten. Er spricht übrigens deutsch. Zu erreichen ist dieser Platz über Mureck-Grenze-Richtung Lenart-Trate, nach ca. 6 km links Richtung Sv.Ana, nach ca. 2 km rechts weiter Richtung Sv.Ana, dort der gelben Tafel Benedikt nach links, nach ca. 1,5 km bei den Holzschildern die Hauptstraße weiter, leicht rechts halten kommt man nach ca. 1,5 km zu der rechts an der Straße gelegenen Buschenschank.
Speisen: Aufschnitt, Verhackert, Klobasse, Haussalami,

Kübelfleisch, Topfenaufstrich, Gibanica, Nußpotitze (auf Bestellung), warme Speisen auf Bestellung, Klassische Küche
Weine: Welschriesling, Weißburgunder, Muskat Ottonel, gemischter Satz - weiß
Edelbrände: Slibowitz, Birnenschnaps
Öl: Kernöl

KMEČKI TURIZEM SENEKOVIČ (1130)

Inhaber: Alojz **Senekovič**
Vulgoname: **Peserl**
Adresse: Trstenik 20, **62234 Benedikt**
Telephon: 062/73 14 65
Busverbindung: G.Radgona od. Murska Sobota-Maribor, Haltestelle Trstenik, ca. 800 m
Nächster Bahnhof: Bad Radkersburg - 13 km

Öffnungszeiten: von Januar bis Dezember; Fr, Sa, So; von 15 Uhr bis 22 Uhr; Sa, So, von 10 Uhr bis 22 Uhr
Ab-Hof-Verkauf: ja; Wein, Äpfel, Birnen, Kernöl, Bauernbrot, Fleisch
Weinkost: auf Anfrage
Musik: auf Bestellung
Ausstattung: Innen 80 Plätze, außen 40 Plätze

Zimmer: 4x2
Pachtfläche (ha): 1,5
Wege: Wandermöglichkeiten und Radweg: von Benedikt nach Sv. Trije, Kralje und Trstenik
Busse: Busse und Gruppen gegen Voranmeldung
Spielplatz: Pony für Kinder
Sturm: ja
Kastanien: ja
Besonderheiten: Ein Weg hierher führt über Bad Radkersburg über die Grenze nach G.Radgona Richtung Lenart/Maribor, durch Lomanoše, nach ca. 9 km links führt ein Holzschild nach Trstenik und zu Senekovič, rechts den Berg hinauf, bei einer Kapelle links dem Holzschild nach kommt man zum Haus. Erst im Dezember 1994 wurde die Buschenschank vom Pfarrer eingeweiht. Das Markenzeichen ist die Weintraube mit Nußbaumblättern, da es am Hof viele Nußbäume gibt. Ein engagierter Hausherr, der auch etwas Deutsch spricht, bietet seinen Gästen ein besonderes Service: Hausabholung bzw. Haustaxi für Kurgäste zum nahen G.Radgona. Seine Frau bringt immer Medaillen vom jährlich stattfindenden bäuerlichen Wettbewerb aus Ptuj nach Hause. Auch die Tochter und der Sohn helfen im Familienbetrieb mit. Das neue Buschenschankhaus wurde über dem alten bestehenden Keller aufgebaut, wo er auch eine kleine Vinothek plant. Für Urlaubsgäste stehen auch Pferde zur Verfügung mit schönen Ausreitmöglichkeiten.
Speisen: Aufschnitt, Kübelfleisch, Verhackert, Klobasse, Haussalami, Gibanica, warme Speisen auf Bestellung, gegrilltes Fleisch, Bauernbrot, Körndlbrot
Weine: gemischter Satz - weiß
Edelbrände: Obstler, Birnenschnaps
Obst: Äpfel, Birnen
Öl: Kernöl

KMEČKI TURIZEM SENEKOVIČ (1131)

Inhaber: Franc u. Ida **Senekovič**
Vulgoname: **Gajser**
Adresse: Froleh 9, **62233 Sv.Ana**
Telephon: 062/ 73 22 00
Busverbindung: Lenart-Sv. Ana, Haltestelle - 3 km
Nächster Bahnhof: Mureck, ca. 12 km
Öffnungszeiten: von Januar bis Dezember; Mo, Di, Mi, Do, Fr, Sa, So; von 15 Uhr bis 23 Uhr; Fr, Sa, So von 13 Uhr bis 23 Uhr
Ab-Hof-Verkauf: ja; Wein (Faß), Bauernbrot, Kübelfleisch, Kernöl, Gibanica
Musik: auf Bestellung, Sohn spielt Ziehharmonika
Ausstattung: Innen 60 Plätze, außen 40 Plätze
Anbaufläche (ha): 0,5
Wege: Wandermöglichkeiten
Busse: gegen Voranmeldung
Sturm: ja
Besonderheiten: Bei diesem Bauernhof, mitten im Grünen gelegen, gibt es seit 2 Jahren eine Buschenschank. Auch Reitpferde zum Ausreiten stehen den Gästen zur Verfügung. Zu erreichen über Mureck, Grenzübergang, Richtung Trate/Lenart nach ca. 6 km links, Richtung Sv.Ana, nach ca. 2 km rechts Richtung Sv.Ana weiter, links der gelben Tafel Richtung Benedikt nach, ca. 1,5 km, dann den Holzschildern Froleh-Senekovič rechts ca. 800 m nach, kommt man zur diesem Haus.
Speisen: Aufschnitt, Verhackert, Klobasse, Kübelfleisch, Topfenaufstrich, Bauernbrot, Gibanica (am Wochenende), warme Speisen auf Bestellung, Klassische Küche
Weine: gemischter Satz - weiß
Edelbrände: Slibowitz
Fruchtsaft: Traubensaft
Öl: Kernöl

KMEČKI TURIZEM NEUDAUER (1132)

Inhaber: Ivan **Neudauer**
Vulgoname: **Trebolščak**
Adresse: Sp.Ročica 9, **62234 Benedikt**
Telephon: 062/73 10 90
Busverbindung: Lenart-Sv. Ana, Haltestelle Žice, ca. 1 km
Nächster Bahnhof: Cmurek, ca. 11 km
Öffnungszeiten: von Januar bis Dezember; Fr, Sa, So, Feiertag; von 10 Uhr bis 22 Uhr
Ab-Hof-Verkauf: ja; Wein, Äpfel, Slibowitz, Verhackert, Fleisch
Musik: auf Bestellung
Ausstattung: Innen 60 Plätze, außen 50 Plätze (überdachte

Terrasse)
Zimmer: 5x2
Anbaufläche (ha): 1
Busse: Busse und Gesellschaften gegen Voranmeldung
Spielplatz: ja
Sturm: ja
Kastanien: ja
Besonderheiten: Auch hier ist der Weinbau schon langjährige Tradition, wie auch die Pferdezucht. Daher stehen den Gästen auch Pferde zum Reiten zur Verfügung. Der Hausherr nimmt auch an Trabrennen teil. Am Weg zur Buschenschank sieht man noch die Beschilderung der Motocrosstrecke, aber die Naturschutzbehörde hat dies abgeschafft. Erreichbar über Mureck, den Grenzübergang, Richtung Lenart ca. 6 km weiter, dann links nach ca. 2 km rechts nach Sv.Ana, weiter Richtung Lenart, und bei der zweiten Kreuzung links und weiter geradeaus die Asphaltstraße den Berg ca. 1,5 km bis zum Ende und die Schotterstraße links ca. 300 m hinauf zum Buschenschankhaus. Beim Bauernhof mit Schweinezucht und dem Wohnhaus fährt man wenige hundert Meter vorher vorbei. Die Hausfrau spricht etwas Deutsch.
Speisen: Aufschnitt, Kübelfleisch, Topfenaufstrich, Klobasse, Stelze, Verhackert, Gibanica (auf Bestellung), warme Speisen auf Bestellung, Klassische Küche
Weine: gemischter Satz - weiß (Faß), Welschriesling, Furmint, Traminer (Flasche)
Edelbrände: Slibowitz, Weichselschnaps
Fruchtsaft: Apfelsaft
Öl: Kernöl

KMEČKI TURIZEM THALER (1133)

Inhaber: Ludvik **Thaler**
Adresse: Vukovje 49, **62231 Pernica**
Telephon: 062/64 00 90
Busverbindung: Maribor-Lenart-G.Radgona, von der Haltestelle Ruperce - 1 km
Nächster Bahnhof: Maribor, ca. 15 km
Öffnungszeiten: von Januar bis Dezember; Mo, Di, Mi, Do, Fr, Sa, So; von 10 Uhr bis 23 Uhr
Ab-Hof-Verkauf: Fleischwaren
Ausstattung: Innen 40 Plätze, außen 20 Plätze
Zimmer: 7 (ab Ende 1996)
Anbaufläche (ha): 0,3
Busse: Kleinbusse gegen Voranmeldung
Sturm: ja
Kastanien: ja

Besonderheiten: Wie bei fast allen Buschenschenken ist auch hier eine Landwirtschaft dabei. In den Teichen und der nahen Pesnica kann man fischen und Frau Thaler bereitet die Fische zu. Im neuen Wohn- und Buschenschankhaus wird ab 1996 ausgeschenkt. Die zwei hübschen Töchter sprechen Deutsch, sind gastronomisch geschult und helfen der immer fröhlichen Mutter. Sie sorgt für das leibliche Wohl und bekam für ihr Kletzenbrot und das Tunkenfleisch schon mehrfach Medaillen. Im Weingarten helfen alle, doch im Keller hat der Vater das Wort, der auch noch Pokale beim Schach und bei Traktorbewerben sammelt. Zu erreichen von Spielfeld, **Šentilj**, nach Pesnica Abzweigung G.Radgona, Lenart, nächste Abzweigung nach Pernica links bei Autotrgovina **Jagodič** vor der Brücke und Kirche links ab, wieder über eine kleine Brücke rechts und nach einer Kapelle die 1. Straße - eine Schotterstraße führt links zum Hof.
Speisen: Aufschnitt, Kübelfleisch, Klobasse, Haussalami, Verhackert, Topfenaufstrich, Bauernbrot, Krainer Würstl, Gibanica, Nußpotitze (auf Bestellung), warme Speisen auf Bestellung, gebratene Gans, Klassische Küche
Weine: gemischter Satz - weiß

KMEČKI TURIZEM FIRBAS (1134)

Inhaber: Alojz u. Marjana **Firbas**
Adresse: Cogetinci 60, **62236 Cerkvenjak**
Telephon: 062/73 41 74
Busverbindung: Maribor-G.Radgona, Haltestelle Spodnji Ivanjci, ca. 1 km
Nächster Bahnhof: Bad Radkersburg - 12 km
Öffnungszeiten: von Januar bis Dezember; Fr, Sa, So, Feiertag; von 11 Uhr bis 23 Uhr; andere Tage gegen Voranmeldung
Ab-Hof-Verkauf: Trockenfrüchte, Holzwaren, Kräutertees
Musik: auf Bestellung

Ausstattung: Innen 90 Plätze, außen 100 Plätze
Anbaufläche (ha): 1,8
Wege: Wander- und Fahrradwege
Busse: Busse und Gruppen gegen Voranmeldung
Spielplatz: ja
Sturm: ja
Kastanien: ja
Besonderheiten: Zu dieser bestens bekannten Buschenschank gelangt man über Bad Radkersburg, Grenzübergang, in G.Radgona am Ortsende bei der Tankstelle der Tafel „Firbas" nach rechts, weiter geradeaus durch Črešnjevci nach Sp.Ivanjci, am Ortsende die 1. Straße rechts der

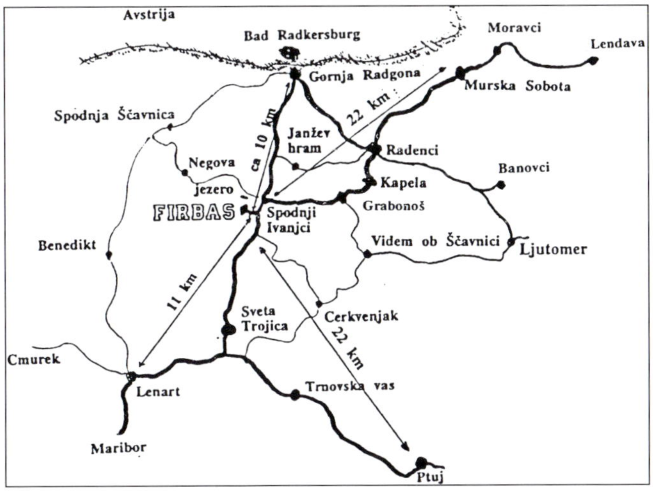

Beschilderung nach, kommt man zu einem bezaubernden Hof. Ein blau-weißes Gebäudeensemble aus dem Jahre 1956, wie ein Jahrhundertwendehaus hergerichtet, angebaut an ein altes Haus aus 1936 - Cimperhaus, noch aus Holz und Lehm, in dem sich die in Betrieb befindliche Presse befindet. Ein kleines Museum mit alten Bauerngut befindet sich auch dort. Ein Sitzplatz im alten Kellergewölbe wartet auf Gäste, die Ruhe und Kellertemperatur suchen. Im stilvollen in Holz eingerichteten Gastraum steht ein Kachelofen, altes Bauerngerät und Medaillen. Auf der Ofenbank wartet die Ziehharmonika auf den Junior des Hauses oder auf die Gäste zum Spielen. Auf einem Tisch steht bäuerliches Handwerk zum Verkauf. Im Freien bietet eine Terrasse Grillmöglichkeiten, ob Spanferkel oder Hendl, auch ein Kesselgulasch kann hier zubereitet werden. Ein Fohlen gab es zu bestaunen. Ein Haflinger steht den Gästen zur Verfügung und Kutschenausfahrten und andere Freizeitaktivitäten sind möglich. Frau Firbas ist außerdem bekannt für ihre Leckerbissen aus der bäuerlichen Küche.
Speisen: Aufschnitt, Klobasse, Krainer Würstl, Haussalami, Kübelfleisch, Topfenaufstrich, Sir, Bauernbrot, warme

Speisen auf Bestellung, Klassische Küche, Sterz, saure Suppe mit Heidensterz, Spanferkel, Gibanica, Kvasenica, Pogatschen (gegen Voranmeldung)
Weine: gemischter Satz - weiß
Edelbrände: Slibowitz, Birnenschnaps
Angesetzte Schnäpse: Slibowitz mit Honig, Ribiselschnaps
Fruchtsaft: Apfelsaft
Obst: Trockenfrüchte
Kräuter: Kräutertee
Handwerkserzeugnisse: Holzwaren - Klapotec, Buttertröge

KMEČKI TURIZEM ŠINKO (1135)

Inhaber: Maria u. Vili **Šinko**
Adresse: Negova 2, **69245 Sp.Ivanjci**
Telephon: 069/65 11 9 (Radenci) oder 0609/62 96 79 (Mobiltelephon)
Busverbindung: Maribor-G.Radgona, Haltestelle vor dem Haus
Nächster Bahnhof: G.Radgona, ca. 12 km
Öffnungszeiten: von Januar bis Dezember; Fr, Sa, So; von 12 Uhr bis 23 Uhr; andere Tage gegen Voranmeldung
Musik: auf Bestellung
Ausstattung: Innen 80 Plätze, außen 30 Plätze
Zimmer: im Ausbau
Anbaufläche (ha): 1
Wege: viele Wandermöglichkeiten, z.B. etwa 1 km bis zum See
Busse: Busse und Gesellschaften gegen Voranmeldung
Spielplatz: ja
Sturm: ja
Kastanien: fallweise
Besonderheiten: Hier war die Überraschung groß, nicht nur wegen der guten deutschen Sprache des Ehepaares, sondern wegen Frau Mariza. Sie ist sicher vielen Grazern ein Begriff, war sie doch viele Jahre Köchin im legendären „Verlorenen Sohn". Jetzt verwöhnt sie ihre Gäste hier mit Spezialitäten.

Von Ptuj bringt sie immer Preise vom kulinarischen bäuerlichen Wettbewerb mit nach Hause. Ihr Mann ist für den Weinbau zuständig und zeigt stolz auf die Einrichtung, die er als gelernter Tischler selbst gezimmert hat. Wanderungen zum nahe gelegenen kleinen Badesee sind ebenso möglich, wie zum Schloß Negova, das eben restauriert wird. Zu finden ist diese Buschenschank über Bad Radkersburg nach G.Radgona, bei der Tankstelle der Tafel „Firbas" bis Sp.Ivanjci nach, dort rechts nach Negova und nach dem Ortsschild ist es die 1. Häusergruppe rechts.
Speisen: Aufschnitt, Klobasse, Verhackert, Kübelfleisch, Bauernbrot, Gibanica (am Wochenende), Pogatschen, warme Speisen auf Bestellung, Klassische Küche, Koline, Bograč, gefüllte Schweinsbrust, gefülltes Huhn
Weine: gemischter Satz - weiß (Faß), Rheinriesling, Weißburgunder, Gelber Muskateller, Grauer Burgunder (alle ab 1996 in Flasche)
Edelbrände: Slibowitz, Birnenschnaps

KMEČKI TURIZEM BOGŠA (1136)

Inhaber: Viktorija **Bogša**
Adresse: Litmerk 15 b, **62270 Ormož**
Telephon: 062/70 20 23
Busverbindung: Maribor-Ormož, G.Radgona- Ormož
Nächster Bahnhof: Maribor od. Ljubljana- Ormož - 2,5 km
Öffnungszeiten: von Januar bis Dezember; Mo, Di, Mi, Do, Fr, Sa, So; von 9 Uhr bis 23 Uhr
Musik: auf Bestellung
Ausstattung: Innen 80 Plätze, außen 80 Plätze
Anbaufläche (ha): 0,3
Wege: viele Wander- und Radfahrmöglichkeiten
Busse: Busse und Gesellschaften gegen Voranmeldung
Sturm: ja
Kastanien: ja
Besonderheiten: Der Hausherr spricht Deutsch und ist vielseitig. Nach 20 Jahren als selbständiger Fernfahrer, betreibt er einen eigenen Minimarkt und nun seit 1991 zusätzlich eine Buschenschank. Als Jagdhornbläser spielt er im Jägerchor, daher sind auch viele Jäger seine Gäste. Ein bekannter Komponist schrieb für ihn extra ein Lied, das am 10.3.1995 uraufgeführt wurde. Der Titel: „Lustiger Bauerntourismus Bogša". Frau Viktorija, die Seele des Hauses, besuchte die Kochschule in Radenci, mehr war ihr nicht zu entlocken, denn schon wieder kümmert sie sich um Gäste. Eine Möglichkeit hierher zu kommen, ist über Ptuj nach Ormož, rechts nach Hardek, Richtung Litmerk, den Berg

hinauf und bei einer Gabelung nach ca. 3 km führt rechts die Straße zur Buschenschank und zum Minimarkt.
Speisen: Aufschnitt, Kübelfleisch, Verhackert, Klobasse, Sir, Bauernbrot, Gibanica (am Wochenende), warme Speisen auf Bestellung, Klassische Küche, kleine Schweine im Brotbackofen
Weine: gemischter Satz - weiß (Faß und Flasche)
Edelbrände: Slibowitz

KMEČKI TURIZEM ŠUMAN (1137)

Inhaber: Radovan u. Jože **Šuman**
Adresse: Zavrh 90a, **62232 Voličina**
Telephon: 062/72 35 00 oder 062/72 34 91 (Gasthaus)
Busverbindung: Maribor od. Lenart-Zavrh, Haltestelle Aussichtsturm
Öffnungszeiten: von Ostern bis Martini (11.11.), ab 1997 täglich; Fr, Sa, So, Feiertag; von 12 Uhr bis 23 Uhr; Sa, So, von 10 Uhr bis 23 Uhr
Ab-Hof-Verkauf: ja
Weinkost: kommentierte Weindegustation
Musik: auf Bestellung
Ausstattung: Innen 60 Plätze, außen 60 Plätze
Zimmer: 2x2, 2 Appartements
Anbaufläche (ha): 2,5
Wege: Wandermöglichkeiten

Busse: Busse und Gesellschaften gegen Voranmeldung
Sturm: ja
Kastanien: ja
Besonderheiten: In einem imposanten Haus, noch nicht ganz fertig, das viele Überraschungen bietet, will Herr Šuman eine individuelle Buschenschank für kleine Gruppen machen. Im Keller stehen die Holzfässer, daneben die Vinothek für Degustationen. In den schön gemauerten Regalen liegen bestens sortierte Weine mit etlichen Medaillen. Vom 1. Stock des Hauses hat man einen Weitblick über die Hügellandschaft bis Graz und zum Balaton. Ein Teil des Weingartens liegt beim Haus, ein anderer in der Nähe. Herr Šuman betreibt noch ein Gasthaus „Trta" in Lenart und einen Weinhandel „Završan". Sein Sohn soll diese Buschenschank hier führen, die wie ein kleines Schloß mit Turm und Wendeltreppe gebaut ist und großzügige Gästezimmer bieten wird. Im Buschenschankraum ist ein offener Kamin, der Brotbackofen ist im privaten Teil und dort ist auch das Wappen der Familie, auf dem zu lesen ist „P. Justicia - Familie Schumann-Nob". Eine Linie stammt von Frankreich, die andere von Deutschland. Herr Šumans Vater war 1809 noch Hauptmann bei der Kaisergarde. Man fährt am besten über Cmurek, Grenzübergang, Richtung Lenart, dort in der Ortsmitte rechts, vor der Kirche links Richtung Ptuj, nach ca. 200 m die 1. Straße rechts, wieder rechts, halblinks weiter über eine Brücke und vor dem Ort Lormanje links (Schild „Selce"), weiter links nach Zavrh und immer gerade beim Aussichtsturm und Gasthaus vorbei, kommt man nach ca. 200 m zum rechts an der Straße gelegenen Haus. Die Tochter und der Sohn sprechen übrigens Deutsch.
Speisen: Aufschnitt, Kübelfleisch, Verhackert, Klobasse, Bauernbrot, Gibanica, warme Speisen auf Bestellung, Klassische Küche, Koline, Fleisch am Stein gegrillt
Weine: Chardonnay, Sauvignon blanc, Welschriesling, Rheinriesling, Traminer, Ruländer, Gelber Muskateller, Bouvier, gemischter Satz - weiß
Edelbrände: Slibowitz, Birnenschnaps
Angesetzte Schnäpse: Vermouth

KMEČKI TURIZEM BENKO (1138)

Inhaber: Familie **Benko**
Adresse: Ščavnica 10, **69250 G.Radgona**
Telephon: 069/60 54 0

Busverbindung: G.Radgona-Lenart, Haltestelle Sp.Ščavnica - 1,5 km
Nächster Bahnhof: Bad Radkersburg, ca. 8 km
Öffnungszeiten: von Januar bis Dezember; Do, Fr, Sa, So, Feiertag; von 9 Uhr bis 21 Uhr
Ab-Hof-Verkauf: Slibowitz, Kernöl
Musik: auf Bestellung
Ausstattung: Innen 150 Plätze, außen 50 Plätze
Anbaufläche (ha): 1,2
Wege: Wandermöglichkeiten
Busse: Busse und Gesellschaften gegen Voranmeldung
Spielplatz: ja
Sturm: ja
Kastanien: ja
Parkplatz:ja
Besonderheiten: Dieser Bauernhof mit Pferden, Schweinen und Kühen liegt ruhig, der Weingarten ist in der Nähe. Die Buschenschank ist ein Familienbetrieb, alle helfen mit. Die

Hausfrau ist Spezialistin im Zubereiten von Truthähnen, Gänsen und Enten und bei den Mehlspeisen. Sie bemüht sich, alle Wünsche der Gäste zu erfüllen. Weinbau hat hier schon Tradition, die Buschenschank gibt es seit 1987. Mutter und Tochter sprechen Deutsch. Zu erreichen über G.Radgona, Straße Richtung Maribor/Lenart, nach ca. 6 km in Sp.Ščavnica über die Brücke und die 1. Straße rechts, bei nächster Gabelung wieder rechts über eine kleine Brücke, der Beschilderung nach, kommt man zum rechts an der Straße gelegenen Wohnhaus, Pferdestall und Buschenschankhaus der Benko's.
Speisen: Aufschnitt, Klobasse, Verhackert, Kübelfleisch, Gemüse, Essiggemüse, Topfenaufstrich, Sir, Bauernbrot, Gibanica, Nußpotitze, Kvasenica (gegen Voranmeldung), Topfenrouladen in Suppe, warme Speisen auf Bestellung, Klassische Küche, Gänsefleisch, Entenfleisch, gebratenen Truthahn
Weine: gemischter Satz - weiß
Edelbrände: Slibowitz
Angesetzte Schnäpse: Menthollikör
Öl: Kernöl

KMEČKI TURIZEM HARI (1139)

Inhaber: Nada **Hari**
Adresse: Sp.Ščavnica 42, **69250 G.Radgona**
Telephon: 069/60 65 1 oder 069/60 55 2 (privat)
Busverbindung: G.Radgona-Lenart, Haltestelle Gasthaus

Križan in Sp.Ščavnica
Nächster Bahnhof: Bad Radkersburg, ca. 8 km
Öffnungszeiten: von Januar bis Dezember; Do, Fr, Sa, So, Feiertag; von 12 Uhr bis 22 Uhr; andere Tage gegen Voranmeldung
Ab-Hof-Verkauf: ja; Wein (Flasche)
Musik: auf Bestellung
Ausstattung: Innen 70 Plätze (2 Räume), außen 40 Plätze
Anbaufläche (ha): 1
Wege: Wandermöglichkeiten
Busse: Busse und Gesellschaften gegen Voranmeldung
Besonderheiten: Hier in ruhigster Lage mit bester Weitsicht, vorne der Weingarten, auf der Rückseite der Wald, unterhalb der Bauernhof, wird man von der jungen, flotten Nada bedient. Im Hauptraum steht der typische Brotbackkachelofen, im Nebenraum der im Sommer bevorzugte Sitzplatz bei der Presse. Im alten und neuen Keller hat der für den Weinbau zuständige Vater frische Weine in den Fässern. Zu erreichen über G.Radgona Richtung Lenart, nach ca. 7 km beim Gasthaus Križan links die Vinska Cesta, nach ca. 1 km links dem Schild nach zu Hari.

KMEČKI TURIZEM ROŠKAR (1140)

Inhaber: Anton **Roškar**
Adresse: Lastomerci 25, **69250 G.Radgona**
Telephon: 069/60 51 8
Busverbindung: G.Radgona-Lenart, Haltestelle Gasthaus Križan, ca. 3 km
Nächster Bahnhof: G.Radgona, ca. 10 km
Öffnungszeiten: von Januar bis Dezember; Fr, Sa, So, Feiertag; von 10 Uhr bis 20 Uhr; andere Tage gegen Voranmeldung
Ab-Hof-Verkauf: ja; Wein (Faß u. Flasche), Obst, Gemüse
Musik: auf Bestellung
Ausstattung: Innen 150 Plätze, außen 100 Plätze
Anbaufläche (ha): 3, 3 im Ausbau
Wege: Wandermöglichkeiten
Sturm: ja
Kastanien: ja
Parkplatz:ja
Besonderheiten: Am besten erreicht man dieses gastliche Haus von G.Radgona die Straße Richtung Lenart, nach ca. 7 km beim Gasthaus Križan links dem Schild „Vinska Cesta“ und der Holztafel „Roškar“ nach, bei der 2. Abzweigung links dem Hinweisschild, nicht der Vinska Cesta nach, kommt man zu diesem ruhig gelegenen Familienbetrieb. Hier finden Sie neben der Buschenschank noch eine Gärtnerei, Tennisplätze (mit Flutlicht), Fußball- und Handballplatz, 2 Fischteiche und sogar Billardspielen ist hier möglich. Bei diesem idyllisch gelegenen Hof, mit einem alten Haus aus 1861 und einem noch älteren Keller, betreibt der Vater schon lange und sehr erfolgreich Weinbau. Vor 22 Jahren baute er hier die 1. Buschenschank in Murska Sobota auf, die nun der Sohn bereits führt. Von der hauseigenen Fußballmannschaft zeugen viele Pokale.

Bild oben: St. Urban

Speisen: Aufschnitt, Verhackert, Klobasse, Kübelfleisch, Pogatschen, Gemüse, Essiggemüse, Bauernbrot, warme Speisen auf Bestellung, Klassische Küche, Koline
Weine: gemischter Satz - weiß, Welschriesling, Chardonnay, Weißburgunder,Müller Thurgau
Edelbrände: Slibowitz

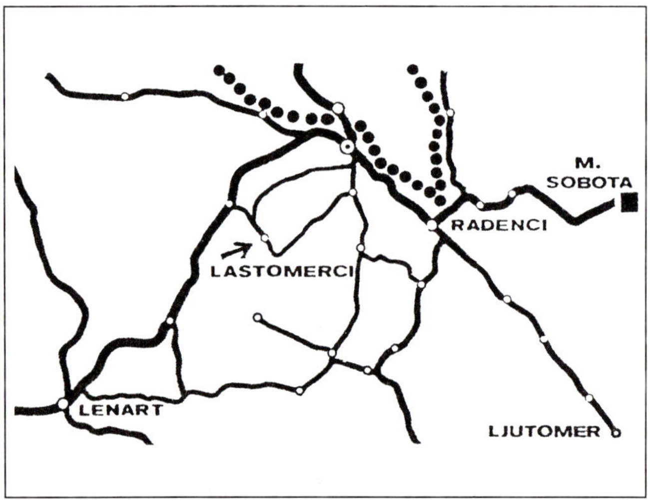

KMEČKI TURIZEM FLISAR (1141)

Inhaber: Štefan u. Milena **Flisar**
Adresse: Dolga Ulica 213, **69208 Moravske Toplice**
Telephon: 069/48 41 1
Busverbindung: M.Sobota-M. Toplice, Haltestelle Feuerwehrhaus
Nächster Bahnhof: M.Sobota, ca. 10 km
Öffnungszeiten: von Januar bis Dezember; Fr, Sa, So, Feiertag; von 12 Uhr bis 23 Uhr; wochentags gegen Voranmeldung
Musik: auf Bestellung
Ausstattung: Innen 60 Plätze, außen 40 Plätze
Zimmer: 6x2(D,H), 5x2(F,H),1x3(D,H)
Pachtfläche (ha): 1
Wege: viele Wandermöglichkeiten
Busse: Busse und Gesellschaften gegen Voranmeldung
Spielplatz: im Ausbau
Besonderheiten: In dieser gut besuchten Buschenschank kann man sich mit Mutter und Tochter bestens in Deutsch unterhalten. Auf einer weinumrankten Terrasse genießt man die Ruhe neben Obst- und Weingärten. Im über 150 Jahre alten Haus daneben, dem angeblich ältesten in Moravske, mit dem blumengeschmückten Brunnenhaus davor, wird ein kleines Museum eingerichtet. Frau Milena liebt alte Sachen, will sie bewahren und hat auch ihr Gästehaus mit alten Möbeln eingerichtet. In den Wintermonaten malt sie oder macht Gobelins. Die Tochter, die in Belgien einen Preis

beim Gibanicabacken bekam, sie besucht die Gastronomieschule, soll einmal übernehmen. Ein Bauernhof mit vielen zutraulichen Perlhühnern ist der Buschenschank angeschlossen. Hierher fährt man über Bad Radkersburg, Grenzübergang, G.Radgona, Richtung M.Sobota 18 km, durch den Ort, nach der Bahnübersetzung Richtung Hodoš/Moravske Toplice, bei der nächsten Kreuzung Richtung Moravske Toplice weiter, durch den Ort durch, beim Schild „Gostije Kamin“ links hinein, beim Gasthaus vorbei, links halten und nach ca. 5 km ist links die Buschenschank Flisar.
Speisen: Aufschnitt, Speck, Klobasse, Verhackert, Bauernbrot, Rohschinken, Halsschinken, Gibanica, Strudel (auf Bestellung), warme Speisen auf Bestellung, Klassische Küche, Bograč, Koline
Weine: gemischter Satz - weiß
Edelbrände: Slibowitz
Angesetzte Schnäpse: Weichselschnaps , Rotweinschnaps, Vermouth (Schokolade, Pefferminz)
Fruchtsaft: Apfelsaft, Traubensaft, Weichselsaft

KMEČKI TURIZEM TREMEL (1142)

Inhaber: Mihael **Tremel**
Vulgoname: **Miško**
Adresse: Bokrači 28, **69201 Puconci**
Telephon: 069/45 01 7
Busverbindung: Murska Sobota-Puconci, Haltestelle Bokrači, ca. 500 m
Nächster Bahnhof: Murska Sobota, ca. 10 km
Öffnungszeiten: von Januar bis Dezember; Fr, Sa, So, Feiertag; von 12 Uhr bis 22 Uhr; wochentags gegen Voranmeldung
Ab-Hof-Verkauf: ja; Wein (Flasche), Kernöl, Äpfel
Weinkost: ja, gegen Voranmeldung

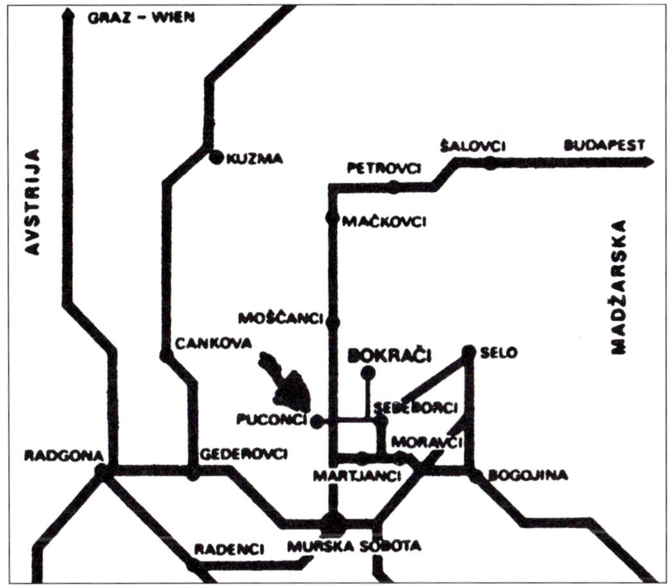

Musik: auf Bestellung
Ausstattung: Innen 70 Plätze (3 Räume), außen 40 Plätze
Zimmer: 2x2(D,H), 1x3(D,H)
Anbaufläche (ha): 2
Busse: Busse und Gesellschaften gegen Voranmeldung
Spielplatz: ja
Sturm: ja
Kastanien: ja
Besonderheiten: Diesen Bauernhof finden Sie von Bad Radkersburg aus nach Murska Sobota, durch den Ort Richtung Hodoš und Moravske Toplice. Im Ort Martjanci links nach Sebeborci / Bokrači, in Sebeborci links Richtung Bokrači, den Schildern „Tremel" nach den Berg hinauf, wo dann auf der Ebene links der große Bauernhof ins Auge sticht. Im sympathischen Innenhof mit dem beherrschenden Lindenbaum kann man die Oma auf der Bank im Schatten sitzen sehen. Über eine überdachte Terrasse gelangt man zur rustikalen gemütlichen Stube mit Holzdecken und alten Krügen. Der Weinkeller ist wenige Meter neben dem Hof, wo auch der Archivkeller und ein Degustationsraum für eine kommentierte Weinkost auf den Gast warten. Der Hausherr kann mit vielen Medaillen aufwarten, besonders für seinen Chardonnay. Seit über 25 Jahren betreibt er Weinbau, der Sohn soll in ca. 5 Jahren übernehmen. Dieser geschichtsträchtige Hof gehörte einmal den Winzern des Grafen Szapary in Murska Sobota. Der Großvater von Herrn Tremel war Kellermeister beim Grafen und noch heute steht ein 131 Jahre altes Faß vom Grafen im Keller. Bei diesem Hof mit Kühen, Schweinen, Hühnern, Katzen, Hund und Pferd wird die Möglichkeit zum Reiten oder auch die Mithilfe bei der Stallarbeit geboten. „Gut Essen und gut Trinken und gute Böcke - alles beim Mihael Tremel", schreiben die alljährlich aus Tirol und Vorarlberg kommenden Jäger ins Gästebuch. Übrigens liegt der Ort Bokrači 7 km vom Thermalbad Moravske Toplice, 10 km von Murska Sobota und knappe 30 km von der österreichischen Grenze entfernt.
Speisen: Aufschnitt, Kübelfleisch, Verhackert, Klobasse, Haussalami, Krainer Würstl, luftgetrocknetes Fleisch, Bauernbrot, Essiggemüse, Strudel, Gibanica, warme Speisen auf Bestellung, Klassische Küche, saure Suppe mit Heidensterz, Pogatschen, Zganci
Weine: gemischter Satz - weiß (Faß), Furmint, Chardonnay, Welschriesling, Muskat Ottonel, Blaufränkischer, Zweigelt
Edelbrände: Slibowitz, Obstler, Trebernbrand, Honigschnaps
Öl: Kernöl

KMEČKI TURIZEM MARIČ (1143)

Inhaber: Jožica u. Štefan **Marič**
Vulgoname: **Dravarič**

Bild umseitig links: bei Kiraly

Bild rechts oben: bei Brglez Bild unten: bei Podočnik

Adresse: Vadarci 90, **69265 Bodonci**
Telephon: 069/49 27 7
Busverbindung: M.Sobota-Vadarci, Haltestelle Gasthaus in Vadarci - 2 km
Nächster Bahnhof: Murska Sobota - 17 km
Öffnungszeiten: von Januar bis Dezember; Fr, Sa, So, Feiertag; von 16 Uhr bis 22 Uhr
Musik: auf Bestellung
Ausstattung: Innen 55 Plätze, außen 30 Plätze
Zimmer: 2x2, 1x4
Anbaufläche (ha): 0,55
Wege: Wandermöglichkeiten
Busse: Busse und Gesellschaften gegen Voranmeldung
Sturm: ja

Kastanien: ja
Besonderheiten: Von den Grenzübergängen Sicheldorf oder Bonisdorf jeweils nur 10-16 km entfernt, kommt man auch über Bad Radkersburg Richtung Murska Sobota über die Mur, nach ca. 1 km die Abzweigung nach Gederovci und Cankova links und in Gederovci geradeaus weiter Richtung Cankova durch den Ort durch, nicht nach Korovci, sondern rechts weiter, nach ca. 2 km wieder rechts, 1. Abzweigung bei dem Schild Wildwechsel hinein, durch den Ort Topolovci, die Hauptstraße links weiter, im Ort Domajinci nach der Kirche rechts hinein, nach 1,7 km links nach Vadarci durch den Ort, die Schotterstraße weiter bis zum Schild. In schöner ruhiger Lage gibt es bei diesem Bauernhof seit 12 Jahren eine Buschenschank, wo auch die deutsche Sprache kein Problem bedeutet. Viele Österreicher kehren nach einem Bad in Moravske Toplice hier ein.
Speisen: Aufschnitt, Kübelfleisch, Verhackert, Klobasse, Sir, Schinken, Bauernbrot, Pogatschen, Kvasenica (=Posolanka), warme Speisen auf Bestellung, Koline, Bograč
Weine: gemischter Satz - weiß
Edelbrände: Slibowitz, Pfirsichschnaps
Öl: Kernöl

KMEČKI TURIZEM KOUS (1144)

Inhaber: Anton **Kous**

Vulgoname: **Ferenc**
Adresse: Kraščí 23, **69261 Cankova**
Telephon: 069/40 11 7
Busverbindung: Murska Sobota-Kuzma, Haltestelle - 300 m
Nächster Bahnhof: Murska Sobota, ca. 18 km
Öffnungszeiten: von Januar bis Dezember; Fr, Sa, So, Feiertag; von 12 Uhr bis 22 Uhr; Fr. von 17 Uhr bis 22 Uhr; andere Tage gegen Voranmeldung
Ab-Hof-Verkauf: ja; Wein, Äpfel
Musik: auf Bestellung
Ausstattung: Innen 100 Plätze (3 Räume), außen 50 Plätze
Zimmer: 5x2
Anbaufläche (ha): 1
Wege: Wander- und Radfahrmöglichkeiten
Sturm: ja
Kastanien: ja
Parkplatz:ja
Besonderheiten: In herrlicher Lage mit Blick auf den See, dahinter die Wein- und Waldhügel, so präsentiert sich diese **Vinotoč**. Ideal auch zum Fahrradfahren, Fischen, Rudern und Tennisspielen. Gleich beim Eingang steht eine Dampflokomotive, an die im Sommer die Dreschmaschine angehängt wird, verbunden mit einem Fest der alten Bräuche um den 15./16. Juli. Früher zog die Lokomotive den Mähdrescher von Haus zu Haus. Auch im September zum Kukuruzschälen (Woazschälen) gibt es ein Fest und 10 verschiedene Kukuruzspeisen werden kredenzt. Auch eine Ausstellung über die Verarbeitung von Kukuruzschalen wird gezeigt. Herr Kous, übrigens bestens Deutsch sprechend, ist

ein Bewahrer bäuerlicher Traditionen und möchte alte Bräuche auf kommende Generationen übertragen. Seit 9 Jahren betreibt er Weinbau und seit 3 Jahren die Buschenschank. Auch eine Baumschule ist dem Ganzen angeschlossen. Zu erreichen ist dieses Haus am besten über Bad Radkersburg, G.Radgona, Richtung Ungarn/Murska Sobota, durch Radenci, links Richtung Murska, über die

Mur, nach ca. 1 km die Abzweigung nach Gederovci und Cankova links, in Gederovci geradeaus weiter Richtung Cankova durch den Ort, bei der Gabelung rechts, nach ca. 2 km die 1. Straße rechts, dann links weiter durch den Ort Topolovci, weiter nach Domajinci, durch den Ort, bei der Kirche die Hauptstraße weiter, durch Krašči, nach dem Sägewerk den See entlang und die 2. Straße rechts, wenige Meter oberhalb des Sees liegt dieses Ausflugsziel.
Speisen: Aufschnitt, Verhackert, Speck, Klobasse, Kübelfleisch, Sir, Bauernbrot, Geselchtes, Preßwurst, warme

Speisen auf Bestellung, Klassische Küche, Kartoffel, Gemüse, Topfensuppe
Weine: gemischter Satz - weiß
Edelbrände: Slibowitz
Angesetzte Schnäpse: Kirschschnaps
Fruchtsaft: Apfelsaft
Sonstiges: Kletzenbrot, getrocknete Früchte

KMEČKI TURIZEM MARKO (1145)

Inhaber: Irena u. Vlado **Marko**
Adresse: Nasova 38, **69253 Apače**
Telephon: 062/73 23 54
Busverbindung: G.Radgona-Cmurek, Haltestelle Črinči - 4 km

Nächster Bahnhof: Bad Radkersburg - 10 km
Öffnungszeiten: von Januar bis Dezember; Do, Fr, Sa, So, Feiertag; von 10 Uhr bis 22 Uhr; andere Tage gegen Voranmeldung
Ab-Hof-Verkauf: ja; Wein (Faß), Slibowitz, Kernöl, Äpfel
Ausstattung: Innen 100 Plätze, außen 100 Plätze
Anbaufläche (ha): 1
Wege: Wandermöglichkeiten
Busse: Busse und Gesellschaften gegen Voranmeldung
Sturm: ja
Kastanien: ja
Parkplatz:ja
Besonderheiten: Von Bad Radkersburg über G.Radgona Richtung Maribor, Abzweigung Apače und Trate rechts, durch Apače, dann links halten, in Črinči links nach Nasova dem Schild „Marko" nach, weiter dem Schild beim Transformator rechts nach, die Schotterstraße hinein kommt man zur 1. Gebäudegruppe wo ein Maibaum davorsteht. Am 27. April werden hier der Maibaum und das Tanzpodium aufgestellt. Der Bauernhof und die Koppel zum Reiten liegen

daneben. Die Buschenschank gibt es seit 2 Jahren.
Speisen: Aufschnitt, Kübelfleisch, Klobasse, Verhackert, Gemüse, Bauernbrot, Gibanica, Strudel, Nußpotitze, warme Speisen auf Bestellung, Klassische Küche, Spanferkel
Weine: gemischter Satz - weiß (Faß)
Edelbrände: Slibowitz, Birnenschnaps
Obst: Äpfel
Öl: Kernöl

KMEČKI TURIZEM ČERNJAVIČ (1146)

Inhaber: Irma u. Janez **Černjavič**
Vulgoname: **Pri Ribniku**
Adresse: Gradišče 69, **69251 Tišina**
Telephon: 069/46 07 4
Busverbindung: Maribor-Murska Sobota, Haltestelle Gradišče

Nächster Bahnhof: Murska Sobota - 6 km
Öffnungszeiten: von Januar bis Dezember; Fr, Sa, So, Feiertag; von 10 Uhr bis 22 Uhr; wochentags gegen Voranmeldung
Ab-Hof-Verkauf: Wein (fallweise), Slibowitz, Obstler, Obst, Teigwaren
Musik: Opa spielt auf Wunsch Ziehharmonika
Ausstattung: Innen 100 Plätze, außen 100 Plätze
Zimmer: im Ausbau
Anbaufläche (ha): 1
Wege: Wandermöglichkeiten
Busse: Busse und Gesellschaften gegen Voranmeldung
Spielplatz: ja
Sturm: ja
Kastanien: ja
Parkplatz:ja
Besonderheiten: Ausgehend von G.Radgona durch Radenci Richtung Murska Sobota, durch den Ort Tropovci, nach dem Ortsende und dem Friedhof rechts nach Gradišče, dort im Ort links, 1. Straße rechts, nach ca. 300 m rechts der Holztafel nach in einen Laubwald und man kommt zu einer Oase. Das Haus liegt inmitten eines gepflegten Rasens, umgeben von 2 Fischteichen und der Möglichkeit zum Fischen. Ein kleiner Pavillon steht ebenfalls im Garten, der Bauernhof liegt dahinter. Alles strahlt eine unheimliche Ruhe aus. Der Chef spricht etwas Deutsch, die studierende Tochter etwas besser. Seit 20 Jahren schon betreiben sie Bauerntourismus, viele Ausflugsgäste kommen hierher. Als Besonderheit gelten hier die hausgemachten Teigwaren, für die der Schwiegersohn zuständig ist. Im großen Buschenschankraum mit der Holzdecke, steht ein über 100 Jahre alter Kachelofen. Hier werden viele Feste gefeiert.
Speisen: Aufschnitt, Klobasse, Verhackert, Kübelfleisch, luftgetrocknetes Fleisch, Gemüse, Essiggemüse, Bauernbrot, Gibanica, Kvasenica, warme Speisen auf Bestellung, Klassische Küche, Koline, Fische, Zganci, saure Suppe mit Heidensterz
Weine: gemischter Satz - weiß
Edelbrände: Slibowitz, Obstler
Obst: Äpfel, Zwetschken, Kirschen
Sonstiges: eigene Teigwarenerzeugung

KMEČKI TURIZEM DRUZOVIČ (1147)

Inhaber: Marta u. Albin **Druzovič**
Vulgoname: **Pri Marti**
Adresse: Drbetinci 47, **62255 Vitomarci**
Telephon: 062/75 75 09
Busverbindung: G.Radgona-Lenart-Vitomarci, Haltestelle Drbetinci - Kapelle, ca. 500 m
Nächster Bahnhof: Ptuj - 15 km

Öffnungszeiten: von Januar bis Dezember; Fr, Sa, So, Feiertag; von 10 Uhr bis 22 Uhr; andere Tage gegen Voranmeldung
Ab-Hof-Verkauf: Wein, Äpfel, Fleischwaren, Verhackert, Bauernbrot

Musik: auf Bestellung
Ausstattung: Innen 80 Plätze (2 Räume), außen 50 Plätze
Zimmer: 3 (im Ausbau)
Anbaufläche (ha): 1
Wege: Wander- und Radfahrmöglichkeiten
Busse: Busse und Gruppen gegen Voranmeldung
Spielplatz: im Ausbau
Sturm: ja
Kastanien: fallweise
Parkplatz:ja
Besonderheiten: Dieses junge Ehepaar führt seit 2 Jahren ganz engagiert diese Buschenschank. Er hat immer schon im Weingarten des Vaters gearbeitet, versucht sich auch in Biowein und versteht ein wenig Deutsch. Die Hausfrau holte aus Ptuj schon einige Preise für gute Bauernprodukte. In meiner Anwesenheit zog sie gerade den 2-fachen Strudelteig mit dem Topfen-Rahmgemisch für herrliche Gibanizen. Sie sind beide sehr bemüht um ihre Gäste, verwöhnen sie im Winter mit speziellem Schlachtessen. Es ist auch ein begehrtes Ausflugsziel, geeignet für Geburtstagsfeiern und Hochzeiten. Auch Möglichkeiten zum Fischen, Jagen und Picknick im Freien sind gegeben. Man gelangt hierher über Mureck oder Bad Radkersburg Richtung Lenart, dort vor der Kirche links Richtung Ptuj, nach ca. 500 m bei der Gabelung links halten, vom Ortsende Schild „Lenart" ca. 8,5 km bis Trnovska Vas, dort bei der Kirche links nach Vitomarci/ Drbetinci, nach 800 m links, nach ca. 3,5 km vor dem Ortsschild „Vitomarci" bei der Kapelle links dem Holzschild ca. 500 m nach.
Speisen: Aufschnitt, Kübelfleisch, Verhackert, Sir, Klobasse, Essiggemüse, Bauernbrot, Gibanica, Palatschinken, warme Speisen auf Bestellung, Klassische Küche, Koline, Stelze, Hühner, diverse Spezialitäten
Weine: Gelber Muskateller, Welschriesling, Sauvignon blanc, Kerner, gemischter Satz - weiß, Grüner Sylvaner, Biowein aus Isabella-, Jurkan- u. Smarnica-Trauben
Edelbrände: Slibowitz
Angesetzte Schnäpse: Honigschnaps, Zwetschkenhonig-schnaps (=Medeno Žganje), Heidelbeerschnaps
Most: ja
Fruchtsaft: Apfelsaft, Karottensaft
Obst: Äpfel
Öl: Kernöl (fallweise)

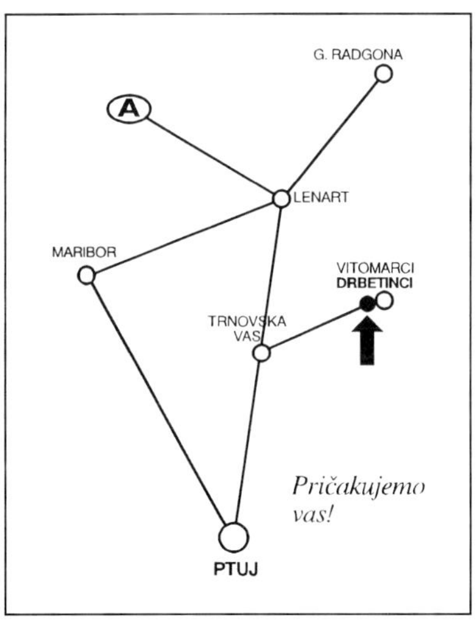

KMEČKI TURIZEM VERŠIČ (1148)

Inhaber: Justina **Veršič**
Vulgoname: **Pri Kapeli**
Adresse: Drbetinci 26, **62255 Vitomarci**
Telephon: 062/77 79 04 oder 062/79 70 94 (privat)
Busverbindung: Lenart-Vitomarci od. Ptuj, Haltestelle Drbetinci vor dem Haus
Nächster Bahnhof: Mureck od. Bad Radkersburg, ca. 15 km
Öffnungszeiten: von Januar bis Dezember; Fr, Sa, So, Feiertag; von 12 Uhr bis 22 Uhr; andere Tage gegen Voran-

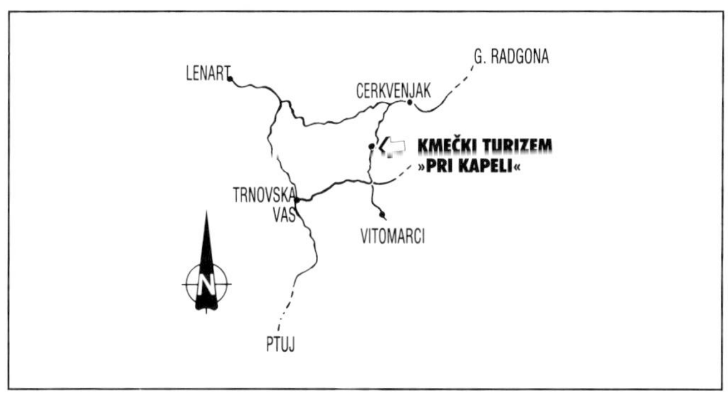

meldung
Ab-Hof-Verkauf: ja; Wein (Faß), Kernöl, Champignons, Äpfel
Musik: auf Bestellung
Ausstattung: Innen 90 Plätze (3 Räume), außen 100 Plätze
Zimmer: 2x2, 1x5
Anbaufläche (ha): 1,5
Wege: Wander- und Radfahrmöglichkeiten
Busse: Busse und Gruppen gegen Voranmeldung

Sturm: ja
Kastanien: ja

Besonderheiten: Von Mureck oder Bad Radkersburg kommend fährt man in Lenart vor der Kirche links (von Marburg nach der Kirche rechts), Richtung Ptuj, nach 500 m bei der Gabelung links halten, vom Ortsende - Schild „Lenart“ ca. 8,5 km bis Trnovska vas, hier bei der Kirche links nach Vitomarci, nach 800 m wieder links, nach 3,5 km vor dem Ortsschild von Vitomarci bei der Kapelle links, dem Holzschild „Pri Kapeli“ 1.300 m nach. In einem kleinen Dorf in einer Kurve, liegt nicht zu übersehen dieses äußerst gepflegte Anwesen mit der Hauskapelle vor der Türe. Die Frau des Hauses ist hier geboren, mit dem Weinbau aufgewachsen und hat seit 2 Jahren hier eine Buschenschank. Ein echter Familienbetrieb, wo die Tochter und der Mann für Obst und Weinbau zuständig sind und sie für die Küche, auch eine Champignonzucht betreiben sie. Sie spricht auch ein wenig Deutsch. Die Flaschenweine der Familie des Schwiegersohnes werden auch hier zum Kauf angeboten. Vom Anwesen aus genießt man einen schönen Rundumblick.
Speisen: Aufschnitt, Verhackert, Klobasse, Kübelfleisch, Champignonsalat, warme Speisen auf Bestellung, Klassische Küche, Gibanica, Krapci, Champignonsuppe mit Heidensterz, Putenfleisch
Weine: gemischter Satz - weiß, Welschriesling
Edelbrände: Slibowitz, Apfelschnaps
Fruchtsaft: Apfelsaft
Gemüse: Champignons
Obst: Äpfel
Öl: Kernöl

KMEČKI TURIZEM SLAČEK (1149)

Inhaber: Matija u. Elizabeta **Slaček**
Adresse: Senčak 9, **62256 Juršinci-Gomila**
Telephon: 062/75 81 92
Busverbindung: G.Radgona-Ptuj-Maribor, Haltestelle Senčak - 50 m
Nächster Bahnhof: Ptuj - 16 km
Öffnungszeiten: von Januar bis Dezember; Fr, Sa, So, Feiertage; von 12 Uhr bis 22 Uhr; andere Tage gegen Voranmeldung
Ab-Hof-Verkauf: ja; Wein (Faß)
Ausstattung: Innen 80 Plätze, außen 60 Plätze
Anbaufläche (ha): 0,8
Wege: Wandermöglichkeiten
Busse: Busse und Gesellschaften gegen Voranmeldung
Sturm: ja
Kastanien: ja

Besonderheiten: Gegenüber von einer bekannten Aussichtswarte besteht diese Buschenschank seit 3 Jahren. Den Weinbau gab es schon immer beim Haus. Obwohl etwas entlegen, finden viele Leute hierher und es finden viele Feiern hier statt, denn Frau Slaček scheint eine gute Köchin und Gastgeberin zu sein. Zu erreichen wieder von Mureck oder Bad Radskersburg über Lenart, vor der Kirche links Richtung Ptuj, nach ca. 500 m bei der Gabelung links, nach dem Ortsende ca. 8,5 km bis Trnovska vas, dort bei der Kirche links nach Vitomarci, nach 800 m wieder links, nach 3,5 km im Ort Vitomarci bei der Kapelle rechts durch den Ort, nach Ortsendetafel die 1. Abzweigung links, nach 2,7 km wieder links, bei der nächsten Gabelung beim Wegkreuz rechts, nach ca. 300 m bei der Kapelle links, dann 3 km bis zur nächsten Abzweigung rechts nach Gomila ca. 1,5 km und nach ca. 1,1 km rechts das erste Haus links (Abzweigung gegenüber der Aussichtswarte).

Speisen: Aufschnitt, Verhackert, Kübelfleisch, Klobasse, Essiggemüse, Gibanica, Kvasenica (auf Bestellung), Bauernbrot, warme Speisen auf Bestellung, Klassische Küche
Weine: gemischter Satz - weiß, Rheinriesling, Furmint, Gelber Muskateller

KMEČKI TURIZEM TOPLAK (1150)

Inhaber: Marta **Toplak**
Adresse: Juršinci 21, **62256 Juršinci**
Telephon: 062/75 80 05
Busverbindung: Ptuj-G.Radgona über Juršinci, Haltestelle beim Gasthaus - 500 m

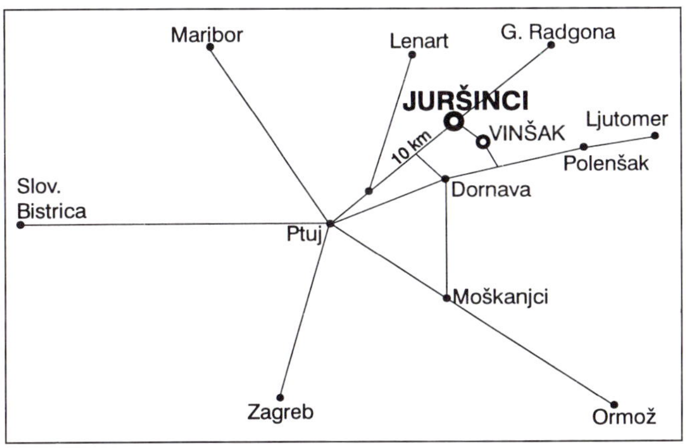

Nächster Bahnhof: Ptuj - 12 km
Öffnungszeiten: von Januar bis Dezember; Mo, Di, Mi, Do, Fr, Sa, So; von 10 Uhr bis 22 Uhr
Ab-Hof-Verkauf: ja; Wein, Äpfel, Pfirsiche, Slibowitz, Honigschnaps, Honig, Wein u. Obststöcke
Weinkost: gegen Voranmeldung
Musik: auf Bestellung

Ausstattung: Innen 50 Plätze, außen 20 Plätze
Zimmer: 1x1, 1x2, 1x3, 1 Appartement
Anbaufläche (ha): 4
Wege: Wandermöglichkeiten
Busse: Busse und Gruppen gegen Voranmeldung
Spielplatz: ja
Sturm: ja
Kastanien: ja
Besonderheiten: Eine Möglichkeit hierherzukommen ist über Maribor, Ptuj, Richtung G.Radgona und Juršinci immer der Hauptstraße nach. Im Ort Juršinci fährt man nach dem Gasthaus Kaučič links die Straße bei der Schule vorbei den Berg hinauf, gleich nach dem Friedhof steht der große Hof der Familie Toplak an einem schönen ruhigen Platz. Neben dem Bauernhof betreiben sie auch eine Obstbaum- und Rebschule, die auf eine 100jährige Tradition zurückblickt. Auch ein Fischteich wird den Gästen geboten, die gerne

einen Auflug zu den beiden Buschenschenken der Toplak's machen.
Speisen: Aufschnitt, Klobasse, luftgetrocknetes Fleisch, Verhackert, Krapci, Bauernbrot, Gibanica, warme Speisen auf Bestellung, Klassische Küche, Pilzsuppe mit Heidensterz, Gulasch, Rehgulasch
Weine: Furmint, Welschriesling, Weißburgunder, Rheinriesling, Gelber Muskateller, Ruländer, Grüner Sylvaner, gemischter Satz - weiß (=Vinščak)
Edelbrände: Slibowitz
Angesetzte Schnäpse: Honigschnaps
Fruchtsaft: Apfelsaft, Karottensaft
Obst: Äpfel, Pfirsiche
Sonstiges: Honig

KMEČKI TURIZEM TOPLAK (1151)

Inhaber: Marta u. Simon **Toplak**
Vulgoname: **Vinšak**
Adresse: Vinšak-Rotman 46, **62256 Juršinci**
Telephon: 062/75 80 05 (privat)
Fax: 062/75 80 05
Busverbindung: G.Radgona-Ptuj, Haltestelle beim Gasthaus Kaučič - Juršinci - 1 km
Nächster Bahnhof: Ptuj - 10 km
Öffnungszeiten: von Mai bis November; Fr, Sa, So, Feiertag; von 14 Uhr bis 22 Uhr; andere Tage gegen Voranmeldung
Ab-Hof-Verkauf: ja; Wein
Weinkost: ja
Ausstattung: Innen 70 Plätze (2 Räume), außen 30 Plätze
Zimmer: 1x2(F,H), 1 Haus für 6 Personen
Anbaufläche (ha): 2
Wege: Wandermöglichkeiten
Busse: Busse und Gesellschaften gegen Voranmeldung
Spielplatz: ja
Sturm: ja
Kastanien: ja
Besonderheiten: Diese ebenfalls der Familie Toplak gehörende Buschenschank finden Sie über Maribor, Ptuj, Richtung G.Radgona bis zum Ort Juršinci zur Kirche und Gasthaus Kaučič, dort gegenüber rechts hinein, den Berg hinauf, bei der nächsten Gabelung links bis zu Kapelle. Hier wird man vom Toplak'schen Ensemble empfangen, der Kapelle der Weinheiligen, dem 300 Jahre alten Buschenschankhaus und dem neuen, bemalten, zum Vermieten gedachten Haus - in völliger Ruhe und mit wunderbarem Ausblick gelegen. Der Weinbau hat in dieser Familie schon Tradition, gemütlich sitzt man im alten Haus, hat 3 Räume

zur Auswahl, eine Stube ist mit Kachelofen und alten Möbel ausgestattet, in der anderen steht die alte Presse aus 1751, wo meist Musik gespielt wird. An der Hauswand bei der überdachten Terrasse zeigt ein Gemälde die Arbeit im Weingarten.
Speisen: Kübelfleisch, Aufschnitt, Klobasse, Verhackert, luftgetrocknetes Fleisch, Gibanica, Krapci, warme Speisen auf Bestellung, Klassische Küche, Gulasch, Rehgulasch, Pilzsuppe mit Heidensterz
Weine: Furmint, Welschriesling, Weißburgunder, Rheinriesling, Gelber Muskateller, Ruländer, Grüner Sylvaner, gemischter Satz - weiß (=Vinščak)
Edelbrände: Slibowitz
Angesetzte Schnäpse: Honigschnaps
Fruchtsaft: Apfelsaft, Karottensaft
Obst: Äpfel, Pfirsiche
Sonstiges: Honig

KMEČKI TURIZEM ŠTRUKLEC (1152)

Inhaber: Jolanda u. Matjaž **Štruklec**
Vulgoname: **Pri Križu**
Adresse: Sestrže Savinsko 72, **62322 Majšperk**
Telephon: 062/79 30 24
Busverbindung: Slov.Bistrica-Ptuj, Haltestelle Sestrže Savinsko 72
Nächster Bahnhof: Pragersko, ca. 6 km
Öffnungszeiten: von Januar bis Dezember; Fr, Sa, So, Feiertag; von 13 Uhr bis 22 Uhr
Musik: auf Bestellung, Musikinstrumente im Haus, auch Selbstspielen möglich
Ausstattung: Innen 170 Plätze (2 Räume), außen 50 Plätze
Zimmer: 8x2
Anbaufläche (ha): 0,8
Wege: Wandermöglichkeiten
Busse: Busse und Gruppen gegen Voranmeldung

Spielplatz: im Ausbau
Sturm: ja
Kastanien: auf Anfrage
Besonderheiten: Ein bemühtes Ehepaar, das wegen einer Krankheit des Mannes auf das Land zog und neben der

Landwirtschaft auch Weinbau betreibt. Die Buschenschank besteht schon einige Zeit, doch die Zimmer zum Vermieten, der Tennisplatz und die Sauna sind noch im Ausbau. Sie hoffen auf Gäste aus den im Umkreis von 30 km gelegenen Thermalbädern, die hier in Ruhe Urlaub machen könnten. Alte Musikinstrumente, die im Buschenschankraum aufgehängt sind, stehen den Gästen zum Musizieren zur Verfügung. Auch zum Bogenschießen besteht die Möglichkeit. Zu erreichen über Maribor, die Schnellstraße Richtung Ljubljana, nach Sp.Hoče rechts die Bundesstraße Richtung Ljubljana/Celje weiter und kurz vor Slovenska Bistrica die Abzweigung links nach Ptuj nehmen, nach ca. 9,5 km, durch Pragersko und Sp.Gaj, rechts (nach einem Schild „50 km/h - Ende") die Asphaltstraße hinein, beim Ort Sestrže gerade und bei der nächsten Gabelung dem Holzschild nach links und nach ca. 300 m wieder links. Der Hausherr versteht etwas Deutsch, die Schwiegertochter, die in einem Reisebüro arbeitet, englisch.
Speisen: Aufschnitt, Verhackert, Kübelfleisch, Bunka, Gemüse, Essiggemüse, Gibanica (auf Bestellung), Bauernbrot,
Weine: gemischter Satz - weiß, Furmint, Müller Thurgau

KMEČKI TURIZEM MEDVED (1153)

Inhaber: Štefka **Medved**
Adresse: Zg.Jablane 10, **62326 Cirkovce**
Telephon: 062/79 21 40
Busverbindung: von Maribor - Haltestelle Zg.Jablane (Sägewerk)
Nächster Bahnhof: Maribor-Ptuj, Haltestelle Cirkovce, ca. 1 km
Öffnungszeiten: von Januar bis Dezember; Di, Mi, Do, Fr, Sa, So; von 15 Uhr bis 22 Uhr; So ab 12 Uhr
Ausstattung: Innen 100 Plätze (2 Räume), außen 200 Plätze
Zimmer: im Ausbau

Anbaufläche (ha): 1,5
Wege: Wandermöglichkeiten
Busse: Busse und Gruppen gegen Voranmeldung
Spielplatz: im Ausbau
Sturm: ja
Kastanien: auf Anfrage
Besonderheiten: Hierher kommt man am besten über Maribor, Schnellstraße Richtung Ljubljana, nach dem Ort Hoče rechts die Landstraße weiter Richtung Ljubljana/Celje, kurz vor Slovenska Bistrica die Abzweigung links nach Ptuj nehmen, durch Pragersko und Sp.Gaj nach ca. 2 km über die Bahngeleise fahren, im Ort Šikole rechts Richtung Cirkovce und im Ort Zg.Jablane nach ca. 200 m rechts sieht man schon das Buschenschankhaus mit dem Brunnen davor. Seit 5 Jahren verwöhnt die freundliche Frau Štefka ihre Gäste. Die 15 ha Landwirtschaft samt Viehwirtschaft und den Weingärten im Haloze bewirtschaftet sie mit ihrem Mann, auch die 2 Töchter helfen der ausgebildeten Köchin dabei. Viele Feste finden hier statt, denn aus der ganzen Umgebung schätzen die Leute Frau Štefkas gute Küche. Eine Spezialität sind z. B. ihr Schweinsbraten oder Hendl in der Krušna Peč (Brotbackofen) gebraten.
Speisen: Aufschnitt, Kübelfleisch, Verhackert, Klobasse, Bunka, Gemüse, Gibanica, Kvasenica (auf Bestellung), warme Speisen auf Bestellung, Klassische Küche
Weine: gemischter Satz - weiß
Edelbrände: Slibowitz
Angesetzte Schnäpse: Weichselschnaps, Heidelbeerschnaps
Fruchtsaft: Traubensaft, Pfirsichsaft, Karottensaft

KMEČKI TURIZEM KAUČIČ (1154)

Inhaber: Alojz **Kaučič**
Adresse: Juršinci 24, **62256 Juršinci**
Telephon: 062/75 80 14 (Gasthaus)
Busverbindung: Ptuj-G.Radgona über Juršinci, Haltestelle Gasthaus Kaučič, ca. 600 m
Nächster Bahnhof: Ptuj - 12 km
Öffnungszeiten: von Mai bis Martini, von 1.Mai bis Martini (11.11./12.11.); Fr, Sa, So, Feiertag; von 14 Uhr bis 22 Uhr; andere Tage gegen Voranmeldung
Ab-Hof-Verkauf: ja; Wein (Flasche)
Weinkost: ja
Musik: auf Bestellung
Ausstattung: Innen 80 Plätze, außen 50 Plätze (Terrasse)
Anbaufläche (ha): 2
Wege: Wandermöglichkeiten
Busse: Busse und Gruppen gegen Voranmeldung
Sturm: ja
Kastanien: ja
Parkplatz:ja
Besonderheiten: Von Maribor über Ptuj Richtung G.Radgona

kann man nach Juršinci fahren, dort beim Gasthaus Pirat rechts bis zur Kirche und beim Gasthaus Kaučič links den Berg hinauf ca. 1,5 km und man kommt zu einer kleinen Anhöhe mit dem alten Herbersteinkeller. Die überwältigende Aussicht reicht vom Pohorje bis zum Poč. Diesen hat Herr Kaučič seit 1 Jahr zu einer geschmackvollen Buschenschank adaptiert. Mit seiner feschen Frau und Klein Sarah will er in diesem Familienbetrieb auch Besonderes in der Küche bieten, wie alle Gerichte in der Peč gebraten zum Beispiel. Für die Gäste gibt es auch die Möglichkeit des Picknicks, des Grillens oder aus dem großen Gulaschkessel zu essen. Dieser bärtige, energiegeladene Mann ist übrigens Bürgermeister von Juršinci und nicht nur als Gastwirt im Ort, sondern vor allem seit 20 Jahren als Weinbauer erfolgreich. Auch biologischer Weinbau wird versucht. Er hatte als einer der ersten Privatbetriebe eine Abfüllanlage im Raum Pettau. Im 530 Jahre alten Gewölbekeller findet man einen Verkostraum mit drei Tischen und Weinregalen eingerichtet, dahinter der Faßkeller, in dem auch Degustationen möglich sind. Einer der schönsten im Privatbesitz befindlichen Keller. Mit ihm kann man sich auch in Deutsch unterhalten.
Speisen: Aufschnitt, Verhackert, Klobasse, Haussalami, Kübelfleisch, Ašikol (luftgetrockneter Schinken), Sir, Gibanica (auf Bestellung), Gemüse, warme Speisen auf Bestellung, Klassische Küche, Rehgulasch, Gänsefleisch
Weine: Gelber Muskateller, Rheinriesling, Welschriesling, Grüner Sylvaner, gemischter Satz - weiß, Sauvignon blanc, Weißburgunder (in Flaschen)
Edelbrände: Slibowitz

KMEČKI TURIZEM TOPLAK (1155)

Inhaber: Stanko **Toplak**
Adresse: Mostje 8, **62256 Juršinci**
Telephon: 062/75 80 59
Busverbindung: Ptuj-G.Radgona, Haltestelle vor dem Haus
Nächster Bahnhof: Ptuj, ca. 8 km
Öffnungszeiten: von Januar bis Dezember; Mo, Di, Mi, Do, Fr, Sa, So; von 10 Uhr bis 22 Uhr
Ab-Hof-Verkauf: ja; Wein, Kernöl, Äpfel
Weinkost: ja, gegen Voranmeldung
Musik: auf Bestellung
Ausstattung: Innen 140 Plätze (2 Räume), außen 50 Plätze
Anbaufläche (ha): 8
Wege: Wandermöglichkeiten
Busse: Busse und Gruppen gegen Voranmeldung
Sturm: ja
Kastanien: ja
Parkplatz:ja
Besonderheiten: Von Maribor über Ptuj, Richtung Gornja Radgona kommend, liegt nach ca. 8 km in Mostje rechts an der Straße das große Anwesen des Stanko Toplak. Ein schöner gepflegter Bauernhof, wo alle zusammenhelfen, die Frau für das Haus, der Mann für den Weinbau zuständig ist. Eine fleißige und bekannte Familie, der Rektor der Uni Marburg ist auch aus der Toplak - Familie. Zwei Söhne, davon studiert einer Landwirtschaft und eine Tochter sind in den Betrieb eingebunden. Übrigens stammt Herr Toplak aus

einer Familie mit fünf Schwestern und vier Brüdern, die alle in der unmittelbaren Umgebung wohnen, von denen sich viele auch mit Weinbau beschäftigen und Jäger sind. Eine Tradition des Hauses ist die Rebschule. Im alten Gewölbekeller haben sie ein gemütliches Buschenschankambiente und aus Gärglocken Beleuchtungskörper geschaffen. Im Erdgeschoß ist ein Raum im alten Stil mit einer Presse im Werden. Viel erwarten läßt auch das einige Kilometer entfernte Haus auf einem Hügel, mit herrlicher Fernsicht, besten Weinlagen und schönem Keller mit der alten Presse. Herr Toplak investiert viel in den Wein, hat genug Ideen und baut immer weiter aus. Deutsch spricht er auch und pflegt Kontakte in die Oststeiermark.

Speisen: Aufschnitt, Verhackert, Klobasse, Haussalami, Gemüse, Kübelfleisch, Sir, Bauernbrot, Gibanica (auf Bestellung), warme Speisen auf Bestellung, Klassische Küche, Wildgerichte
Weine: Welschriesling, Gelber Muskateller, Kernöl, Chardonnay, Weißburgunder, Furmint, Traminer, Rheinriesling, Grüner Sylvaner
Fruchtsaft: Apfelsaft
Obst: Äpfel
Öl: Kernöl

KMEČKI TURIZEM SLUGA (1156)

Inhaber: Franc u. Branka **Sluga**
Adresse: Grajenščak 64b, **62250 Ptuj**
Telephon: 062/77 67 60
Busverbindung: Ptuj- Grajenščak, Haltestelle - 500 m
Nächster Bahnhof: Ptuj - 7 km
Öffnungszeiten: von Januar bis Dezember; Mo, Di, Mi, Do, Fr, Sa, So; von 10 Uhr bis 22 Uhr

Musik: auf Bestellung
Ausstattung: Innen 170 Plätze (2 Räume), außen 60 Plätze
Zimmer: 7 (im Ausbau)
Anbaufläche (ha): 0,5
Wege: Wandermöglichkeiten
Busse: Busse und Gesellschaften gegen Voranmeldung
Spielplatz: im Ausbau
Sturm: ja
Kastanien: ja
Parkplatz:ja
Besonderheiten: Seit vier Jahren gibt es hier eine Buschenschank. Im Sommer wird die Peč im Freien angeheizt zum Grillen, für das Picknick oder zum Gibanicabacken. Die Weingärten liegen gleich neben dem Haus. Viele Gäste kehren nach einer Besichtigung von Ptuj hier ein. Zu erreichen von Maribor kommend in Ptuj über die Brücke, die erste Straße links, die Altstadt hinauf, links die Prešernova

Ulica dem Schloß entlang rund um die Obstgärten die Hauptstraße links bis zum Ortsende von Ptuj weiter, von dort ca. 4 km bis zur Abzweigung (beschildert). Frau Branka spricht ein wenig Deutsch.
Speisen: Aufschnitt, Klobasse, Verhackert, Kübelfleisch, Gemüse, Essiggemüse, Bauernbrot, Gibanica (auf Bestellung), warme Speisen auf Bestellung, Klassische Küche
Weine: gemischter Satz - weiß
Edelbrände: Weinbrand

KMEČKI TURIZEM BERLINGER (1157)

Inhaber: Otto **Berlinger**
Adresse: Vurberk 100, **62241 Sp.Duplek**
Telephon: 062/68 11 09
Fax: 062/30 83 21
Busverbindung: Maribor-Vurberk-Ptuj, Haltestelle vor dem Haus
Nächster Bahnhof: Ptuj, ca. 7 km
Öffnungszeiten: von Januar bis Dezember; Di, Mi, Do, Fr, Sa, So, Feiertag; von 10 Uhr bis 22 Uhr
Ab-Hof-Verkauf: ja; Wein, Slibowitz, Heidelbeerschnaps, Honigschnaps
Weinkost: ja, gegen Voranmeldung
Ausstattung: Innen 30 Plätze, außen 100 Plätze
Anbaufläche (ha): 0,5
Wege: Wandermöglichkeiten
Busse: Busse und Gesellschaften gegen Voranmeldung
Sturm: ja

Kastanien: ja, auf Anfrage
Besonderheiten: Fährt man von Marburg die Schnellstraße Richtung Zagreb, nach der Ampel beim BMW-Gebäude, nach der Tankstelle links durch den Wald, bei der 1.

Häusergruppe beim Stopschild rechts auf die Hauptstraße, 2 x über die Drau, die Hauptstraße weiter den Berg hinauf nach Vurberk, kommt man gleich am Ortsanfang zum in der Kurve gelegenen Haus der Familie Berlinger. Gegenüber der Fischteich, von Kastanienbäumen flankiert, der Weingarten dahinter, so lädt das alte Haus aus 1848 mit seinen Nebengebäuden, sauberst hergerichtet, den Besucher zum beschaulichen Verweilen ein. Mit dem nur mehr aus Resten bestehenden Schloß Vurberk stand auch dieser Hof in einem Naheverhältnis. Auch heute noch besteht mit den Nachkommen der früheren Besitzer Herberstein ein guter Kontakt. Die Familie Berlinger ist seit vielen Generationen am Hof, die Großeltern und Eltern hatten früher ein Gasthaus mit Fleischerei. Jetzt ist hier seit 2 Jahren eine sehr persönliche Buschenschank entstanden, in der alle bestens Deutsch sprechen. In der Küche bereitet die Frau des Hauses

Speisen, wie Forellenspezialitäten oder Maismehlweckerl, nach alten Hausrezepten zu. Vater und Sohn servieren bemüht und mit Freundlichkeit; sie sind auch für den Wein zuständig. Im Keller sind Kostproben möglich und hinter dem Haus lädt eine Weinlaube zum Träumen ein. Der Teich gegenüber dem Haus bietet Möglichkeiten zum Fischen und zu Picknickfesten. Alles in allem eine sehr individuelle Buschenschank. Speisen: Aufschnitt, Kübelfleisch, Topfenaufstrich, Sir, Ge-müse, Essiggemüse, Butter, Bauernbrot, geräucherte Forellen, gebratene Forellen, Forellenpastete, warme Speisen auf Bestellung, Klassische Küche
Weine: Welschriesling, Furmint, gemischter Satz - weiß
Edelbrände: Slibowitz
Angesetzte Schnäpse: Honigzwetschkenschnaps (=Medeno Žganje), Heidelbeerschnaps

KMEČKI TURIZEM MEZNARIČ (1158)

Inhaber: Jože **Meznarič**
Vulgoname: **Pri Urbano**
Adresse: Stojnci 86, **62281 Markovci**
Telephon: 062/76 63 45
Busverbindung: Ptuj-Borl, Haltestelle bei Kapelle - 100 m
Nächster Bahnhof: Ptuj-Ormož, Haltestelle Moškanjci
Öffnungszeiten: von Januar bis Dezember; Sa, So; von 12 Uhr bis 22 Uhr; andere Tage gegen Voranmeldung

Ab-Hof-Verkauf: ja; Wein (Faß), Slibowitz, Bauernbrot, Kübelfleisch, Kernöl, Medeno žganje
Ausstattung: Innen 50 Plätze, außen 40 Plätze
Anbaufläche (ha): 0,7
Wege: Wandermöglichkeiten
Busse: Busse und Gruppen gegen Voranmeldung
Sturm: ja

Kastanien: ja, auf Bestellung
Besonderheiten: Fährt man von Maribor nach Ptuj, dort über den Bahnübergang Richtung Zagreb, **Varaždin**, in Spuhlja rechts Richtung **Borl/Varaždin** bis Stojnci, dort bei der Kapelle und Transformator vorbei geradeaus kommt man zu dem mitten im Grünen ruhig gelegenen Bauernhof. Schon die Eltern betrieben Weinbau und so entschloß sich die Familie vor 4 Jahren eine Buschenschank zu eröffnen. Der Weingarten liegt einige Kilometer entfernt in Borl.
Speisen: Aufschnitt, Verhackert, Klobasse, Kübelfleisch, Sir, Gemüse, Kvasenica, warme Speisen auf Bestellung, Klassische Küche, Koline
Weine: gemischter Satz - weiß (Faß)
Edelbrände: Slibowitz, Weinbrand
Angesetzte Schnäpse: Honigschnaps

KMEČKI TURIZEM PUNGRAČIČ (1159)

Inhaber: Terezija u. Tone **Pungračič**
Adresse: Drenovec-Žurmanov Breg, **62283 Zavrč**
Telephon: 062/76 10 64
Busverbindung: Maribor-Ptuj-Drenovec, Haltestelle Pri Darinki - 500 m
Nächster Bahnhof: Moškanjci - 15 km

Öffnungszeiten: von Januar bis Dezember; Fr, Sa, So, Feiertag; von 10 Uhr bis 22 Uhr; andere Tage gegen Voranmeldung
Ab-Hof-Verkauf: ja; Wein, Slibowitz
Weinkost: ja, gegen Voranmeldung
Musik: auf Bestellung
Ausstattung: Innen 150 Plätze (3 Räume), außen 100 Plätze
Anbaufläche (ha): 3
Wege: Wandermöglichkeiten zum Turški Vrh
Busse: Busse und Gruppen gegen Voranmeldung
Sturm: ja
Kastanien: ja
Besonderheiten: Inmitten von Haloze, einer herrlichen Hügellandschaft mit Blick nach Ormož, Jeruzalem, Turški Vrh und Kroatien, liegt dieser Familienbetrieb, der eine langjährige Weinbautradition aufweist. Seit 1927 existiert dieses Haus, die Buschenschank seit 11 Jahren. Viele Ausflugsgäste lassen sich im alten Haus mit den gemütlich eingerichteten Räumen nieder. Im neuen Haus daneben sind im Keller Weinverkostungen möglich. Frau Terezija hingegen bekommt jährlich Preise für Lukullisches in Ptuj beim „Dobrote Slovenskih Kmetij". Zu erreichen ist dieses Haus am besten über Maribor, Ptuj, Richtung **Varaždin** über die Drau, beim Schloß Borl vorbei, der Drau entlang, ca. 200 m vor der kroatischen Grenze rechts und vor dem Schloß Zavrč links Richtung Drenovec (Straße im Ausbau), beim Markt Pri Darinki dem Schild „Kmečki Turizem" weiter den Berg hinauf, links haltend ca. 5 km.
Speisen: Aufschnitt, Verhackert, Klobasse, Haussalami, Speck, Kübelfleisch, Sir, Bauernbrot, Gemüse, Essiggemüse, Kvasenica, Langoš (am Wochenende), warme Speisen auf Bestellung, Klassische Küche, Koline, Pilzsuppe mit Heidensterz, Putenfleisch
Weine: gemischter Satz - weiß, Furmint, Welschriesling, Rheinriesling, Sauvignon blanc, Chardonnay, Weißburgunder
Edelbrände: Slibowitz
Fruchtsaft: Apfelsaft, Traubensaft, Holundersaft

KMEČKI TURIZEM EMERŠIČ (1160)

Inhaber: Ivan **Emeršič**
Vulgoname: **Ferzovo**
Adresse: Gradišča 79, **62282 Cirkulane**
Telephon: 062/76 10 57
Busverbindung: Maribor - Ptuj über Cirkulane, Haltestelle bei der Kirche
Nächster Bahnhof: Moškanjci, ca. 12 km
Öffnungszeiten: von Januar bis Dezember, geschlossen Ende September bis Anfang Oktober; nur gegen Voranmeldung
Ab-Hof-Verkauf: ja; Slibowitz, Weinbrand
Weinkost: ja, auf Anfrage
Musik: auf Bestellung
Ausstattung: Innen 70 Plätze (2 Räume), außen 30 Plätze
Anbaufläche (ha): 2,5
Wege: Wandermöglichkeiten
Busse: Busse und Gesellschaften gegen Voranmeldung
Sturm: ja

Kastanien: ja
Besonderheiten: Seit 30 Jahren wird hier Weinbau betrieben, seit 14 Jahren eine Buschenschank mit dem großen Bauernhof kurz davor. Der Großvater kaufte diesen Besitz von einem Weinhändler, von dem auch der Hausname

stammt. Im Haus aus 1982 steht die alte Presse von 1884, auch der Keller stammt noch aus dieser Zeit, wo auch Archivweine lagern werden. Ein bißchen versteht der sympathische Hausherr Deutsch und hofft, daß die Kinder nach dem sie die Landwirtschafts- und Haushaltsschulen absolviert haben, übernehmen werden. Ein Klapotec begrüßt am Weinberg beim Buschenschankhaus die Gäste, von wo man eine schöne Aussicht auf das Drautal hat. Zu erreichen von Maribor über Ptuj, **Varaždin**, über die Drau, vor dem Schloß Borl rechts nach Cirkulane über die Brücke, im Ort bei der Kirche rechts und nach 2,5 km ist man beim Haus.
Speisen: Aufschnitt, Kübelfleisch, Klobasse, Verhackert, Topfenaufstrich, Bauernbrot, Gibanica, warme Speisen auf Bestellung, Klassische Küche, Koline, Selbstgrillen möglich
Weine: Welschriesling, Rheinriesling, Sauvignon blanc, Chardonnay, gemischter Satz - weiß, Weißburgunder, Gelber Muskateller
Edelbrände: Slibowitz, Weinbrand

KMEČKI TURIZEM MIHELIČ (1161)

Inhaber: Dušan u. Tatjana **Mihelič**
Adresse: Rožengrunt 37, **62233 Sv.Ana**
Telephon: 062/73 23 37
Busverbindung: G.Radgona-Lokavec-Lenart, Haltestelle bei Kapelle vor dem Haus
Nächster Bahnhof: Mureck
Öffnungszeiten: von Januar bis Dezember; Fr, Sa, So, Feiertag; von 9 Uhr bis 22 Uhr
Musik: auf Bestellung
Ausstattung: Innen 70 Plätze (2 Räume),außen 70 Plätze (Terrasse)
Anbaufläche (ha): 0,7
Wege: Wander- und Radfahrmöglichkeiten
Busse: Busse und Gesellschaften gegen Voranmeldung
Spielplatz: ja
Sturm: ja
Kastanien: ja
Besonderheiten: Sie erreichen dieses gastliche Haus über Mureck, Grenzübergang rechts den Berg hinauf, dann die

Abzweigung nach Lokavec links, durch den Ort links halten, bei der 1. Kapelle (Sv. Maria) nach dem Ortsende, nach ca. 4,7 km sieht man die Tafel an der Straße und links das große Haus. Die große Rasenfläche davor dient als Kinderspielplatz, den die Eltern von der großen Terrasse über-

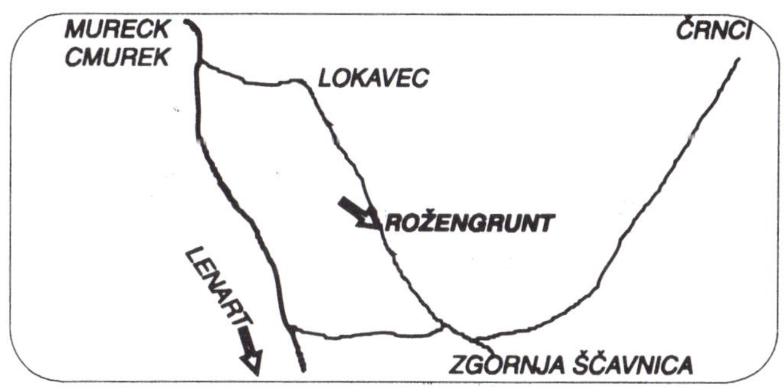

blicken können. Diese neue Buschenschank wird laufend erweitert, kein Problem beim handwerklichen Können des Hausherrn. Der Bauernhof mit Schweinen, Rindern, Hühnern und Hasen liefert alles, was für Feste und Gäste notwendig ist. Ein Grill zum Selbstgrillen soll auch nächstes Jahr aufgestellt werden. Alle helfen hier zusammen bei diesem sympathischen Familienbetrieb am „Rosengrund“.
Speisen: Aufschnitt, Klobasse, Verhackert, Kübelfleisch, Gemüse, Gibanica, Essiggemüse, Topfenaufstrich, Bauernbrot, warme Speisen auf Bestellung, Klassische Küche,

Koline, Sterz, Krainer Würstl, „Bluttommerl"
Weine: gemischter Satz - weiß (Faß)
Edelbrände: Slibowitz
Angesetzte Schnäpse: Heidelbeerschnaps, Weichselschnaps
Fruchtsaft: Traubensaft, Himbeersaft, Heidelbeersaft

KMEČKI TURIZEM BEZJAK (1162)

Inhaber: Ivan u. Marija **Bezjak**
Adresse: Spodnja Korena 88, **62242 Zg.Korena**
Telephon: 062/68 17 70
Busverbindung: Maribor-Korena, Haltestelle vor dem Haus
Nächster Bahnhof: Maribor, ca. 15 km
Öffnungszeiten: von Januar bis Dezember; Fr, Sa, So, Feiertag; von 10 Uhr bis 22 Uhr; andere Tage gegen Voranmeldung
Ab-Hof-Verkauf: ja; Wein (Faß), Slibowitz, Fleisch, Apfelsaft, Bauernbrot
Musik: auf Bestellung

Ausstattung: Innen 80 Plätze, außen 80 Plätze
Zimmer: im Ausbau
Anbaufläche (ha): 0,5
Wege: Wander- und Radfahrmöglichkeiten
Busse: Busse und Gesellschaften gegen Voranmeldung
Spielplatz: ja
Sturm: ja
Kastanien: ja
Besonderheiten: Zu erreichen ist dieser wunderbare Platz über Marburg, Richtung Zagreb, nach der 1. Tankstelle beim „BMW-Haus" links durch den Wald, nach der 1. Häusergruppe rechts, 2 x über die Drau, durch den Ort Zg.Duplek, in Sp.Duplek bei der Kapelle links nach Korena, nach dem Ortsende von Sp.Duplek bei der Kreuzung rechts Richtung Vurberk, den Berg hinauf, links halten, durch den Ort Sp.Korena (Žikarce), nach dem Ortsendeschild nach einer kleinen Kapelle liegt rechter Hand das sauber hergerichtete Haus. Das junge engagierte Ehepaar erbte den verlassenen 100 Jahre alten Hof von den Großeltern und hat ihn in mühevoller Kleinarbeit liebevoll restauriert. Auch in den Innenräumen spürt man die Liebe des Hausherrn, Altes zu sammeln und zu bewahren. Aus den Resten des alten Hauses baute er die Scheune und Zubauten, denn ein

Reitclub und eine Pferdezucht sind auch angeschlossen. Auch Kutschenfahrten werden organisiert. Über einen Waldweg kommt man zum unterhalb dazugehörgigen Teich, bestens für Feiern und Picknick geeignet. Auf Bestellung gibt es auch ein Bauernmittagessen, mit Gerichten aus der Peč. Von dem kleinen Aussichtshäuschen kann man den Ausblick ins Drautal bis Pohorje und bis **Šentilj** genießen.
Speisen: Aufschnitt, Kübelfleisch, Klobasse, Haussalami, Verhackert, Stelze, Rohgemüseteller, Essiggemüse, Gibanica (am Wochenende), Zunge, Kletzenbrot, warme Speisen auf Bestellung, Klassische Küche, Koline, Gänsefleisch, Entenfleisch, Fische, kleines Schwein gebraten im Brotbackofen
Weine: gemischter Satz - weiß
Edelbrände: Slibowitz

KMEČKI TURIZEM KOROŠEC (1163)

Inhaber: Jože u. Darinka **Korošec**
Adresse: Zimica 68, **62242 Zg.Korena**
Telephon: 062/68 18 89
Busverbindung: Maribor-Zimica-Selce, Haltestelle Zimica beim Haus
Nächster Bahnhof: Maribor, ca. 13 km
Öffnungszeiten: von Januar bis Dezember, Fr, Sa, So, Feiertag; 14; von 22 Uhr bis Uhr; andere Tage gegen Voranmeldung
Ab-Hof-Verkauf: ja; Wein (Faß)

Ausstattung: Innen 50 Plätze, außen 50 Plätze
Anbaufläche (ha): 1,2
Wege: Wandermöglichkeiten
Busse: Busse und Gesellschaften gegen Voranmeldung
Sturm: ja
Kastanien: ja
Parkplatz:ja
Besonderheiten: Von Maribor fährt man die Schnellstraße Richtung Zagreb, nach der Tankstelle beim BMW-Haus links, durch den Wald, bei den ersten Häusern rechts, 2 x über die Drau, in Zg.Duplek links nach Zimica, gleich nach der Ortstafel rechts wird man vom Maibaum begrüßt. Seit 4 Jahren wird hier eine Buschenschank betrieben, den Weinbau gibt es schon lange, mittlerweile wurden viele neue Stöcke gesetzt. Alles wurde neu gebaut, bis auf den 100 Jahre alten kleinen Keller. Viele Leute aus Österreich und

Deutschland kommen zu dem auf seinem Grund befindlichen Modellflugzeugplatz von Maribor. Auch Reitpferde stehen den Gästen zur Verfügung.
Speisen: Aufschnitt, Kübelfleisch, Verhackert, Klobasse, Rohgemüseteller, Bauernbrot, Gibanica (auf Bestellung), warme Speisen auf Bestellung, Klassische Küche, Koline, Ripperl
Weine: gemischter Satz - weiß
Edelbrände: Obstler

KMEČKI TURIZEM SIMONIČ (1164)

Inhaber: Familie **Simonič**
Vulgoname: **Jablance**
Adresse: Jablanca 1, **62242 Zg.Korena**
Telephon: 062/68 18 03
Busverbindung: Maribor-Murska Sobota, Haltestelle Schloß Hrastovec, ca. 3 km
Öffnungszeiten: von Januar bis Dezember; Fr, Sa, So, Feiertag; von 12 Uhr bis 22 Uhr; andere Tage gegen Voranmeldung
Ab-Hof-Verkauf: ja; Wein (Faß), Slibowitz, Apfelsaft
Musik: auf Bestellung
Ausstattung: Innen 160 Plätze (2 Räume), außen 50 Plätze
Anbaufläche (ha): 2
Wege: Wander- u. Radfahrmöglichkeiten
Busse: Busse und Gruppen gegen Voranmeldung
Sturm: ja
Kastanien: ja
Besonderheiten: Von Österreich über Spielfeld kommend, zweigt man bei Pesnica Richtung G.Radgona, Lenart ab, nach dem Teich Jezero Pristava beim Market rechts hinein, beim Schloß Hrastovec vorbei, rechts Richtung Korena, bei der 1. Weggabelung links, der nächsten Gabelung rechts, liegt ca. 3,5 km nach der Abzweigung von der Hauptstraße rechts der Hof. Bei der Einfahrt steht die Hauskapelle, dahinter das neue Buschenschankhaus. Beim dazugehörigen Bauernhof gibt es jede Menge Tiere und beim hauseigenen Teich können die Gäste fischen. Die Frau des Hauses wird als Köchin gerne zu Hochzeiten und Begräbnissen geholt und nun wird sie ab 1996 ihre Kochkünste in der Buschenschank anwenden.
Speisen: Aufschnitt, Kübelfleisch, Klobasse, Haussalami, Verhackert, Topfenaufstrich, Gemüse, Bauernbrot, Strudel, Nußpotitze, warme Speisen auf Bestellung, Klassische Küche, Fische, saure Suppe mit Heidensterz, verschiedene Suppen
Weine: gemischter Satz - weiß, „Biowein rot"
Edelbrände: Slibowitz
Fruchtsaft: Apfelsaft

KMEČKI TURIZEM PODOČNIK (1165)

Inhaber: Marija u. Branko **Podočnik**
Adresse: Vrhov Dol 19, **62341 Limbuš**
Telephon: 062/63 21 05
Busverbindung: Nr. 4, Maribor-Ruše, Haltestelle Limbus
Nächster Bahnhof: Maribor, ca. 11 km; Limbuš, ca. 3 km
Öffnungszeiten: von Januar bis Dezember, Sa, So, Feiertag; von 10 Uhr bis 22 Uhr; andere Tage gegen Voranmeldung
Ab-Hof-Verkauf: Pfirsiche
Ausstattung: Innen 70 Plätze (2 Räume), außen 20 Plätze
Busse: Busse und Gesellschaften gegen Voranmeldung
Spielplatz: ja
Sturm: ja
Kastanien: ja
Besonderheiten: In ruhigster Lage, mitten im Grünen

gelegen, kommt man nach einigen Wochenendhäuschen zum schönen Bauernhof mit dem grünen ca. 160 Jahre alten Haus, zu einer erst vor kurzem eröffneten Buschenschank. Der Hausherr verweist auf einen am Dachboden des Hauses gefundenen Situationsplan von 1876, über die in den Katastralgemeinden Bergenthal und Lembach liegenden, dem Georg Löschnig vulgo Schweinzer gehörenden Realitäten. Einer der Vorfahren von Herrn Podočnik kaufte diese Liegenschaft. Wie man erkennen kann, hatte das Haus früher auch einen Glockenturm. Im alten Gewölbekeller lagern Fässer, der Buschenschankraum ist mit blau-braunen Ornamenten bemalt und in der Küche steht ein alter besonderer Herd aus 1895 vom Schlossermeister Hugo Lerch. Zu erreichen über Maribor, die Schnellstraße nach Ljubljana, nach der Tankstelle rechts zum Schloß Betnava, beim Schloß vorbei, bei der Gabelung rechts, weiter geradeaus, bei der nächsten Kreuzung gerade, durch den Ort Pekre, im Ort Limbuš links über die Brücke, nach der Brücke links dem Schild Meranovo nach, die letzten 500 m nicht rechts nach Meranovo sondern die Schotterstraße geradeaus, an den Wochenendhäusern vorbei, der Beschilderung nach.
Speisen: Aufschnitt, Haussalami, Klobasse, Verhackert, Gemüse, Geselchtes, Bauernbrot, Gibanica (auf Bestellung), warme Speisen auf Bestellung, Klassische Küche, Koline
Weine: Weißburgunder, Rheinriesling
Edelbrände: Slibowitz

KMEČKI TURIZEM ZEMLJIČ (1166)

Inhaber: Vera **Zemljič**
Vulgoname: **Pri Veri**
Adresse: Pavlovski Vrh, Libanja 36, **62270 Ormož**
Telephon: 062/71 41 99 oder 062/70 11 29 (privat)
Busverbindung: Ljutomer-Ormož, Haltestelle Libanja, ca. 1,5 km
Nächster Bahnhof: Ormož, ca. 4 km
Öffnungszeiten: von Januar bis Dezember; Fr, Sa, So, Feiertag; von 14 Uhr bis 22 Uhr; So ab 10 Uhr; andere Tage gegen Voranmeldung
Ab-Hof-Verkauf: ja; Wein (Flasche), Kübelfleisch
Weinkost: ja, kommentiert in Deutsch u. Italienisch
Musik: gegen Voranmeldung
Ausstattung: Innen 80 Plätze (3 Räume), außen 80 Plätze

Zimmer: 4 (im Ausbau)
Anbaufläche (ha): 2
Wege: Wandermöglichkeiten
Busse: Busse und Gruppen gegen Voranmeldung
Sturm: ja
Kastanien: ja
Besonderheiten: Eine Route hierher führt über Maribor, Ptuj, Ormož, Richtung Ljutomer über die Bahngeleise links und die erste asphaltierte Straße rechts kommt man nach ca. 1km zum beschilderten Haus. Hier gibt es eine Menge zu erzählen, vielleicht auch, weil Frau Vera so gut Deutsch spricht, neben Italienisch und Englisch. Seit über 30 Jahren wird hier Weinbau betrieben, die Buschenschank seit 1990. Frau Vera hat neben vielen anderen Ausbildungen auch die Kellermeisterprüfung und ist viel im Weingarten und Keller auch mit ihrem Mann zusammen. Doch auch ihre Küche ist eine wahre Fundgrube an Rezepten. Ihre Gibanica ist bekannt, oder Siromašni Kruh. Ihr Sonntag - das Treffen mit der Verwandtschaft - ist Mittwoch, denn am Wochenende ist sie für die Gäste da. Im 500 Jahre alten Keller hat sie eine schöne Vinothek für Degustationen ausgebaut. Im Nebenhaus steht die alte Presse und soll noch als Gastraum weiter ausgebaut werden. Viele Feste werden hier gefeiert, wie das Klapotecaufstellen im August, das Abbauen und natürlich das Martinifest. Gäste aller Nationalitäten besuchen dieses Haus, ob der Oldtimerclub oder Kurgäste, bei Platzmangel packen die Gäste sogar die Campingsessel aus.
Speisen: Aufschnitt, Klobasse, Topfenaufstrich, Verhackert, Sir, Bauernbrot, Gemüse, Klibici, Gibanica, warme Speisen

auf Bestellung, Klassische Küche, Pilzsuppe mit Heidensterz, Verschiedene Spezialitäten - auch Meeresfrüchte (auf Bestellung)
Weine: Furmint, Rheinriesling, Sauvignon blanc, Gelber Muskateller, Chardonnay, Grüner Sylvaner, Müller Thurgau, warme Speisen auf Bestellung
Edelbrände: Slibowitz
Angesetzte Schnäpse: „Belinkovac" (Magenschnaps)

KMEČKI TURIZEM OZMEC (1167)

Inhaber: Vida **Frank-Ozmec**
Adresse: Šlamnjak 33, **69240 Ljutomer**
Telephon: 069/82 13 8
Nächster Bahnhof: Ljutomer, ca. 3 km
Öffnungszeiten: von Januar bis Dezember; Fr, Sa; von 12 Uhr bis 22 Uhr; andere Tage gegen Voranmeldung
Ab-Hof-Verkauf: ja; Wein, Kernöl
Weinkost: ja
Musik: auf Bestellung; Hausfrau spielt auf altem Instrument
Ausstattung: Innen 220 Plätze (3 Räume), außen 40 Plätze
Zimmer: 1x2, 1xM
Anbaufläche (ha): 2

Busse: Busse und Gruppen gegen Voranmeldung
Sturm: ja
Kastanien: ja
Besonderheiten: Von den Kurorten kommen die Leute in vielen Bussen, denn hier gibt es immer ein Programm, einen Begrüßungsschnaps und geröstete Kürbiskerne. Alles wird für die Gäste gemacht, um ihnen auch die Gegend näherzubringen. Fischteiche zum Fischen und Bootfahren liegen vor dem Haus. Von den Schwiegereltern übernommen, hat er mit Hilfe von Frau und Kindern den Weinbaubetrieb vergrößert und begann seit 1980 mit einer Buschenschank. Das Einhorn, das Symbol der Stadt Ljutomer, übernahm er für sein Weinetikett. Seine Tochter als Dipl.Ing.Agr. für Wein- und Obstbau steht ihm mit Rat und Tat zur Seite. Da er viele Jahre in Ingolstadt lebte, kommen viele Bekannte, auch der Fußballverein. Darum ist auch die deutsche Sprache kein Problem. Zu erreichen über G.Radgona, Richtung Zagreb, Ljutomer, dort über die Bahn und die 2. Asphaltstraße links der Holztafel nach, bei den Teichen und dem Wald vorbei kommt man zum ruhig gelegenen Bauernhof mit eigenem Buschenschankhaus.
Speisen: Aufschnitt, Verhackert, Klobasse, Bauernbrot, Strauben, warme Speisen auf Bestellung, Klassische Küche, verschiedene Suppen, Koline, Fische
Weine: Welschriesling, Furmint, Rheinriesling, Sauvignon blanc
Edelbrände: Slibowitz
Angesetzte Schnäpse: Weichselschnaps
Öl: Kernöl

KMEČKI TURIZEM JUREŠ (1168)

Inhaber: Jožica u. Dušan **Jureš**
Adresse: Globoka 14, **69240 Ljutomer**
Telephon: 069/81 74 7 oder 069/83 40 3 (privat)
Busverbindung: Ljutomer-Razkrižje, Haltestelle Stročja Vas, ca. 1 km
Nächster Bahnhof: Ljutomer, ca. 4 km

Öffnungszeiten: von Januar bis Dezember; Fr, Sa, So, Feiertag; von 9 Uhr bis 22 Uhr; andere Tage gegen Voranmeldung
Ab-Hof-Verkauf: ja; Wein, Kernöl

Musik: auf Bestellung
Ausstattung: Innen 70 Plätze, außen 40 Plätze
Zimmer: 2x2, 1 Appartement (4 Betten)
Anbaufläche (ha): 2
Wege: Wander- und Radfahrmöglichkeiten
Busse: Busse und Gruppen gegen Voranmeldung
Sturm: ja
Kastanien: ja

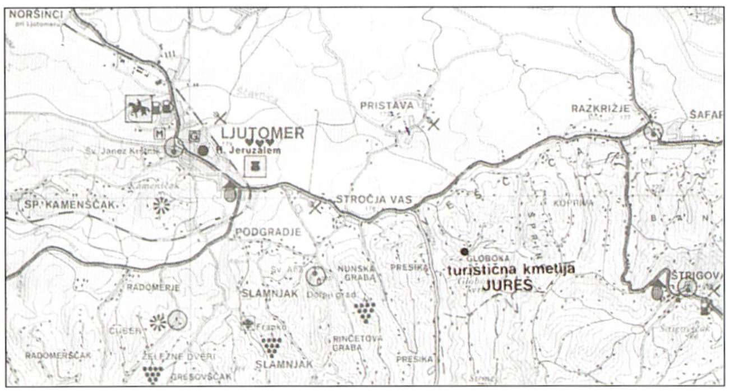

Parkplatz:ja
Besonderheiten: Viele Kurgäste, auch aus dem nahen Banovci kommen gerne in die seit 2 Jahren bestehende Buschenschank, die früher als Wochenend- und Preßhaus diente. Die resolute Blondine kann gut mit Leuten umgehen, ist eine begnadete Köchin, die nach alten Hausrezepten kocht und dadurch immer ein volles Haus hat. Ihr Mann bietet den Gästen Möglichkeiten zum Reiten, Kutschen- und Fahrradfahren oder holt die Leute von den Heilbädern mit dem Auto ab. Von der Terrasse genießt man einen herrlichen Ausblick auf die Weinterrassen. Zu erreichen am besten über G.Radgona Richtung Zagreb, nach Ljutomer Richtung Lendava, bei der Weggabelung rechts dem Holzschild nach ca. 1 km den Berg hinauf, bei der 1. Gabelung rechts halten.
Speisen: Aufschnitt, Kübelfleisch, Verhackert, Haussalami, Sir, Bauernbrot, warme Speisen auf Bestellung, Klassische Küche, Koline, Buchweizenschmarrn, gefüllte Schweinsripperl
Weine: Traminer, Sauvignon blanc, Welschriesling, Rheinriesling
Edelbrände: Slibowitz, Kirschbrand
Öl: Kernöl

KMEČKI TURIZEM ČREŠNAR (1169)

Inhaber: Janko u. Vera **Črešnar**
Adresse: Fošt 14, **62317 Oplotnica**
Telephon: 062/81 93 10
Busverbindung: Maribor-Oplotnica, Haltestelle Zentrum, ca. 1 km
Öffnungszeiten: von Januar bis Dezember; Fr, Sa, So, Feiertag; von 15 Uhr bis 22 Uhr; andere Tage gegen Voranmeldung
Ab-Hof-Verkauf: ja; Wein (Flasche), Slibowitz
Weinkost: gegen Voranmeldung
Musik: auf Bestellung
Ausstattung: Innen 50-60 Plätze (2 Räume), außen 50 Plätze (Garten und Terrasse)
Zimmer: im Ausbau
Anbaufläche (ha): 2,5

Pachtfläche (ha): 10 (vom Kombinat in Slov.Bistrica)
Wege: Wandermöglichkeiten
Busse: Busse und Gesellschaften gegen Voranmeldung
Sturm: ja
Kastanien: ja
Besonderheiten: Einen herrlichen Weitblick genießt man hier oben, völlig ruhig, bei dieser seit 1988 bestehenden Buschenschank. Der Bauernhof mit einer Vielzahl von verschiedenen Tieren liegt oberhalb. Seit langem ist Herr Črešnar als Weinbauer bekannt, das zeigen seine Medaillen und Preise. Übrigens wird hier auch Deutsch gesprochen. Mit einigen anderen Weinbauern gemeinsam hat er zusätzlich 10 ha Weingarten vom Kombinat gepachtet. Im Jahre 1992 versuchte er die erste Spätlese. Zu erreichen über Maribor Richtung Ljubljana Abfahrt Slov.Bistrica, die Landesstraße Richtung Celje, nach ca. 2 km rechts Richtung

Oplotnica - 9 km, im Ort Slov.Konjice links, nächste Kreuzung rechts, bei Turizem na Kmetih links, dann rechts die Schotterstraße rechts haltend den Holzschildern nach, kommt man zu dieser Buschenschank.
Speisen: Aufschnitt, Klobasse, Kübelfleisch, Verhackert, Haussalami, Sir, Bauernbrot, Gibanica, Nußpotitze (auf Bestellung), warme Speisen auf Bestellung, Klassische Küche, Koline, saure Suppe mit Heidensterz, Gänsefleisch, Schaffleisch
Weine: Welschriesling, Rheinriesling, Chardonnay, Weißburgunder, Ruländer, Furmint, Traminer, Blauburgunder, gemischter Satz - weiß
Edelbrände: Slibowitz
Angesetzte Schnäpse: Heidelbeerschnaps

KMEČKI TURIZEM GOLČER (1170)

Inhaber: Franc **Golčer**
Vulgoname: **Žužej**
Adresse: Malahorna 5, **62317 Oplotnica**
Telephon: 062/81 91 94
Busverbindung: Maribor-Slov.Konjice (über Oplotnica), Haltestelle Malahorna
Öffnungszeiten: von Januar bis Dezember; Fr, Sa, So, Feiertag; von 12 Uhr bis 22 Uhr; andere Tage gegen Voranmeldung
Ab-Hof-Verkauf: ja; Wein (Flasche), Slibowitz, Milch, Äpfel, Klobasse
Musik: Sohn spielt Ziehharmonika
Ausstattung: Innen 60 Plätze, außen 40 Plätze
Zimmer: 1x1, 2x2 (ab 1996), 1 Appartement
Anbaufläche (ha): 1,5
Wege: Wandermöglichkeiten
Busse: Busse und Gruppen gegen Voranmeldung
Sturm: ja
Kastanien: ja
Besonderheiten: Von Marburg Richtung Ljubljana Abfahrt Slov.Bistrica, die alte Straße Richtung Celje, durch Oplotnica links nach Slov.Konjice, nächste Kreuzung links, entlang der Weinberge, dann im Ort Malahorna bei der Brücke vor der Kapelle rechts den Berg hinauf, fährt man zum 1. Hof links. Dieser liegt an der geplanten Weinstraße. Ein gepflegter Hof in ruhiger Lage, mit einem neu gebauten Buschenschankgästehaus und dem 250 Jahre alten Wohnhaus. Bei diesem großen Bauernhof hat neben der Viehzucht der Weinbau schon eine langjährige Tradition.
Speisen: Aufschnitt, Kübelfleisch, Klobasse, Haussalami, Bunka, Verhackert, Essiggemüse, Gemüse, Bauernbrot, Gibanica, Nußpotitze (auf Bestellung), warme Speisen auf

Bestellung, Klassische Küche, verschiedene Suppen
Weine: Welschriesling, Weißburgunder, Sauvignon blanc, Rheinriesling, Gelber Muskateller, gemischter Satz - weiß, Blaufränkischer,
Edelbrände: Slibowitz
Fruchtsaft: Apfelsaft, Traubensaft
Sonstige Getränke: Milch
Obst: Äpfel
Wurst: Klobasse

KMEČKI TURIZEM BRGLEZ (1171)

Inhaber: Jože **Brglez**
Vulgoname: **Sparovec**
Adresse: Brezje 9, **62317 Oplotnica**
Telephon: 062/81 94 59

Busverbindung: Maribor-Slov.Konjice, von der Haltestelle Malahorna ca. 1 km
Öffnungszeiten: von Januar bis Dezember; Fr, Sa, So, Feiertag; von 12 Uhr bis 22 Uhr; andere Tage gegen Voranmeldung
Ab-Hof-Verkauf: ja; Wein, Äpfel, Slibowitz
Musik: Tochter spielt Ziehharmonika
Ausstattung: Innen 80 Plätze, außen 30 Plätze
Zimmer: 6 (ab 1997)

Anbaufläche (ha): 2
Busse: Busse und Gesellschaften gegen Voranmeldung
Sturm: ja
Kastanien: ja
Parkplatz:ja
Besonderheiten: Im Jahre 1996 wird auch hier eine Buschenschank eröffnet. Landwirtschaft, Obst- und Weinbau sind schon vorhanden. Ebenfalls ein Kühlhaus für Äpfel aus 4 ha Obstgarten. Dieser 200 Jahre alte Hof ist nun schon seit der 5. Generation im Familienbesitz und war ein Teil des berühmten Kartäuserklosters Žiče. In den Räumen sieht man einen besonderen Kachelofen und schöne Stukkaturen. Auch die nun den Gästen zur Verfügung stehenden Fischteiche gehörten früher zum Kloster. Die Hausfrau ist eine äußerst kreative Köchin. Ein interessantes „Zwiebelkuchen-Rezept" hat sie mit einem Verwandten, einem Koch in Frankreich, probiert. Auch sonst darf man von diesem Haus einiges erwarten. Zu erreichen über Maribor Richtung Ljubljana, nach Slov.Bistrica, dort die alte Straße nach Celje, durch Oplotnica links, Richtung Slov.Konjice, im Ort Malahorna bei der Brücke rechts den Berg hinauf, nach ca. 1 km kommt man zu dem schönen Hofensemble.
Speisen: Aufschnitt, Klobasse, Kübelfleisch, Verhackert, Haussalami, Bunka, Gemüse, Essiggemüse, Sir, Topfenaufstrich, Bauernbrot, warme Speisen auf Bestellung, Klassische Küche, Fische, kleine gebratene Schweine
Weine: Welschriesling, Sauvignon blanc, Ruländer, Weißburgunder, Blaufränkischer, Grüner Veltliner
Edelbrände: Slibowitz
Fruchtsaft: Apfelsaft
Obst: Äpfel (alte Sorten)

KMEČKI TURIZEM LOVRENČIČ (1172)

Inhaber: Janko u. Jožica **Lovrenčič**
Vulgoname: **Slamnik**
Adresse: Lovnik 11, **62319 Poljčane**
Telephon: 062/82 80 50
Busverbindung: Haltestelle Gasthaus Zorin
Nächster Bahnhof: Poljčane, ca. 5 km
Öffnungszeiten: von Januar bis Dezember; Fr, Sa, So, Feiertag; von 12 Uhr bis 22 Uhr; Mo, Di, Mi, Do gegen Voranmeldung
Ab-Hof-Verkauf: ja; Wein
Ausstattung: Innen 20 Plätze, außen 20 Plätze
Zimmer: im Ausbau
Anbaufläche (ha): 5
Wege: Wandermöglichkeiten
Busse: ab 1997 möglich
Spielplatz: ja
Sturm: ja
Kastanien: ja

Besonderheiten: Von Marburg kommend fährt man bis Slov.Bistrica, dort kurz die alte Straße Richtung Celje, vor dem Ortsende Richtung Rogaška Slatina bis Zg.Poljčane und in Lovnik (kein Ortsschild!) gegenüber dem Gasthaus Zorin rechts die Schotterstraße ca. 1 km den Berg hinauf. Hier steht ein direkt an den Hügel gedrängtes Bauernhofensemble, wo durch die liebevolle Hand der Hausfrau ein Blumenparadies entstanden ist. Eine zur Zeit noch kleine Buschenschank zum Wohlfühlen. Dieser Bauernhof besteht seit 4 Generationen. Die Eltern von Frau Jožica kamen tragisch ums Leben - 4 Töchter blieben zurück. Eine Schwester studiert in Laibach Weinbau. Die hübsche Frau Jožica baute mit ihrem Mann und den 3 entzückenden Kindern hier alles wieder auf. Im Winter besucht sie bäuerliche Kurse, versucht neue Kochrezepte und macht bereits Preise für ihre Koch- und Backkünste, ihr Mann dafür beim Wein. Ein neues Haus für den Tourismus ist im Ausbau.
Weine: gemischter Satz, Welschriesling, Rheinriesling, Chardonnay, Sauvignon blanc, Grüner Sylvaner
Speisen: Aufschnitt, Verhackert, Klobasse, Haussalami, Kübelfleisch, Leberpastete, Zunge, Hauskäse, Bunka, Sulz, Bauernbrot, Nußpotitze, warme Speisen auf Bestellung, Klassische Küche, saure Suppe mit Heidensterz, Pilzsuppe mit Heidensterz, Koline, Bograč

KMEČKI TURIZEM GORIČAN (1173)

Inhaber: Ivan u. Ivanka **Goričan**
Adresse: Gabernik 78, **62314 Zg.Polskava**

Telephon: 062/83 69 99
Busverbindung: Maribor-Celje/Rog. Slatina, von der Haltestelle Zg.Polskava ca. 2 km
Nächster Bahnhof: Pragersko, ca. 7 km
Öffnungszeiten: von Januar bis Dezember; Fr, Sa, So, Feiertag; von Uhr bis Uhr; andere Tage gegen Voranmeldung
Ab-Hof-Verkauf: ja; Wein, Slibowitz
Weinkost: ja, gegen Voranmeldung
Musik: auf Bestellung
Ausstattung: Innen 50 Plätze, außen 50 Plätze
Zimmer: im Ausbau
Anbaufläche (ha): 1
Wege: viele Wandermöglichkeiten
Busse: Busse und Gesellschaften gegen Voranmeldung
Sturm: ja
Kastanien: ja
Besonderheiten: Man fährt von Maribor die Bundesstraße Richtung Celje und zweigt vor Slov.Bistrica in Zg.Polskava rechts ab, beim Schild „Gabernik", Kalše, nach ca. 2 km wieder rechts, die Schotterstraße geradeaus ca. 1 km, dann links, durch ein Holzschild „Kmečki Turizem" gekennzeichnet. Für Busse gibt es die Möglichkeit der Zufahrt mitten im Ort, beim Schild „Samopostrezna" rechts den Berg hinauf, nach ca. 1 km Asphaltstraße ca. 600 m Schotterstraße bis zum Bauernhof. Hier ist der Mann für „Salami und Bunka" zuständig, dafür bekommt die Frau in Ptuj beim Wettbewerb für Brot und Mehlspeisen Auszeichnungen. In Tonschüsseln wird hier eine Spezialsuppe mit „Štrukle" serviert. Viele Gäste aus der Umgebung, wie auch deutsche Gruppen, genießen den schönen Ausblick umgeben von Weinbergen. Für die Sportlichen sind auch 2 Pferde zum Reiten vorhanden. Nur wenige Meter vom Bauernhof liegt das Weingartenhaus mit dem Keller aus 1734.
Speisen: Kübelfleisch, Aufschnitt, Verhackert, Haussalami, Klobasse, Bunka, Topfenaufstrich, Gibanica, Bauernbrot, warme Speisen auf Bestellung, Klassische Küche
Weine: gemischter Satz - weiß, Furmint, Gelber Muskateller, Welschriesling, Müller Thurgau
Edelbrände: Slibowitz
Fruchtsaft: Apfelsaft

KMEČKI TURIZEM KOTNIK (1174)

Inhaber: Kristina u. Jože **Kotnik**
Vulgoname: **Krošl**
Adresse: Kraberk 18, **63215 Loče pri Poljčanah**
Telephon: 063/76 32 41
Busverbindung: Slov.Konice-Poljčane, Haltestelle Loče, ca. 5 km
Öffnungszeiten: von Januar bis Dezember; Fr, Sa, So, Feiertag; von 9 Uhr bis 22 Uhr; andere Tage gegen Voranmeldung

Ab-Hof-Verkauf: ja; Wein, Milch, Slibowitz, Fleischwaren
Weinkost: ja, gegen Voranmeldung
Musik: auf Bestellung
Ausstattung: Innen 60 Plätze, außen 20 Plätze
Zimmer: im Ausbau;
Anbaufläche (ha): 2
Wege: Wandermöglichkeiten z. B. 5 km zur Kartause Žiče
Busse: Busse und Gruppen gegen Voranmeldung
Sturm: ja
Kastanien: ja
Besonderheiten: Idyllisch, in völliger Ruhe, von Wald und Wein umgeben, liegt dieser Bauernhof auf 456 m Höhe. Seit 15 Jahren wird hier Weinbau und seit 1 Jahr die Buschenschank betrieben. In 5 km Entfernung liegen das Kartäuserkloster Žiče, Fischteich und Tennisplatz, die Therme Zreče ist 20 km entfernt. Hier geht es sehr familiär zu, alle

kümmern sich um den Gast, 5 Kinder im Alter von 6-20 Jahren bedienen sie, eine Tochter spricht Deutsch. Der Hausherr holt die Gäste auch vom Bus ab. Frau Kristina ist als Kochspezialistin bekannt und kann auf viele Preise aus Ptuj verweisen. Das Haus war viele Generationen unter Kukovec bekannt, nun ist seit 2 Generationen der Hausname Krošl und dank der vielen Kinder soll dies auch so bleiben. Der alte Keller aus der Römerzeit existiert leider nicht mehr, doch auch in dem schönen neuen Erdkeller sind Gäste zu einer Kostprobe willkommen. Viele Gruppen aus der Umgebung und aus dem Ausland kommen gerne hierher.
Speisen: Aufschnitt, Kübelfleisch, Verhackert, Klobasse, Haussalami, Topfenaufstrich, Bunka, Gemüse, Bauernbrot, Gibanica (am Wochenende), Salat, warme Speisen auf Bestellung, Klassische Küche, Koline, Strukle, viele Spezialitäten in der Peč zubereitet
Weine: Welschriesling, Kerner, Chardonnay, Furmint, Müller Thurgau, Blaufränkischer
Edelbrände: Slibowitz
Fruchtsaft: Traubensaft, Heidelbeersaft
Sonstige Getränke: Milch
Fleisch: Kübelfleisch
Wurst: Klobasse

KMEČKI TURIZEM ŠTIHEC (1175)

Inhaber: Slavica **Štihec**
Adresse: Lendavske Gorice 18, **69220 Lendava**
Telephon: 069/76 74 0
Öffnungszeiten: von Januar bis Dezember; Fr, Sa, So, Feiertag (besser Anmeldung); von 13 Uhr bis 22 Uhr; andere Tage gegen Voranmeldung
Ab-Hof-Verkauf: ja; Wein (Faß), Schnäpse, Säfte
Weinkost: gegen Voranmeldung
Musik: auf Bestellung
Ausstattung: Innen 150 Plätze, außen 60 Plätze
Anbaufläche (ha): 1
Wege: Wandermöglichkeiten
Busse: Busse und Gruppen gegen Voranmeldung
Sturm: ja
Kastanien: ja
Besonderheiten: Oberhalb der Stadt, in der Nähe der Therme Lendava gelegen, kommen viele Gruppen und Senioren hierher. Die quirlige Frau spricht 4 Sprachen, natürlich auch Deutsch, war lange im Ausland und man spürt, daß sie gerne Gäste betreut und verwöhnt. Ihr Mann ebenso rührig und sprachgewandt, organisiert Fahrten nach Ungarn oder holt die Leute auch mit dem Gästebus ab. Früher war hier ein Gasthaus, aber sie haben es in eine Buschenschank umgewandelt. Da der Mann und der Sohn Jäger sind, gibt es hier auch Jagdtourismus, auch nach Ungarn sind Beziehungen vorhanden. Für seinen Wein gibt es dort Medaillen. Er betreibt seit 14 Jahren Weinbau. Zu erreichen über G.Radgona, Richtung Ungarn, Murska Sobota, im Ort Radenci über die Bahn Richtung Lendava, dort Richtung Ungarn, bei der 2. Kirche rechts den Holzschildern den Berg hinauf, bei einer Gabelung nach ca. 1,5 km links noch ca. 500 m dem Schild „Kmečki Turizem" nach.

Speisen: Aufschnitt, Kübelfleisch, Klobasse, Verhackert, Bauernbrot, Liptauer, Šunka, Gibanica, Nußpotitze (auf Bestellung) Langoš, Pogatschen, Bograč, Perec
Weine: Welschriesling
Edelbrände: Slibowitz, Grappa
Angesetzte Schnäpse: Weichselschnaps
Fruchtsäfte: Holundersaft, Weichselsaft

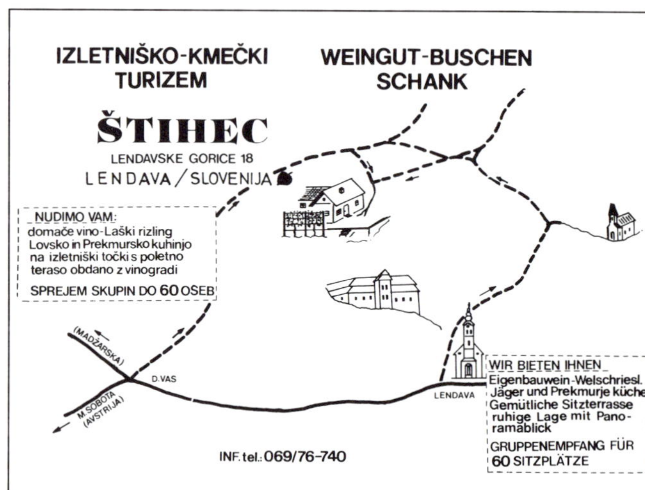

KMEČKI TURIZEM OZMEC (1176)

Inhaber: Sonja **Ozmec**
Vulgoname: **Pri Sonji**
Adresse: Seneški 83, **62274 Velika Nedelja**
Telephon: 062/71 82 17
Busverbindung: Maribor-Ormož/V. Nedelja, von der Haltestelle - 2km
Öffnungszeiten: von Januar bis Dezember; Mo, Di, Mi, Do, Fr, Sa, So; von 9 Uhr bis 22 Uhr
Ab-Hof-Verkauf: ja; Wein (Faß)
Ausstattung: Innen 90 Plätze, außen 40 Plätze
Zimmer: 3x2
Anbaufläche (ha): 1
Busse: Busse und Gesellschaften gegen Voranmeldung
Sturm: ja
Kastanien: ja
Parkplatz:ja
Besonderheiten: Fährt man von Maribor über Ptuj Richtung Ormož, zweigt man in V. Nedelja links ab, bei der Kirche vorbei geradeaus, bei der Kapelle links, der Tafel „Senešci" nach, kommt man nach ca. 2 km zum gepflegten Haus der Frau Sonja. Die fröhliche Frau kocht gerne und gut. Zur Kolinezeit, zum Schlachtessen, kommen die Leute sogar aus Ljubljana hierher. Ein warmes Gericht gibt es immer in dieser seit 5 Jahren bestehenden Buschenschank. Der Mann ist Weinbauer und Tischler und hat schon so manche Lokaleinrichtung gezimmert.
Speisen: Aufschnitt, Kübelfleisch, Verhackert, Klobasse, Bauernbrot, Gibanica, warme Speisen auf Bestellung, Klassische Küche, Koline, saure Suppe mit Heidensterz, Hasenfleisch
Weine: Rheinriesling, gemischter Satz - weiß (=Lunovčan)
Edelbrände: Slibowitz
Angesetzte Schnäpse: Weichselschnaps
Fruchtsaft: Ribiselsaft, Holunderblütensaft

KMEČKI TURIZEM KIRALY (1177)

Inhaber: Ludvik **Kiraly**
Adresse: Čentiba 449, **69220 Lendava**
Telephon: 069/75 16 7

Busverbindung: Murska Sobota-Lendava- Čentiba, Haltestelle Čentiba, ca. 300 m
Öffnungszeiten: von Januar bis Dezember; nur gegen telephonische Voranmeldung
Weinkost: ja, gegen Voranmeldung, Wein- u. Kellergeschichte auf Slowenisch und Ungarisch
Ausstattung: Innen 35 Plätze (2 Räume), außen 40 Plätze

Anbaufläche (ha): 0,6
Sturm: auf Bestellung
Kastanien: auf Bestellung
Besonderheiten: Zu diesem bezaubernden Anwesen gelangt man über G.Radgona, Richtung Ungarn, Murska Sobota, im Ort Radenci Richtung Lendava, dort im Zentrum die Abzweigung nach Pince und die 3. Straße nach dem Ortsschild „Čentiba" links die Asphaltstraße hinauf und nach wenigen Metern sieht man das liebevoll restaurierte, graublaue Haus mit dem strohüberdeckten Sitzplatz. Im alten Keller lagern die Fässer und Flaschen, zu 85% Welschriesling, für den er schon oft Medaillen bekam. Im Haus die alte Presse, die gemütlichen Sitzräume mit Tischdecken und Vorhängen in ungarischer Stickerei, übrigens von der Hausfrau an langen Winterabenden gefertigt. Ludovik Kiraly's Großvater Jožef, sein Vater Franc, Mutter Ana, betrieben Weinbau und so lag es nahe, daß der gelernte Bauingenieur nach dem Tod des Vaters 1970, selbst die Weingärten bewirtschaftete. Nachdem er die Anteile der Schwester und des Bruders, der Bildhauer ist, gekauft hatte, restaurierte er das Haus aus 1837 und richtete die Buschenschank ein. Er geht auf im Weinbau und Frau Kiraly in ihrer Kochkunst, denn das ist ihre Leidenschaft. Sie lernt dazu, macht Tourneen mit ungarischer Küche, wo sein Wein ausgeschenkt wird und vier Musiker aufspielen. Sie schwört auf natürliche Produkte, eigene Hühner und Schweine, alles frisch, keine Mikrowelle. Viel Prominenz aus dem öffentlichen und kulturellen Leben, aus den angrenzenden Ländern und Übersee, auch das diplomatische Korps aus Ungarn kommen gerne hierher. Denn die gute Küche von Frau Maria und der Wein von Herrn Ludvik hat schon so manches Politikerherz geöffnet.
Speisen: Aufschnitt, Klobasse, Kübelfleisch, Koline, Verhackert, Nußpotitze, Gibanica, Strudel, Bograč, viele Spezialitäten der ungarischen Küche

Weine: Welschriesling, Müller Thurgau
Edelbrände: Slibowitz

KMEČKI TURIZEM MLAKER (1178)

Inhaber: Franc u. Elizabeta **Mlaker**
Adresse: Pivolska Ulica 48, **62103 Maribor-Razvanje**
Telephon: 062/30 58 36
Busverbindung: Nr. 11, Maribor-Razvanje, Haltestelle - 1 km
Nächster Bahnhof: Maribor, ca. 6,5 km
Öffnungszeiten: von Januar bis Dezember; Fr, Sa, So, Feiertag; von 13 Uhr bis 22 Uhr; andere Tage gegen Voranmeldung; Juli bis Mitte August geschlossen
Ab-Hof-Verkauf: ja; Wein (Faß), Topfen, Eier
Musik: auf Bestellung
Ausstattung: Innen 45 Plätze, außen 40 Plätze
Anbaufläche (ha): 1
Wege: Wandermöglichkeiten auch zum Pohorje
Busse: Busse und Gesellschaften gegen Voranmeldung
Sturm: ja
Kastanien: ja

Besonderheiten: Fährt man von Maribor Richtung Ljubljana, rechts zum Schloß Betnava, dort vorbei, dann links durch den Ort Razvanje, dann rechts über die Brücke, links, nach ca. 200 m bei einer Kapelle rechts die Asphaltstraße zwischen Obstgarten und Silo links, den Oberlajtova Pot hinauf, kommt nach den letzten 200 m Schotterstraße ein schön renoviertes Anwesen in ruhiger Lage, dahinter die Weinberge. Im gelben Haus aus 1854 ist auch der Weinkeller und auch die noch in Betrieb befindliche Presse. Im gepflegten Buschenschankhaus einige alte Möbel, wo in der Innentüre eines Wandkastens noch die Stallaufzeichnungen von vor 200 Jahren zu lesen sind. Seit 3 Jahren gibt es neben

dem Bauernhof eine Buschenschank, denn der Wein war immer beim Haus, in dem schon die 3. Generation dieser Familie wohnt. Die Eltern des Hausherrn hatten hier eine Mühle und Ölpresse.
Speisen: Aufschnitt, Klobasse, Haussalami, Verhackert, Topfenaufstrich, Liptauer, Bunka, Bauernbrot, Salat, Gemüse, Essiggemüse, luftgetrocknetes Fleisch, Strudel, Kvasenica, warme Speisen auf Bestellung, Klassische Küche
Weine: Weißburgunder, gemischter Satz - weiß
Edelbrände: Slibowitz
Angesetzte Schnäpse: Weichselschnaps, Heidelbeerschnaps
Käse: Topfen
Sonstiges: Eier

KMEČKI TURIZEM DUŽIČ (1179)

Inhaber: Albin **Dužič**

Vulgoname: **Cebe**
Adresse: Pivola 6, **62311 Zg.Hoče**
Telephon: 062/31 41 5
Busverbindung: Nr. 11, Maribor-Razvanje, Haltestelle - 1 km
Nächster Bahnhof: Maribor, ca. 6,5 km
Öffnungszeiten: von Januar bis Dezember; Fr, Sa, So, Feiertag; von 10 Uhr bis 22 Uhr; andere Tage gegen Voranmeldung
Ab-Hof-Verkauf: ja; Wein (Faß), Äpfel, Bauernbrot
Musik: auf Bestellung
Ausstattung: Innen 60 Plätze (2 Räume), außen 100 Plätze
Zimmer: 1x2
Anbaufläche (ha): 1,5
Wege: Wandermöglichkeiten
Busse: Busse und Gesellschaften gegen Voranmeldung
Sturm: ja
Kastanien: ja
Besonderheiten: Früher unter Cebe bestens bekannt, führt das Ehepaar Dužič seit 1991 diese Buschenschank, wo neben bekannten Schlachtessen im Herbst auch das Kastanienbraten Brauch ist. Das Haus wurde 1886 gebaut, war schon vor 1945 als Buschenschank bekannt und damals schon ein beliebtes Ausflugsziel. Ein bißchen Deutsch versteht er schon der Chef und erzählt stolz von seinem Sohn, der voriges Jahr eine Medaille im Wrestling nach Hause brachte. Daher zählt auch das amerikanische Wrestlingteam zu seinen Gästen. Zu erreichen über Maribor Richtung Ljubljana, Abzweigung beim Schloß Betnava rechts, beim Schloß vorbei, links, durch den Ort Razvanje nach Zg.Hoče, rechts Richtung Pohorski Dvor, die Allee zum Schloß Hausenpoh hinein, vor dem Schloß rechts die Straße hinauf, der Beschilderung nach. Hier liegt die Buschenschank mit der großen Terrasse und dem Lindenbaum, der Weingarten daneben.
Speisen: Aufschnitt, Kübelfleisch, Klobasse, Verhackert, Haussalami, Bunka, Leberpastete, Topfenaufstrich, Bauernbrot, Gibanica (3 verschiedene), warme Speisen auf Bestellung, Klassische Küche, Koline, Hasenfleisch, Lammfleisch, kleine gebratene Schweine
Weine: Welschriesling, Gelber Muskateller, Cuveé
Edelbrände: Slibowitz
Angesetzte Schnäpse: Heidelbeerschnaps , Nußschnaps
Fruchtsaft: Himbeersaft, Ribiselsaft
Obst: Äpfel

KMEČKI TURIZEM ROTH (1180)

Inhaber: Franc **Roth**
Adresse: Pivola 92, **62311 Zg.Hoče**
Telephon: 062/61 14 71
Busverbindung: Nr. 13, Nr. 11, Maribor-Razvanje, von der Haltestelle Pivola - 1 km
Nächster Bahnhof: Maribor, ca. 6 km
Öffnungszeiten: von Januar bis Dezember; Fr, Sa, So, Feiertag; von 16 Uhr bis 22 Uhr; andere Tage gegen Voranmeldung
Ab-Hof-Verkauf: ja; Wein (Flasche), Äpfel, Apfelsaft, Bauernbrot
Musik: auf Bestellung
Ausstattung: Innen 100 Plätze (4 Räume), außen 50 Plätze
Anbaufläche (ha): 2,5
Wege: Wandermöglichkeiten
Busse: Busse und Gesellschaften gegen Voranmeldung
Sturm: ja

Kastanien: ja
Parkplatz:ja
Besonderheiten: Von Maribor die Straße Richtung Ljubljana, die Abzweigung rechts zum Schloß Betnava nehmen, nach dem Schloß links durch den Ort Razvanje und 200 m nach der Ortsendetafel steht rechts die beschilderte Buschenschank. Vom nüchternen an der Straße gelegenen Haus erwartet man nicht diese bäuerliche Einrichtung oder die Steinmauer mit Sitzbänken und Kegelbahn, oder den Tennisplatz. Der Familienbetrieb umfaßt noch einen Bauernhof mit Wald und Ackerland. Das Wildgehege kommt 1996 und Pferde sind im Gespräch. Der junge Herr Franc hat noch viel vor in dieser seit 6 Jahren bestehenden Buschenschank. Ein bißchen Deutsch versteht er auch, während der Vater gut Deutsch spricht.
Speisen: Aufschnitt, Verhackert, Kübelfleisch, Klobasse, Stelze, Topfenaufstrich, Bauernbrot, Gibanica (auf Bestellung), warme Speisen auf Bestellung, Klassische Küche, Wildgerichte, Gegrilltes, Gulasch, Koline
Weine: Weißburgunder, Welschriesling, Chardonnay, Rheinriesling, Müller Thurgau, gemischter Satz - weiß
Fruchtsaft: Apfelsaft, Pfirsichsaft, Marillensaft
Obst: Äpfel, Pfirsiche, Marillen, Kirschen
Sonstiges: getrocknete Apfelscheiben

Stempelstelle für Bergwanderweg am Kozjak

1. **URBAN,** 596 m — Franc Brunček, Rošpoh 212, 62251 KAMNICA
2. **TOJZLOV VRH,** 705 m — v domu
3. **KOČA NA ŽAVCARJEVEM VRHU,** 876 m — Mirko GRACE, Zg. Slemen 26, 62201 ZG. KUNGOTA
4. **DUH NA OSTREM VRHU,** 907 m — BIFE — Nada HERIC, Gradišče na Kozjaku 6/C, 62353 DUH na Ostrem vrhu
5. **SRŠENOV VRH,** 965 m — Anton VOLMAJER, Zg. Kapla 20, 62362 KAPLA

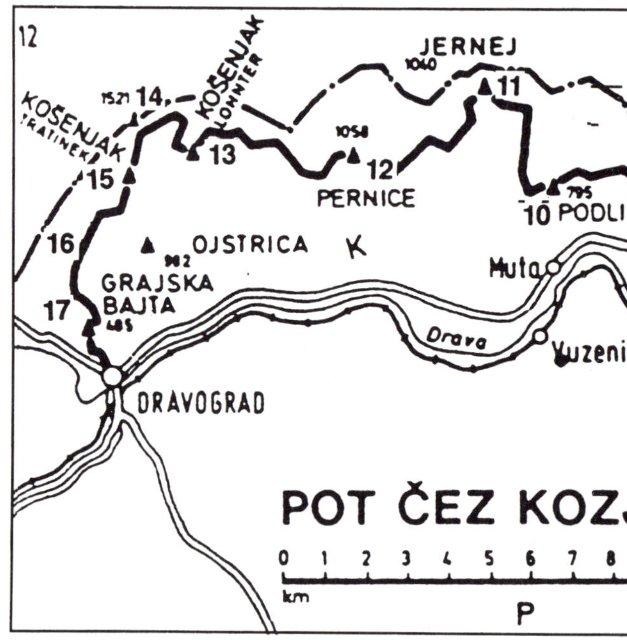

SO FINDE ICH DIE BETRIEBE IM BUCH

Wie finde ich die Betriebe im Text und auf den Karten?
Die Betriebe sind in drei Gruppen geordnet:

Vinotoč = Buschenschenke
Vinogradništvo = Weinbaubetrieb
Kmečki Turizem = Bauerntourismus

Innerhalb der Gruppen erfolgt die Ordnung alphabetisch von A - Z. Nach jedem Betrieb ist eine Ordnungsnummern angegeben. Mit dieser Zahl finden Sie den Betrieb auf den Landkarten, die mit einem Orientierungsnetz versehen sind.

6. **ZGORNJA KAPLA,** 720 m (Kmetija Močilnik) — Jožica GROS, Zg. Kapla 13, 62362 KAPLA
7. **PANGRAC,** 899 m — Jožef PRATER, Radelca 10, 62363 PODVELKA
8. **REMŠNIK,** 684 m — Srečko ERJAVC, Remšnik 6, 62363 PODVELKA
9. **TERNIK,** 647 m, pod Kapunarjem 1050 m — Maks TERNIK, Suhi vrh pri Radljah 46, 62360 RADLJE OB DRAVI
10. **PODLIPJE,** 795 m — Planinsko zavetišče
11. **JERNEJ,** 1040 m, pri kmetu Primožu, Ferdo ČREŠNIK, Branik nad Muto 35, 62366 MUTA
12. **PERNICE,** 1058 m — Gostišče KNEZ, Pernice 24, 62366 MUTA
13. **LOHNTER,** 1146 m — Matilda KUSTER, Velka 1, 62370 DRAVOGRAD
14. **KOŠENJAK,** 1522 m — V skrinjici na vrhu
15. **PLANINSKI DOM KOŠENJAK,** 1169 m — V domu ali skrinjici
16. **GORIŠKI VRH,** 1080 m — Jože OČKO, Goriški vrh 4, 62370 DRAVOGRAD
17. **GRAD DRAVOGRAD** — Ivan VRANEK, Pod gradom 190, 62370 DRAVOGRAD

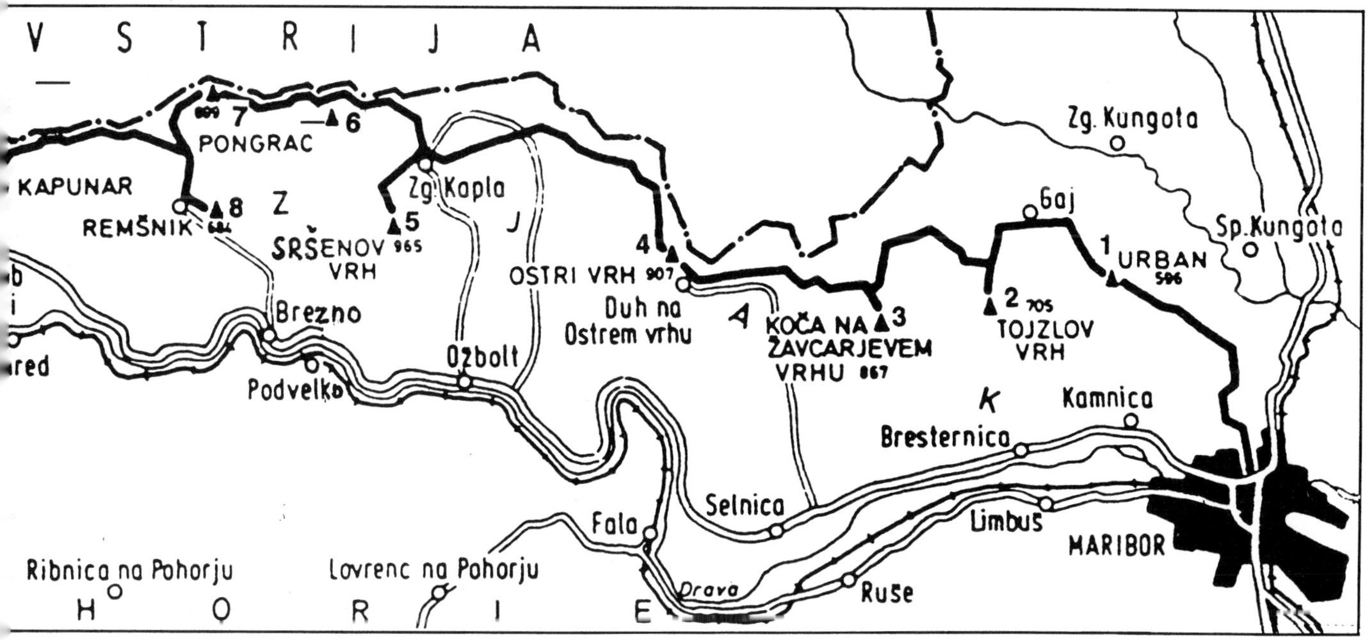

Tisk: Dravska tiskarna Maribor

Weitere Auffindungsmerkmale auf den nächsten Seiten:

Index der Betriebe nach Orten geordnet
Index der Betriebe nach aufsteigenden Nummern geordnet
Index der Betriebe nach Vulgonamen geordnet

INDEX DER BETRIEBE ALPHABETISCH GEORDNET

VINOTOČ

VINOGRADNIŠTVO

KMEČKI TURIZEM

INDEX DER BETRIEBE NACH ORTEN GEORDNET (in Klammer: die Postleitzahlen)

Betrieb	Ord.-Nr.
CIRKULANE (62282)	
EMERŠIČ	1160
JURGEC	58
FRAM (62313)	
URANJEK	62
G.RADGONA (69250)	
BENKO	1138
HARI	1139
HORVAT G.u.M.	36
KRAJNC M.	30
NOVAK	29
PLOJ	28
ROŠKAR	1140
SENEKOVIČ M.	55
GRAD (69264)	
KUZMIČ	32
IVANJKOVCI (62259)	
KUPLJEN J.	711
VIHER	50
JURIJ OB PESNICI (62201)	
VREZNER F.	710
JURŠINCI (62256)	
KAUČIČ	1154
TOPLAK M.	1150
TOPLAK M.u.S.	1151
TOPLAK St.	1155
JURŠINCI-GOMILA (62256)	
SLAČEK M.u.E.	1149
KAMNICA (62351)	
BRUNČEK	1107
DOBAJ	1111
GRIČ-VERDNIK	1108
HLADE	702
JOŠT	704
JOŠT-SV.URBAN	11
KRAJNC N.	12
KRAMPL	1110

Betrieb	Ord.-Nr.
LORBEK	1109
RANER	1113
ŠABEC	6
FUGINA	1114
KAMINCA-BRESTRNICA (62351)	
RAVNJAK	7
KAPELSKI VRH (69352)	
ŠTUHEC	24
KOG (62276)	
ČURIN	708
HLEBEC	27
LENART (62230)	
KRAJNC B.	53
LENDAVA (69220)	
BOGDAN	59
CUK	51
KIRALY V.u.T.	45
KIRALY L.	1177
LEVAČIČ	47
ROŽMAN St.	46
ŠTIHEC	1175
LIMBUŠ (62341)	
JAUNIG	707
PODOČNIK	1165
ŠFILIGOJ	41
LJUTOMER (69240)	
BELEC	26
JUREŠ	1168
OZMEC V.	1167
ŽIŽEK	42
LOČE PRI POLJČANAH (63215)	
KOTNIK	1174
MAJŠPERK (62322)	
ŠTRUKLEC	1152

Betrieb	Ord.-Nr.
MARIBOR (62000)	
ANDERLIČ E.u.S	1103
ANDERLIČ F.u.T	1104
BRAČKO	1101
CELCER	1123
FELZER	9
GAMSER-VRAČKO	10
HORVAT A.	4
KOVAČIČ	1122
LUKMAN	8
MAK St.u.A.	3
MAK V.u.M.	1100
MARKUŠ	2
PROTNER G.	38
ROŽMAN J.u.B.	39
ROŽMAN A.u.J.	40
VALENTAN	1
MARIBOR-RAZVANJE (62103)	
MLAKER	1178
MARKOVCI (62281)	
MEZNARIČ	1158
MIKLAVŽ (62275)	
JANEŽIČ	709
MORAVSKE TOPLICE (69208)	
FLISAR	1141
OPLOTNICA (62317)	
BRGLEZ	1171
ČREŠNAR	1169
GOLČER	1170
ORMOŽ (62270)	
BOGŠA	1136
ZEMLJIČ	1166
PERNICA (62231)	
DAJČMAN	19
KNUPLEŽ	1124
PROTNER F.	1102
ŠPES	23
THALER	1133

Betrieb	Ord.-Nr.
PESNICA (62211)	
KMETEC	1105
KRSNIK	18
PODGORCI (62273)	
SIRC	49
ZORKO	56
POLJČANE (62319)	
LOVRENČIČ	1172
VERLE	57
PTUJ (62250)	
SLUGA	1156
PUCONCI (69201)	
TREMEL	1142
RADENCI (69252)	
ALBERT	25
JUDER	31
SLADKI VRH (62214)	
POJBIČ	1118
SLOV. BISTRICA (62310)	
PODLESNIK	43
SLOV. KONJICE (63210)	
ZALOŽNIK	44
SP. DUPLEK (62241)	
BERLINGER	1157
SP. IVANJCI (69245)	
ŠINKO	1135
SP. VOLIČINA (62232)	
ŠUMAN	1137
SV. ANA (62233)	
BAUMANN	1126
MIHELIČ	1161
MOLEH R.(1)	1127

Betrieb	Ord.-Nr.
MOLEH R.(2)	1128
SENEKOVIČ F.u.I.	1131
SLAČEK M.u.S.	1129

SV. JURIJ (JUROVSKI DOL) (62223)

Betrieb	Ord.-Nr.
SKRLEC	1125

ŠENTILJ (62212)

Betrieb	Ord.-Nr.
POLC	14

TIŠINA (69251)

Betrieb	Ord.-Nr.
CERNJAVIČ	1146

VELIKA NEDELJA (62274)

Betrieb	Ord.-Nr.
BOMBEK	48
OZMEC S.	1176

VERŽEJ (69241)

Betrieb	Ord.-Nr.
ŠONAJA	52

VIDEM OB ŠČAVNICI (69244)

Betrieb	Ord.-Nr.
GERLEC	33
KUPLJEN F.u.V.	706

VITOMARCI (62255)

Betrieb	Ord.-Nr.
DRUZOVIČ J.	705
DRUZOVIČ M.u.A.	1147
VERŠIČ	1148

ZAVRC (62283)

Betrieb	Ord.-Nr.
JANŽEKOVIČ	34
PUNGRAČIČ	1159

ZG.HOČE (62311)

Betrieb	Ord.-Nr.
DUŽIČ	1179
ROTH	1180
VORSIČ	60
VRECL	61

ZG.JAKOBSKI DOL (62222)

Betrieb	Ord.-Nr.
HAMERŠAK	1120
KACIJAN	22
MULEC	1121

ZG.KORENA (62242)

Betrieb	Ord.-Nr.
KOROSEC	1163
SIMONIČ	1164
SLANIČ	37

ZG.KUNGOTA (62201)

Betrieb	Ord.-Nr.
BEZJAK	1162
DREISIEBNER	1117
ELŠNIK	1116
GAUBE	701
GORNIK	16
HAUPTMANN	13
HOLER	1115
JAMNIK	15
JARC	17
KOREN	1112
LEBER F.	700
LEBER J.u.P.	1106
MUKENAUER	703
VALDHUBER	20
VRAČKO	21
VREZNER J.u.M.	5

ZG.POLSKAVA (62314)

Betrieb	Ord.-Nr.
GORIČAN	1173

ZG.VELKA (62213)

Betrieb	Ord.-Nr.
PERKO	1119
ŠKOFIČ	54

INDEX DER BETRIEBE NACH AUFSTEIGENDEN NUMMERN GEORDNET

1	VALENTAN
2	MARKUŠ
3	MAK St.u.A.
4	HORVAT A.
5	VREZNER J.u.M.
6	ŠABEC
7	RAVNJAK
8	LUKMAN
9	FELZER
10	GAMSER-VRAČKO
11	JOŠT-SV.URBAN
12	KRAJNC N.
13	HAUPTMANN
14	POLC
15	JAMNIK
16	GORNIK
17	JARC
18	KRSNIK
19	DAJČMAN
20	VALDHUBER
21	VRAČKO
22	KACIJAN
23	ŠPES
24	ŠTUHEC
25	ALBERT
26	BELEC
27	HLEBEC
28	PLOJ
29	NOVAK
30	KRAJNC M.
31	JUDER
32	KUZMIČ
33	GERLEC
34	JANŽEKOVIČ
35	CELEC
36	HORVAT G.u.M.
37	SLANIČ
38	PROTNER G.
39	ROŽMAN J.u.B.
40	ROŽMAN A.u.J.
41	ŠFILIGOJ
42	ŽIŽEK
43	PODLEŠNIK
44	ZALOŽNIK
45	KIRALY V.u.T.
46	ROŽMAN Št.
47	ZEVAČIČ
48	BOMBEK
49	SIRC
50	VIHER
51	CUK
52	ŠONAJA
53	KRAJNC B.
54	ŠKOFIČ
55	SENEKOVIČ M.
56	ZORKO
57	VERLE
58	JURGEC
59	BOGDAN
60	VORSIČ
61	VRECL
62	URANJEK
700	LEBER F.
701	GAUBE
702	HLADE
703	MUKENAUER
704	JOŠT
705	DRUZOVIČ J.
706	KUPLJEN F.u.V.
707	JAUNIG
708	ČURIN
709	JANEŽIČ
710	VREZNER F.
711	KUPLJEN J.
1100	MAK V.u.M.
1101	BRAČKO
1102	PROTNER F.
1103	ANDERLIČ E.u.S.
1104	ANDERLIČ F.u.T.
1105	KMETEC
1106	LEBER J.u.P.
1107	BRUNČEK

1108 GRIČ-VERDNIK
1109 LORBEK
1110 KRAMPL
1111 DOBAJ
1112 KOREN
1113 RANER
1114 FUGINA
1115 HOLER
1116 ELŠNIK
1117 DREISIEBNER
1118 POJBIČ
1119 PERKO
1120 HAMERŠAK
1121 MULEC
1122 KOVAČIČ
1123 CELCER
1124 KNUPLEŽ
1125 SKRLEC
1126 BAUMANN
1127 MOLEH R.(1)
1128 MOLEH R.(2)
1129 SLAČEK M.u.S.
1130 SENEKOVIČ A.
1131 SENEKOVIČ F.u.I.
1132 NEUDAUER
1133 THALER
1134 FIRBAS
1135 ŠINKO
1136 BOGŠA
1137 ŠUMAN
1138 BENKO
1139 HARI
1140 ROŠKAR
1141 FLISAR
1142 TREMEL
1143 MARIČ
1144 KOUS
1145 MARKO
1146 CERNJAVIČ
1147 DRUZOVIČ M.u.A.
1148 VERŠIČ
1149 SLAČEK M.u.E.
1150 TOPLAK M.
1151 TOPLAK M.u.S.
1152 ŠTRUKLEC
1153 MEDVED
1154 KAUČIČ
1155 TOPLAK St.
1156 SLUGA
1157 BERLINGER
1158 MEZNARIČ
1159 PUNGRAČIČ
1160 EMERŠIČ
1161 MIHELIČ
1162 BEZJAK
1163 KOROŠEC
1164 SIMONIČ
1165 PODOČNIK
1166 ZEMLJIČ
1167 OZMEC V.
1168 JUREŠ
1169 ČREŠNAR
1170 GOLČER
1171 BRGLEZ
1172 LOVRENČIČ
1173 GORIČAN
1174 KOTNIK
1175 ŠTIHEC
1176 OZMEC S.
1177 KIRALY L.
1178 MLAKER
1179 DUŽIČ
1180 ROTH

INDEX DER BETRIEBE NACH VULGONAMEN GEORDNET

Ambroz	704
Beli Breg	48
Bobič	1111
Cebe	1179
Dopler	18
Doris	51
Dravaric	1143
Ferenc	1144
Ferzovo	1160
Fric	56
Gajser	1131
Gašper	1116
Gi	30
Gole	19
Jablance	1164
Janc	1110
Juder	16
Klapotec	25
Kolarek	57
Korošec	1112
Kosovi	52
Krošl	1174
Miško	1142
Mon Royal	711
Na Jožefu	43
Ožbalt	2
Pipuš	13
Pri Baronu	62
Pri Kapeli	1148
Pri Klemenu	702
Pri Križu	1152
Pri Lipi (Beim Lindenbaum) od. Frumen	32
Pri Marti	1147
Pri Osetu	1108
Pri Pečarjevih	3
Pri Ribniku	36
Pri Ribniku	1146
Pri Sonji	1176
Pri Urbano	1158
Pri Veri	1166
Rožič	1113
Sabnik	1109
Schneider	54
Slamnik	1172
Sparovec	1171
Spodni Marin	41
Tony	45
Trebolscak	1132
Turčan	34
Vi Marjetica	33
Vinšak	1151
Visočnik	1122
Žužej	1170

ÜBERSETZUNG DER WICHTIGSTEN ORTS-, FLUSS- UND BERGNAMEN

Apače	Abstall
Bistrica	Feistritz
Boč	Wotsch
Borl, Borlyn	Ankenstein
Breg	Rann (Vorort von Pettau, am rechten Drauufer)
Brestrnica	Tresternitz
Ciringa	Zieregg
Cirkulane	Zirkulane
Čakovec	Czaktornja, Tschakathurn
Destrnik	St.Urban bei Pettau, im Nordwesten

Dornava	Dornau (Schloß)
Drava	Drau
Fram	Frauheim
Gorca	Gorzaberg
Gornja Radgona	Oberradkersburg
Gradišče	Dreifaltigkeit
Haloze	Kollos
Janški vrh	Johannesberg
Jesenice	Jesenitz
Jurij	St. Georgen
Kamnica	Gams
Kozjak	Gaisberg
Kresnica	Graßnitzberg
Lenart	St. Leonhard
Ljubljana	Laibach
Majšperk	Monsberg
Maribor	Marburg an der Drau
Marija Snežna	Maria Schnee
Miklavž	St. Nikolai
Murska Sobota	Olsnitz
Ormož	Friedau
Pernice	Pernitzen
Podlehnik	Lichtenegg
Pohorje	Bachern-Gebirge
Pomurje	Murgebiet
Pomurska Pot	Murgebietsweg
Prekmurje	Übermurgebiet
Ptuj	Pettau
Ptujska gora	Maria Neustift
Radenci	Bad Radein
Radlje	Mahrenberg
Rogaška slatina	Rohitsch-Sauerbrunn
Rošpoh	Roßbach
Slatina	Sulztal
Slovenske gorice	Windische Büheln
Središče	Polstrau
Sveti Križ	Heiligkreuz
Svečina	Witschein
Sveti Primos	St. Primon
Sveti Trije Kralji	Hl. Drei Könige
Sveti Urban	St. Urban
Šentilj	St. Egidi
Špičnik	Speisenegg
Velika nedelja	Groß-Sonntag
Veržej	Wernsee
Videm	St. Veit bei Pettau
Vurberk	Wurmberg
Zavrh	Sauerberg
Železne dveri	Eisentor
Zgornja Kungota	Ober St. Kunigund

ÜBERSETZUNG EINIGER SPEISEN

Ajdovi žganci	Buchweizensterz
Ašikol	luftgetrockneter Schinken
Bograč	spezielles Gulasch
Budžola	geräucherter Schopfbraten
Bunka	gerollter und luftgetrockneter Schinken
Domači kruh	Hausbrot
Dunajski zrezek	Wienerschnitzel
Gibanica	ein spezieller Topfenkuchen
Goveja juha z rezanci	Rindsuppe mit Nudeln
Goveji zrezek v omaki	Rindsschnitzel mit Sauce
Kisla juha z ajdovimi žganci	saure Suppe mit Heidensterz
Klibici	Hausbrötchen
Klobasa	grobe Hauswurst
Koline	Schlachtessen, meist Brat-, Blut-, Breinwürste
Krapci	ähnlich wie Krapfen
Kruhova pogača z ocvirki	Grammelpogatschen
Krušna peč	Brotbackofen
Kvasenica	eine Art Gibanica
Medeno Žganje	Honigschnaps
Meso in Tunke	Kübelfleisch
Narezek	Aufschnitt
Ocvrt piščanec	Backhuhn
Orehova Potica	Walnußpotitze
Pečenka	Schweinebraten
Peres	Rundes Gebäck
Reteš	Strudel mit verschiedenen Füllungen
Sir (Domače Sir)	Hauskäse
Štrukle	„Topfenrollen" für die Suppe
Suha salama	trockene Salami, hausgemacht
Šunka	luftgetrockneter Schinken
Zaseka	Verhackert
Žganci	Sterz

DIE GRÖSTE AUSWAHL VON WEINEN IN SLOWENIEN
• über 900 verschiedene Abfüllungen ab dem Jahrgang 1960 ständig vorrätig
• Restaurant mit erlesenen Weinen und ausgezeichneten Speisen
Vinoteka
VINOTEKA LJUBLJANA
Simon Bradeško • Dunajska c. 18, Ljubljana • Gospodarsko razstavišče • Tel.: 386 61 131 50 15; Fax: 386 61 131 63 52

Wanderkarte Weststeirisches Grenzland an der Schilcherstraße

Plastikschuber und Wanderpaß mit 11 Stempelstationen mit genauen Beschreibungen für Freizeit, Radfahren und anderen Sportarten, Waldlehrpfad Großradl, Höhenwanderung Gaißeregg, Rundwege Pölfing-Brunn, Pitschgau, St. Ulrich, Mountainbike-Tour usw., Maßstab 1:50.000
ISBN 3-901284-13-3 Format 11,5 x 18 cm
öS 50,–/ DM 7,50/ sfr. 5,90

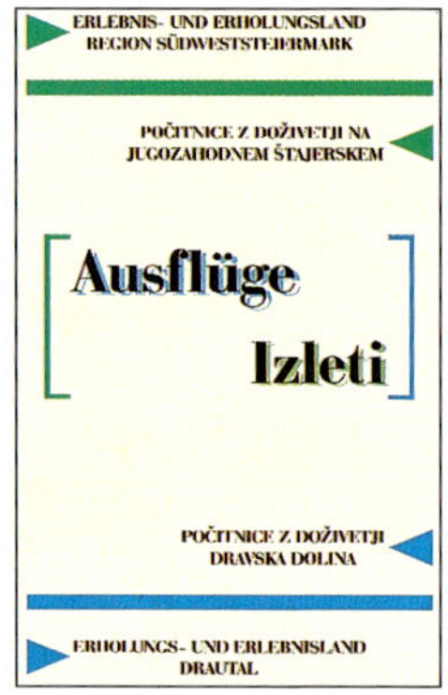

Ausflüge (Izleti) in der Südweststeiermark und im Drautal

Wanderkarte im Erlebnis- und Erholungsland Südweststeiermark und Drautal in zwei Sprachen (deutsch und slowenisch) mit Beschreibung der Ausflugsziele, Natur- und Kulturdenkmäler, Sport- und Freizeiteinrichtungen, Buschenschenken usw.
ISBN 3-901284-12-5 Format 16 x 30 cm
öS 68,–/ DM 9,90/ sfr. 8,–

Radfahrkarte Feldbachregion
(das Schlösser-, Thermen- und Weinland in der Südoststeiermark)

Vierfärbige kartonierte Broschüre, 98 Farbfotos auf 47 Seiten mit Regionsbeschreibung, 14 Radrouten, Aufzählung der Beherbergungsbetriebe, Gasthöfe und Buschenschenken, große übersichtliche Landkarten mit eingezeichneten Radfahrwegen, Orte mit Radfahrbetrieben und vielen Informationen
ISBN 3-901284-08-7 Format 10 x 20,7 cm
öS 40,–/ DM 5,90/ sfr. 4,90

Radkarte Frohnleiten

Radfahren inmitten der Steiermark für Familien, Hobbyfahrer, Mountainbiker, am R2 gelegen. Ausflugsziele und Erlebnispunkte, Bahnstrecken und Bahntips. Maßstab 1:160.000.
ISBN 3-901284-07-9 Format 22,5 x 32 cm, 750 g
öS 40,–/ DM 5,90/ sfr. 5,90

UNIKUM VERLAG

Dipl.-Ing. H. Strallhofer-Hödl
Schubertstraße 24
A-8010 Graz,
Telefon und Fax 0316/337112

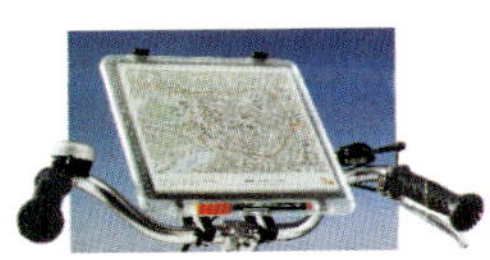

Kartenhalter „Herbie"

Ein Radkartenhalter für alle Ansprüche, stabile Halterung aus Nirosta-Stahl, entspiegelte Klarsichthaube aus hochschlagfestem Kunststoff, leichte Montage mit unbeschränkten Positionierungsmöglichkeiten und Befestigungsalternativen an verschiedensten Lenkern. Es verbleibt ausreichend Raum für Bowdenzüge und Kabel. Führ Fahrradkarten mit Spiralrücken ist die Bodeneinheit mit einer Aufnahmerinne versehen.
öS 448,–/ DM 64,– (verpackt in einem Karton)

Radkarte Sulmtalradweg (R1), Weißer Sulmradweg (R3), Schilcherradweg (R4), Römerradweg (R6), Saggautalradweg (R20), St. Peter Radweg (R22) und Weinlandradweg (R25)

7 Radwege mit exakten Abgaben über Streckenprofil, Radlwirte, Naturdenkmäler, Freizeitmöglichkeiten auf einer Karte mit Schutzumschlag, Erlebnispunkte, Ur- und Erlebnispfade, Informationen zum Gelände, Fahrradverleih usw., Maßstab 1:50.000
ISBN 3-901284-09-5 Format 13,5 x 25,5
öS 78,–/ DM 11,50/ sfr. 9,90

Radregion Oberes Murtal (Knittelfeld und Judenburg)

2 Karten im Schutzumschlag mit Mountainbike-Touren, Rudi Mittereggers Hausstrecke (KF1), Aichfeld Murtal Runde (KF2), Trekburg Tour (KF3), Steirerkäsetour (KF4), Österreichring-Tour (KF5), Lobming Tour (KF6), Zirbenlandtour (RW JU11), Orientierungshilfen, Maßstab 1:50.000
ISBN 3-901284-06-0 Format 13,5 x 25,5 cm
öS 98,–/ DM 14,90/ sfr. 11,90

Radkarte Mürztalradweg (Bruck/Mur, Mürzzuschlag-Frein = R5) 76 km und Feistritztalradweg (Birkfeld-Ratten = R8) 17,8 km

Genaues Streckenprofil, Schwierigkeitsgrad der Gesamtstrecke, kulturelle Besonderheiten. Genaue Beschreibung der Radwege, Angabe der Gasthöfe, Hotels, Radwirte, Erlebnispunkte, Fahrradservice, Freizeiteinrichtungen und Fahrradverleih, 2 Karten im Schutzumschlag mit Übersichtsplan, Maßstab 1:50.000
ISBN 3-901284-11-7 Format 13,5 x 22,5 cm
öS 78,–/ DM 11,50/ sfr. 9,90

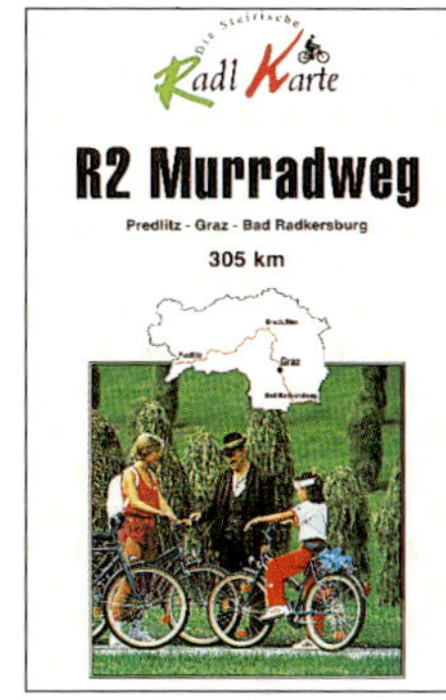

R2 Murradweg (Predlitz, Graz, Bad Radkersburg)

3 vierfärbige Karten im kartonierten Schutzumschlag mit Übersichtsplan über alle steirischen Radkarten, Pyramidenfalz, Maßstab 1:50.000
ISBN 3-901284-04-4 Format 13,5 x 25,5
öS 128,–/ DM 18,90/ sfr. 15,90

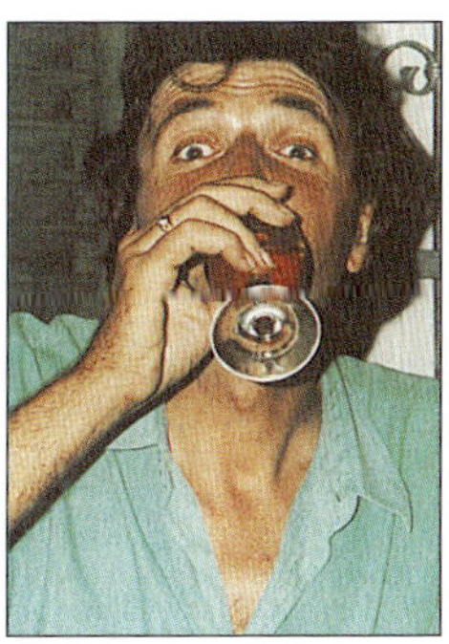

Weinkultur (Billett-Serie) von Franz Quinz

Die Billettserie besteht aus 10 vierfärbigen Karikaturen zum Thema Wein auf 10 doppelseitigen Karten, 1 x gerillt (256-185 mm) und 10 Kuverts. Die Karten sind als individuelle Glückwunsch- und Grußkarten nicht nur für Weinfreaks bestens geeignet. Die Auflage ist limitiert und beträgt 1.200 Exemplare. Der Künstler ist Diplomingenieur (Architektur) und nebenberuflicher Karikaturist und Grafik-Designer (Jg. 1953).
ISBN 3-901284-07-9 Format 22,5 x 32 cm, 750 g
öS 363,–/ DM 51,90/ sfr. 42,90

Rastland R15

Radkarte mit vielen Informationen über das Palten- und Liesingtal, Radinfos und Radwirte.
ISBN 3-901284-07-9 Format 13,5 x 25,5 cm
öS 78,–/ DM 11,90/ sfr. 9,90

Radregion Radkersburg

2 Karten im Schuber mit Regionsübersicht und Anschlüssen nach Slowenien, Dreiländerrundfahrt, Übersichtskarten zu den einzelnen Touren, Informationen zum Gelände, Verzeichnis der Radwirte, Regionsübersicht und Anschlüsse zu anderen Radregionen, Höhenmeterangabe usw., Maßstab 1:50.000
ISBN 3-901284-06-0 Format 13,5 x 25,5
öS 98,–/ DM 14,90/ sfr. 11,90

NATÜRLICH HALTBAR MACHEN

on Äpfel, Birnen und Traubensaft.
nit "*MOSTAMAT*"

nmer mehr Menschen schenken den natürlich hergestellten Fruchtsäften Beachtung. Mit der Rückbesinnung auf las " **NATÜRLICHE**" kam auch die Erkenntnis, das Äpfel, Birnen und Traubensaft nicht nur wohlschmeckend, ondern auch reich an Vitaminen und wertvollen Mineralsalzen sind und wird von vielen Ärzten als iesundheitselixier gepriesen.

)urch die verstärkte Nachfrage nach **NATÜRLICH** hergestellten Fruchtsäften habe ich mir Gedanken darüber emacht ob es nicht eine Möglichkeit gibt, mit einem Gerät, das durch seine Funktion, Süßmost, Traubensaft und ruchtwein in einer besseren Qualität - als es bisher möglich war - haltbar zu machen.

o entwickelte ich in mehrjähriger technisch und praktischer Arbeit gasbefeuerte
asteurisiergeräte ***"MOSTAMAT G 62"*** mit einer Leistung bis **900 l/Std.**
"MOSTAMAT G 15" mit einer Leistung bis **320 l/Std.**
"MOSTAMAT G 8 " mit einer Leistung bis **170 l/Std.**

lit dem **"Mostamat G 8"** durch Verwendung eines Zusatzbehälter besteht die Möglichkeit Marmelade und onfitüre herzustellen.

pfel und Traubensaft selbst und auf **NATÜRLICHE** Weise herzustellen, ist mit unseren leistungsstarken und pengeprüften

IOSTAMAT - Pasteurisiergeräten

chnell und einfach möglich.

Gasbefeuerte Pasteurisieranlage

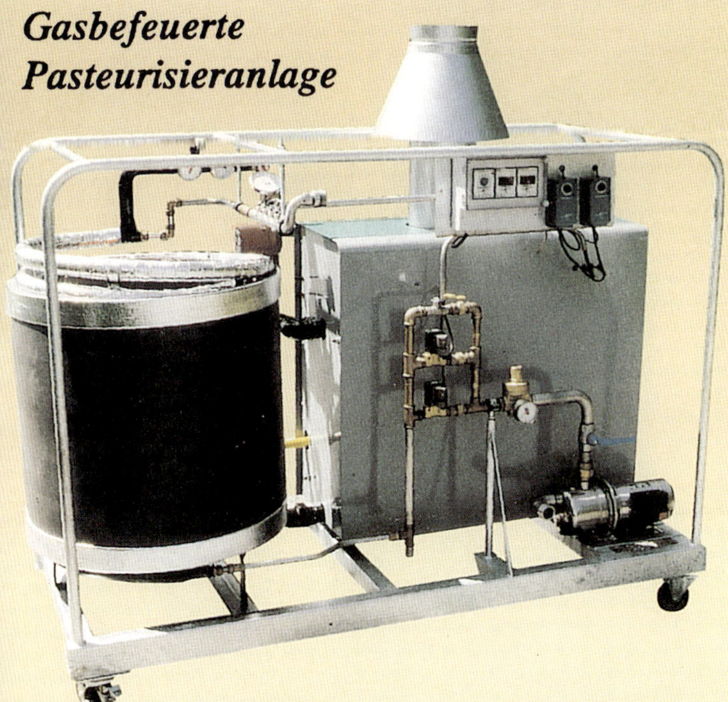

Auch Geräte mit kleineren Leistungen erhältlich!

mostamat
Type G 62

- *Mit Rohrtauscher.*
- *Kein Verlegen durch Säfte mit hohem Trubanteil.*
- *Auch für Dicksäfte bestens geeignet.*
- *Leistung 300 - 900 l/h*
- *Haltbarmachung von Traubensaft, Süßmost und Fruchtwein.*
- *Einfache Bedienung und exakte Regelgenauigkeit.*

Erzeuger und Vertrieb:

Siegfried Prugner
8295 St.Johann/Haide,Altenberg 64
Steiermark/Österreich
Tel.:03332/8715-Fax 03332/8715-4

Radenska

ZDRAVILIŠČE RADENCI

Zdraviliško naselje 14
69252 Radenci, Slovenija
Tel.: 386 69 65 331, 65 006, fax: 386 69 65 054

Mit natürlichem CO_2-Gehalt

Das Mineralwasser Radenska ist die Königin aller Mineralwasser.
Radenska besticht durch einen abgerundeten, spritzigen Geschmack.
Radenska wurde sogar den Päpsten im Vatikan uns am kaiserlichen Hof in Wien serviert.
Der eben richtig dosierte Mineralien- und CO_2-Gehalt machen Radenska zu einem erfrischenden Durstlöscher.
Radenska mischt sich vorzüglich mit Fruchtsäften und anderen Getränken.
Radenska hilft bei verschiedensten Beschwerdesymptomen.
Radenska – das belebende aus der Natur!

Slovenija

F
G
Zeichenerklärung
1100 Nummer der Buschenschank
Autobahn
Autobahn, einspurig
Hauptstraße
Regionalstraße
Lokalstraße
Straßenverbindung
Eisenbahn
Staatsgrenze
Matjaševci
Bonisdf.
Kuzma
Trdkova
404
Srebrni
breg
Dolič
Sotina
Lukaj p.
GOR.
SLAVEČI
Vidonci
Rogašovci
SV.
JURIJ
32
GRAD
368
DOL.
SLAVEČI
Kovačevci
Radovci
Motovilci
Poznanovci
Dankovci
Panovci
Kruplivnik
1144
Vadarci
326
Moščanci
Kukeč
Kančevci
BODONCI
Domajinci
Pečarovci
Dolina
1142
Ivanovci
1143
Beznovci
Vaneča
Bokrači
Zenkovci
Šalamenci
Andrejci
Strukovci
Puževci
Lipnica
1141
Brezovci
Sebeborci
Lemerje
PUCONCI
Skakovci
Gorica
MORAVSKE
TOPLICE
Predanovci
MARTJANCI
Krajna
Polana
1
2
Karte 4

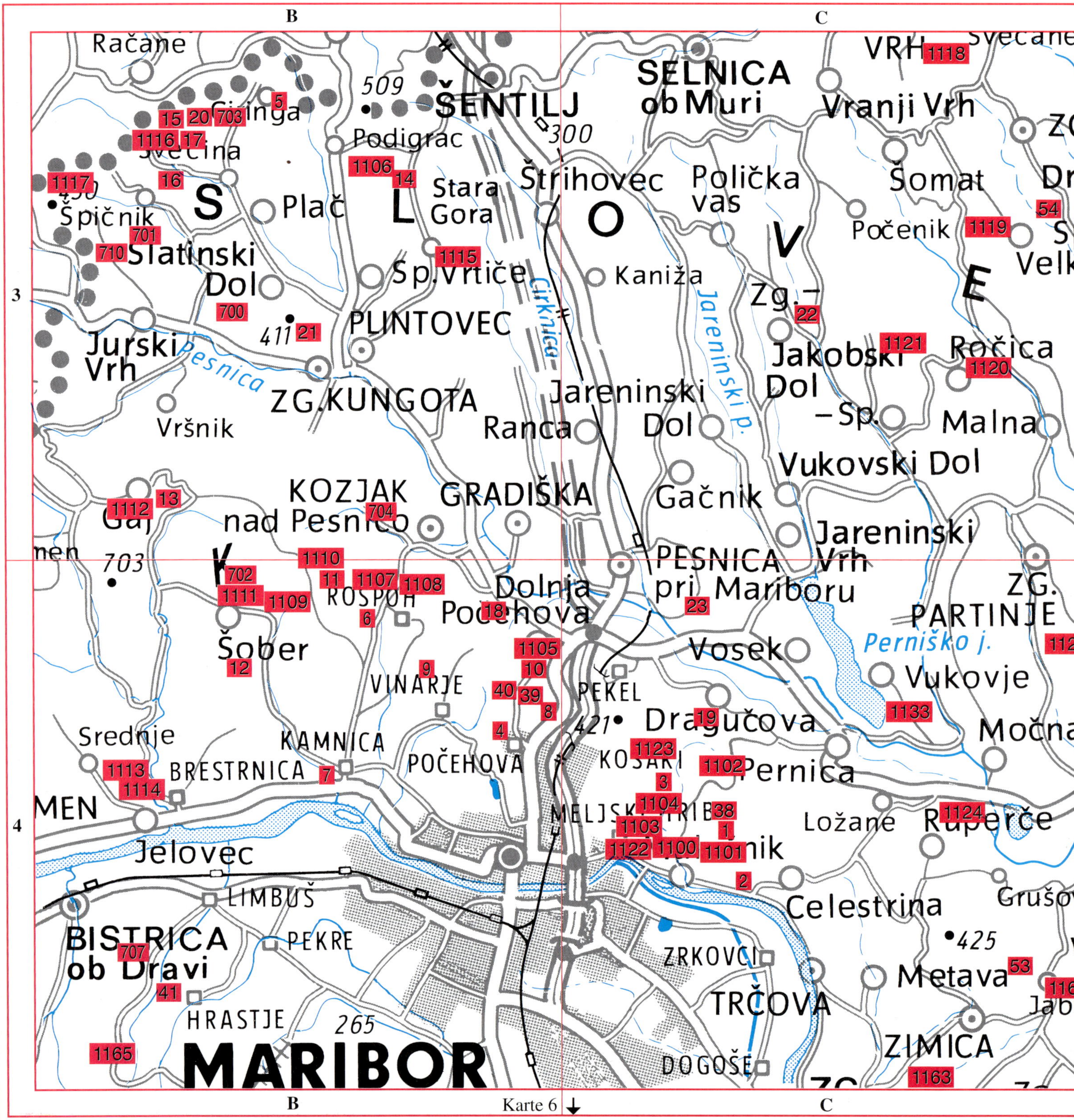
B
C
3
4
Račane
VRH
1118
SELNICA
ob Muri
509
ŠENTILJ
Ciringa
5
15
20
703
1116
17
Svečina
Podigrac
300
Vranji Vrh
Šomat
1117
Špičnik
16
S
Plač
1106
14
L
Stara
Gora
Štrihovec
O
Polička
vas
V
Počenik
1119
54
701
710
Slatinski
Dol
1115
Sp. Vrtiče
Kaniža
Zg.
22
E
700
411
21
PLINTOVEC
Cirknica
Jareninski p.
Jakobski
Dol
1121
Ročica
1120
Jurski
Vrh
Pesnica
ZG. KUNGOTA
Jareninski
Dol
Sp.
Malna
Vršnik
Ranca
Vukovski Dol
1112
13
Gaj
KOZJAK
nad Pesnico
704
GRADIŠKA
Gačnik
Jareninski
Vrh
703
K
702
1111
1109
1110
11
1107
1108
ROSPOH
6
Dolnja
Počehova
18
PESNICA
pri Mariboru
23
ZG.
PARTINJE
Perniško j.
Šober
12
1105
10
VINARJE
9
40
39
8
PEKEL
Vosek
Vukovje
1133
421
Dragučova
19
Srednje
KAMNICA
4
1123
KOŠAKI
Močna
1113
1114
BRESTRNICA
7
POČEHOVA
1102
Pernica
3
MEN
1104
38
MELJSKI HRIB
1103
1
Ložane
1124
Ruperče
Jelovec
1122
1100
1101
2
Celestrina
LIMBUŠ
Grušova
BISTRICA
707
ob Dravi
PEKRE
425
ZRKOVCI
41
Metava
53
TRČOVA
HRASTJE
265
ZIMICA
1165
MARIBOR
DOGOŠE
1163

Karte 6 ↓

D
E
404 Lokavec
Crnci
Lutverci
Podgrad
Granitz Bach
Siche
Žetin
35
1161
Grabe
Janhova
Plitvički p.
Lomanoše
220
GORNJA RADGONA
ZG. ŠČAVNICA
1145
Nasova
Lešane
55
Police
Mele
1138
Sp. Ščavnica
1139
36
ČRESNJEVCI
1126
Ledinek
1128
Zg. Bačkova
1129
1127
Zbigovci
29
30
Šratovc
3
1140
28
Ptujska Cesta
1131
Zagajski Vrh
Kremberk
Lastomerci
Borac
Froleh
Ihova
Janžev Vrh
25
Žice
1132
Drvanja
1130
Radvenci
Ivanjševci
Radenski Vrh
31
Negova
Stavešinci
Sp.–
Ročica
BENEDIKT
1135
24
Žerjavci
Zg.–
Sp. Ivanjci
Okoslavci
706
Karte 4
Trotkova
313
ZG. PORČIČ
Kunova
1134
Grabonoš
Sp. Partinje
Ščavnica
Sv. Trojica
256
LENART v Slov. Goricah
Osek
Cogetinci
Blaguš
Cerkvenjak
Zg. Senarska
Videm
4
HRASTOVEC
Brengova
Kraljevci
Sovjak
Gočova
Andrenci
Pesnica
Sp.–
Čagona
Smolinci
Kutinci
1148
Zavrh
Drbetinci
1137
705
1147
Brnca
Novinci
ZG.–
Črmljenšak
Selce
37
Biš
Moravc
Gibina
Karte 7

F
Karte 1
G
Borejci
Nemčavci
Gederovci
Rankovci
ČERNELAVCI
Noršinci
Mlajtinci
190
VANČA VAS
Veščica
MURSKA SOBOTA
Ivanci
Ručnica
PETANJCI
Tropovci
Tišina
RAKIČAN
3
RADENCI
1146
Gradišče
Murski Črnci
KROG
GANČANI
Jezera
Satahovci
BAKOVCI
LIPOVCI
Hrastje-Mota
BRATONCI
Hrašenski Vrh
DOKLEŽOVJE
BELTINCI
287
33
Vučja vas
Karte 3
Rožički Vrh
Bučečovci
Bunčani
IŽAKOVCI
52
ODRANCI
Dragotinci
Stara Nova vas
VERŽEJ
MELINCI
Iljaševci
Biserjane
Banovci
MURA
Selišči
ČRE
4
Slaptinci
KRIŽEVCI
Grlava
GOR. BISTRICA
Boreci
Krapje
Bolehnečici
Logarovci
Šalinci
Berkovci
Ključarovci
Babinci
Mota
Gajševsko j.
Precetinci
Lukavci
CVEN
Radoslavci
Noršinci
Branoslavci
184
Kuršinci
Turja
Cezanjevci
LJUTOMER
Pristava
STROČJA
F
Karte 8
G

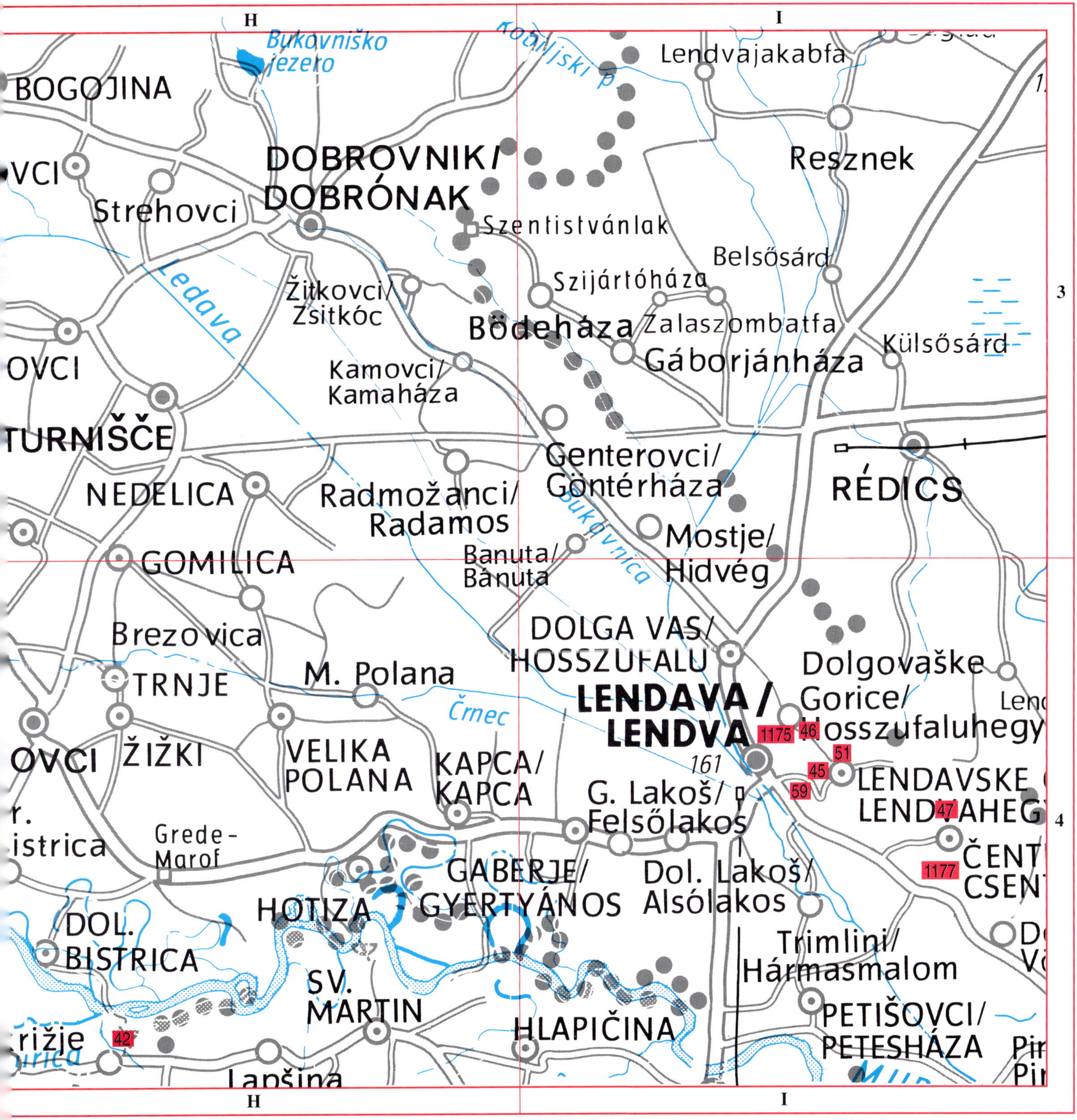
H
I
3
4
Bukovniško jezero
Kobiljski p.
Lendvajakabfa
BOGOJINA
DOBROVNIK/
DOBRÓNAK
Resznek
Strehovci
Szentistvánlak
Belsősárd
Szijártóháza
Žitkovci/
Zsitkóc
Ledava
Bödeháza
Zalaszombatfa
Gáborjánháza
Külsősárd
Kamovci/
Kamaháza
TURNIŠČE
Genterovci/
Göntérháza
RÉDICS
NEDELICA
Radmožanci/
Radamos
Bukovnica
Mostje/
Hidvég
Banuta/
Bánuta
GOMILICA
Brezovica
DOLGA VAS/
HOSSZUFALU
TRNJE
M. Polana
LENDAVA/
LENDVA
Dolgovaške
Gorice/
Hosszufaluhegy
Črnec
1175
46
51
45
59
47
1177
42
ŽIŽKI
VELIKA
POLANA
KAPCA/
KAPCA
161
G. Lakoš/
Felsőlakos
Grede-
Marof
GABERJE/
GYERTYÁNOS
Dol. Lakoš/
Alsólakos
HOTIZA
DOL.
BISTRICA
Trimlini/
Hármasmalom
SV.
MARTIN
HLAPIČINA
PETIŠOVCI/
PETESHÁZA
Lapšina

B
Karte 2
C
RAZVANJE
1178
1179
1147
BOHOVA
PIVOLA
1180
ROGOZA
MIKLAVŽ
DUPLEK
SP.
DUPLEK
SP. HOČE
HOČKO
POHORJE
61
ZG. HOČE
SKOKE
DVORJANE
Loka
60
Slivnica
DOBROVCE
Rošnja
Ranče
Čreta
Orehova vas
hajm
RADIZEL
Planica
62
Dravski
Dvor
HOTINJA
VAS
761
Kopivnik
Trniče
FRAM
RAČE
MARJETA
Šmartno
na Pohorju
Loka
MORJE
Brezula
Ogljenšak
Ješenca
PREPO
Gabrnik
1173
Bukovec
Brunšvik
Podova
Zg. Gorica
Ritoznoj
ZG.
POLSKAVA
Sp. Gorica
Starošince
Kung
vas
Klopce
Pokoše
SP.
POLSKAVA
Stražgonjca
Devina
Šikole
KIDRIČEV
isole
PRAGERSKO
43
GAJ
1153
Sp.
Jablane
Cirkovce
249
274
Leskovec
SLOV.
BISTRICA
Stari Log
Mihovce
Županč
vas
Pleterje
Polskava
Češnjevec
Cigonca
Podlože
Videž
Vrhloga
Sestrže
Ptuj
MAJŠPERK
B
Karte 9
1152
C

D
Karte 4
E
5
6
Karte 8
Trnovska vas
Ločič
Hvaletinci
Zagorci
Straže
1162
Ločki Vrh
Grlinci
Senčak
1149
Jiršovci
Svetinci
Destrnik
Dragovič
1154
1157
Sakušak
Vintarovci
1150
Levanjci
Juršinci
Grajenščak
1151
1156
Janežovski Vrh
Gabrnik
Kukava
Drstelja
Janežovci
Polenša
Grajena
Placar
Sp. Velovlek
1155
Hlaponci
ZLATOLIČJE
MESTNI VRH
KICAR
Pacinje
KRČEVINA
Žamenci
Slomi
ŠTUKI
NOVA VAS
Prerad
PODVINCI
DORNAVA
HAJDOŠE
Mezgovci
ROGOZNICA
VIČAVA
MOŠKANJCI
Skorba
230
BRSTJE
SP. HAJDINA
Borovci
BUDINA
SPUHLJA
Sobetinci
PTUJ
Ptujsko jezero
NJIVERCE
Zabovci
Gajevci
Markovci
POBREŽJE
BUKOVCI
Mala vas
DRAŽENCI
APAČE
Šturmovci
Nova vas
1158
Muretinci
Videm
STOJNCI
Sela
Dolane
LANCOVA VAS
Vareja
Tržec
58
1160
Dravci

F
Karte 4
G
5
6
Karte 7
omila
Bodislavci
Godemarci
Mekotnjak
Stara Cesta
Sp. Kamenščak
Podgradje
ŠTR
287
1168
1167
manci
Koračice
Pršetinci
Pavlovski p.
Železne Dveri
Slamnjak
Roba
26
Gresovščak
333
slavci
Sv. Tomaž
Lahonci
Žerovinci
50
Jeruzalem
Hermanci
Savci
Gornji –
Runeč
Mihalovci
711
Vuzmetinci
Kog
Ključarovci
Ivanjkovci
Mali –
Miklavž
27
708
Sejanci
Spodnji –
Brebrovnik
Veliki –
709
Jastrebci
Šantovec
esnica
48
Vičanci
Lešnica
Litmerk
Vitan
Libanja
56
Sodinci
318
Libanja
1166
49
1176
Lešnica
1136
Godeninci
ušani
Velika Nedelja
Hum pri Ormožu
Senešci
218
ORMOŽ
Šalovci
NCA
CVETKOVCI
MIHOVCI
Pesnica
Loperšice
OBREŽ
Pušenci
DRAVA
Frankovci
VIRJE
Zavrč
V. Lovrečan
Ormoško j.
Hrastovec
Cestica
Babinec
STRMEC
Turški Vrh
Radovec
34
zovec
G. VRATNO
DRUŽIJANEC
1159
D.Vratno

Karte 6
OPLOTNICA
Čadram
Zlakova
Zg.Ložnica
Sp.
SLOV. BISTRICA
Straža
Vrhole
Vinarje
Malahorna
Cigonca
Črešnje
Bezina
Preloge
Videž
Vrhloga
Pobrež
Dobrava
Prepuž
Pretrež
Brdo
Sp. Grušovje
Gabrovlje
Laporje
Tepanje
Žabljek
DRAVINJSKE GORICE
Brezje
Ličenca
Kočno Ložnica
Dravinja
Zg. Brežnica
SLOV. KONJICE
BLATO
Sp. Brežnica
Draža vas
Jernej
Hošnica
Konjiška vas
POLJČANE
SP. POLJČANE
Globoko
Špitalič
Koble
ŽIČE
Lušečka vas
Mlače
LOČE
Studen
Škedenj
Suhadol
Zbelovo
ZG. POLJČANE
Grušče
Zbelovska Gora
Lipoglav
Slatina
Ostrožno
Lovnik
BOČ
Zg. Gabrnik
Dolga Gora
Drevenik
Lutrje
Sladka Gora
Negonje
Razbor
Lemberg
Zg.- Kostrivnica Sp.-
Slomščica
Ponikva
Polžanska Gorca
Pijovci
Tekačevo
Podgaj
Boletina
Primož
Vrh
Dvor
Podplat
Mestinje
ROGAŠKA SLATINA
Šentvid
Senovica
Belo
Grliče
322
574
978
544
274
1169
1170
1171
1172
44
57
A
B
7
8

DIE MUTTER DER WEINSTRASSE

Weinbau, Menschen, Buschenschenken
in der Südsteiermark

Wollen Sie Ihre spezielle Buschenschank, aus den 234 in diesem Buch beschriebenen, in der Südsteiermark finden?

- Alphabetisches Namensregister
- Register der Vulgonamen
- Öffnungszeiten
- Übersichtliche Adressenangabe mit Telefonnummern
- Angabe der öffentlichen Verkehrsmittel zu den Buschenschenken
- Wichtige Adressen von Betrieben, die ihre Produkte selbst verkaufen
- Aufzählung der Weinsorten, die bei den einzelnen Buschenschenken verkauft werden
- Angaben der Übernachtungsmöglichkeiten (Urlaub am Weinbauernhof)
- Aufzählung von Besonderheiten und Extras der jeweiligen Buschenschank
- Leichtes Auffinden der Buschenschank anhand von zwei Landkarten mit genauen Suchkriterien

ISBN 3-901284001. Format 22 x 24 cm. 148 Seiten, 144 Schwarzweiß-Fotos von Buschenschenken und Weinetiketten, 16 Farbbildseiten mit 49 Abbildungen, fadengebunden, starker kartonierter und cellophanierter Umschlag, zwei Übersichtskarten. öS 248,– / DM 34,80. Überall im Buchhandel erhältlich.

DER WEINKÖNIG VON HERRNBERG

Weinbau, Menschen, Buschenschenken
in der Südoststeiermark

379 Buschenschenken und viele Mostbuschenschenken werden in diesem Buch ausführlich beschrieben.

- Fünf große vierfarbige Karten der fünf Bezirke zum leichten Auffinden
- Alphabetisches Namensregister mit Telefonnummern
- Register der Vulgonamen
- Kalender der Öffnungszeiten
- Angabe der öffentlichen Verkehrsmittel zu den Buschenschenken
- Aufzählung der Besonderheiten und Extras der jeweiligen Buschenschank
- Aufzählung der Weinsorten, die bei den einzelnen Buschenschenken verkauft werden
- Angaben der Übernachtungsmöglichkeiten (Urlaub am Weinbauernhof)

ISBN 3-90128401X. Format 22 x 24 cm. 176 Seiten, 142 Abbildungen von Buschenschenken in Schwarzweiß und in Farbe, 16 Farbbildseiten mit 30 Abbildungen, fadengebunden, starker kartonierter und cellophanierter Umschlag, fünf doppelseitige vierfarbige Landkarten mit genauem Raster zum leichten Auffinden der Buschenschenken. öS 288,– / DM 39,80 / sfr. 39,80. Überall im Buchhandel erhältlich.